Uygulamada Şema Terapi

Şema Mod Yaklaşımına
Giriş Rehberi

Schema Therapy in Practice

An Introductory Guide to the
Schema Mode Approach

ARNOUD ARNTZ

GITTA JACOB[*]

Çeviri Editörü
Prof. Dr. Gonca Soygüt

[*] Yazar sıralamasında alfabetik sıralama esas alınmıştır.

NOBEL AKADEMİK YAYINCILIK EĞİTİM DANIŞMANLIK TİC. LTD. ŞTİ.

YAYIN NO.: 1422
Psikoloji/PDR: 048
ISBN: 978-605-320-327-8
© *1. Basımdan Çeviri, Ocak 2016*

UYGULAMADA ŞEMA TERAPİ / Şema Mod Yaklaşımına Giriş Rehberi
SCHEMA THERAPY IN PRACTICE / An Introductory Guide to the Schema Mode Approach
Arnoud Arntz, Gitta Jacob
Çeviri Editörü: Prof. Dr. Gonca Soygüt

 Copyright 2016, NOBEL AKADEMİK YAYINCILIK EĞİTİM DANIŞMANLIK TİC. LTD. ŞTİ. SERTİFİKA NO.: 20779

Bu baskının bütün hakları Nobel Akademik Yayıncılık Eğitim Danışmanlık Tic. Ltd. Şti.ye aittir. Yayınevinin yazılı izni olmaksızın, kitabın tümünün veya bir kısmının elektronik, mekanik ya da fotokopi yoluyla basımı, yayımı, çoğaltımı ve dağıtımı yapılamaz.
This book is a translated version of: Gitta Jacob and Arnoud Arntz, Schematherapie in der Praxis. © *2011 Beltz Psychologie in der Verlagsgruppe Beltz • Weinheim/Basel.*

Genel Yayın Yönetmeni: Nevzat Argun -nargun@nobelyayin.com-
Dizi Editörü: Naim Dilek-naim@nobelyayin.com-

Redaksiyon: Naim Dilek-naim@nobelyayin.com-
Sayfa Tasarım: Leyla Kurt -leyla@nobelyayin.com-
Kapak Tasarım: Mehtap Yürümez -mehtap@nobelyayin.com-
Baskı ve Cilt: Genç Ofset Sertifika No.: 32284
 Sugüzeli Sokak No.:18/3 İskitler/Ankara

Genel Dağıtım: ATLAS AKADEMİK BASIM YAYIN DAĞITIM TİC. LTD. ŞTİ.
 -siparis@nobelyayin.com-
 Tel: +90 312 278 50 77 - Faks: 0 312 278 21 65
Dağıtım: Alfa, Arasta, Final ve Prefix

e-satış: www.nobelkitap.com - esatis@nobelkitap.com
 www.atlaskitap.com - info@atlaskitap.com

KÜTÜPHANE BİLGİ KARTI
Arntz, Arnoud., Jacob Gitta.
 Schema Therapy in Practice / An Introductory Guide to the Schema Mode Approach
 Arnoud Arntz, Gitta Jacob
 Uygulamada Şema Terapi / Şema Mod Yaklaşımına Giriş Rehberi / *Çeviri Editörü: Gonca Soygüt*
 1. Basımdan Çeviri, XII + 264 s., 170 x 240 mm
 Kaynakça ve dizin var.
 ISBN- 978-605-320-327-8
 1. Şema Terapi   2. Şema Mod Yaklaşımı

NOBEL AKADEMİK YAYINCILIK EĞİTİM DANIŞMANLIK TİC. LTD ŞTİ.
Ankara Büro: Mithatpaşa Cad. No.: 74/4 Kızılay / ANKARA
Tel: 0312 418 20 10 **Faks:** 0312 418 30 20
Rasimpaşa Mah. Söğütlüçayır Sok. No.: 16/21 Kat: 5
Kadıköy / İSTANBUL **Tel / Faks:** +90 (216) 449 20 01
nobel@nobelyayin.com - www.nobelyayin.com

www.nobelkitap.com

Çeviri Kurulu

Bölüm 1 **Temel Konular**
Psk. Dr. İ. Volkan Gülüm
Hacettepe Üniversitesi Psikoloji Bölümü Araştırma Görevlisi*
Uluslararası Şema Terapi Derneği Sertifikalı Şema Terapisti

Bölüm 2 **Mod Kavramı**
Burçin Akın
Hacettepe Üniversitesi Psikoloji Bölümü
Doktora Öğrencisi ve Araştırma Görevlisi
(Şema Terapi Temel Düzey Eğitimini Tamamlamıştır)

Bölüm 3 **Hastayı Mod Kavramıyla Tanıştırmak**
Uzm. Psk. Ece Ataman
Hacettepe Üniversitesi Psikoloji Bölümü Doktora Öğrencisi
Hacettepe Üniversitesi Ergen Sağlığı Bilim Dalı
(Şema Terapi Temel Düzey Eğitimini Tamamlamıştır)

Bölüm 4 **Tedaviye Genel Bakış**
Gamze Şen
Hacettepe Üniversitesi Psikoloji Bölümü
Doktora Öğrencisi ve Araştırma Görevlisi
(Şema Terapi Temel Düzey Eğitimini Tamamlamıştır)

Bölüm 5 **Başa Çıkma Modlarının Üstesinden Gelmek**
Gamze Şen
Hacettepe Üniversitesi Psikoloji Bölümü
Doktora Öğrencisi ve Araştırma Görevlisi
(Şema Terapi Temel Düzey Eğitimini Tamamlamıştır)

---

* Çeviri sürecinin yürütüldüğü sırada çalışılan kurumlar belirtilmiştir.

Bölüm 6   **Kırılgan Çocuk Modlarının Tedavisi**
Uzm. Psk. Esra Tuncer
Koç Üniversitesi, Okutman
Maastricht Üniversitesi Doktora Öğrencisi
Uluslararası Şema Terapi Derneği Sertifikalı İleri Düzey Şema Terapisti, Süpervizörü ve Eğitmeni

Bölüm 7   **Öfkeli ve Dürtüsel Çocuk Modlarının Tedavisi**
Emrah Keser
Hacettepe Üniversitesi Psikoloji Bölümü
Doktora Öğrencisi ve Araştırma Görevlisi
(Şema Terapi Temel Düzey Eğitimini Tamamlamıştır)

Bölüm 8   **İşlevsel Olmayan Ebeveyn Modlarının Tedavisi**
Uzm. Psk. Ece Ataman
Hacettepe Üniversitesi Psikoloji Bölümü Doktora Öğrencisi
Hacettepe Üniversitesi Ergen Sağlığı Bilim Dalı
(Şema Terapi Temel Düzey Eğitimini Tamamlamıştır)

Bölüm 9   **Sağlıklı Yetişkin Modunu Güçlendirmek**
Prof. Dr. Gonca Soygüt
Hacettepe Üniversitesi Psikoloji Bölümü Öğretim Üyesi
Uluslararası Şema Terapi Derneği Sertifikalı İleri Düzey Şema Terapisti, Süpervizörü ve Eğitmeni

İçindekiler

Yazarlar Hakkında	*vii*
Teşekkür	*ix*
Çeviri Editörünün Ön Sözü	*xi*
Giriş	1
KISIM I VAKA KAVRAMSALLAŞTIRMASI	3
1 Temel Konular	5
2 Mod Kavramı	41
3 Hastayı Mod Kavramıyla Tanıştırmak	91
KISIM II TEDAVİ	101
4 Tedaviye Genel Bakış	103
5 Başa Çıkma Modlarının Üstesinden Gelmek	117
6 Kırılgan Çocuk Modlarının Tedavisi	141
7 Öfkeli ve Dürtüsel Çocuk Modlarının Tedavisi	193
8 İşlevsel Olmayan Ebeveyn Modlarının Tedavisi	217
9 Sağlıklı Yetişkin Modunu Güçlendirmek	245
Kaynakça	255
Dizin	259

Yazarlar Hakkında

Arnoud Arntz Hollanda, Maastricht Üniversitesinde Klinik Psikoloji ve Deneysel Psikopatoloji profesörüdür. Üniversitenin Deneysel Psikopatoloji Araştırma Merkezinin bilim alanından sorumlu yöneticisidir. Kişilik bozuklukları ve kaygı bozukluklarının tedavisi ve psikolojik kuramlarını çalışmaktadır. Ayrıca farklı kişilik bozukluklarında şema terapinin etkililiğini araştıran çok merkezli bir dizi klinik araştırmanın yürütücüsüdür. Aynı zamanda, BDT ve şema terapi uygulayıcısıdır.

Gitta Jacob Almanya, Freiburg Üniversitesinin Klinik Psikoloji ve Psikoterapi Bölümünde bilişsel terapi ve şema terapi konularında uzmanlaşmış bir klinik psikologdur. Uluslararası Şema Terapi Derneğinin kurucu yönetim kurulu üyesi ve Freiburg Üniversite Hastanesi Psikiyatri ve Psikoterapi Bölümündeki Sınır Kişilik Bozukluğu Çalışma Grubunun eski başkanıdır.

Teşekkür

Yazarlar, derin iç görüsü ve öğretileri için şema terapinin geliştiricisi Jeffry Young'a; düşüncelerinden etkilendikleri diğer öncü şema terapistler olan Joan Farrell, Ida Shaw, Hannie van Genderen ve David Bernstein'e; şema terapinin geliştirilmesi için birlikte uygulama ve iş birliği yaptıkları meslektaşlarına ve bu kitapta tanımlanan teknikleri ve yöntemleri geliştirmelerine yardım eden hastalarına teşekkürlerini sunmaktadırlar. Bu çalışma *"the Netherlands Institute for Advanced Study in the Humanities and Social Sciences (NIAS)"* ve *"the European Social Fund and the Ministry of Science, Research and the Arts Baden – Württemberg (G.A.)"* tarafından desteklenmiştir.

Çeviri Editörünün Ön Sözü

Jeffrey Young tarafından geliştirilmiş olan şema terapi yaklaşımı, erken dönem yaşantıların, yetişkinlik dönemindeki yansımalarının keşfine ve değişimine odaklıdır. Öncelikle kişilik bozuklukları ya da süregiden ağır yaşam sorunlarının değişimi için bir model sunma hedefiyle yola çıkan yaklaşım, zamanla diğer psikolojik sorun alanlarına genişleyen bir yelpazede uygulanır olmuştur. Çocuk, ergen, bireysel, grup ve çift terapileri gibi farklı kulvarlardaki kullanımı giderek yaygınlaşmıştır. Son on yıldır sürdürülen çalışmalar, yaklaşımın etkililiğine yönelik dikkate değer kanıtlar sunmaya başlamıştır. Şema terapi yaklaşımının dünyadaki gelişmelerine paralel olarak Türkiye'de de tanınırlığı artmıştır. Ülkemizdeki Uluslararası Şema Terapi Derneği (International Society for Schema Therapy-ISST) onaylı sertifikasyon eğitimleri yaygınlaşmış ve şema terapistleri yetişmeye başlamıştır.

Şema terapi yaklaşımındaki yönteme dayalı gelişmelerde ise mod çalışmasının giderek daha fazla ağırlık kazandığı gözlenmiştir. Başlangıçta özellikle kişilik bozuklukları için önerilen bu yöntem, hafif düzey psikolojik sorunlar, karar alma süreçleri gibi alanlarda da kullanılabilen geniş bir kavramsallaştırmaya ve uygulama çeşitliliğine kavuşmuştur. A. Arntz ve G. Jacob'un bu kitabı, mod çalışmasına ilişkin sözü edilen gelişmeleri, herhangi bir psikolojik sorun alanından bağımsız olarak, zengin bir kavramsallaştırma ve uygulama örnekleriyle sunmaktadır. Bu kitabı çevirmemizin temel amacı da, ülkemizde şema terapisti olmaya gönül veren meslektaşlarımızı alandaki geniş uygulama örnekleriyle buluşturmak ve eğitim programlarımıza destek olacak Türkçe bir kaynak daha kazandırmaktır.

Çeviri sürecinde, olabildiğince yalın bir Türkçe kullanımına özen göstermeye çalıştık. Bununla birlikte, tam karşılığın sağlanamadığını düşündüğümüz ve dilimizde yaygın kullanımı olan teknik kavramlarda özgün ifadelerin kullanımını benimsedik. Şema terapiye özgü anlamları olan bazı temel kavramlarda dipnotlarla açıklayıcı bilgiler sunmaya çalıştık. Kitabın son bölümünde, şema terapiye özgü bazı teknik terimler için kullandığımız kavramlardan oluşan kısa bir sözlük ekledik. Umarız, bu çeviri çalışması, Türkiye'deki şema terapistleri için amaçladığımız gibi bir kaynak kitap olma niteliğine sahip olur.

Prof. Dr. Gonca Soygüt
Haziran 2015, Ankara

GİRİŞ

Şema terapi, terapist ve hastaların giderek daha fazla ilgisini çekmeye başlamıştır. Bu durum bir taraftan çeşitli araştırmalarda olumlu etki bildirilmesine bir taraftan da çocukların psikolojik olarak sağlıklı bir şekilde gelişmesi için temel gereksinimlerinin karşılanmasının gerekliliği görüşünün öne çıkmasına bağlıdır. Yaşantısal terapiler, bilişsel davranışçı terapi ve bağlanma kuramını içeren farklı yaklaşımlardan türetilmiş tekniklerin, yöntemlerin ve anlayışların en önemli güncel psikolojik yaklaşım olan bilişsel modele bütünleştirilmesiyle kapsamlı bir modelin oluşturulmuş olması da bu ilginin artmasında rol oynamaktadır. Şema terapinin, yakın ilişkilerdeki sorunlar ve çocukluktan gelen sıkıntılı anılar – kalıpların işlenmesi gibi, ana akım bilişsel davranışçı terapi tarafından göz ardı edilmiş sorunlarla başa çıkabilmesi ilgi çekmektedir. Sonuç olarak, şema terapinin gerçek anlamda iyileşmeye katkı sağladığına dair bulgular sadece belirtilerin azalmasıyla değil aynı zamanda nitelikli ve tatmin edici bir yaşam sunmasıyla da ön plana çıkmaktadır.

Modeli, yöntemleri ve teknikleri öğretirken, şema terapiyi genel bir yöntem olarak öğrenmek isteyenler için şema terapinin pratik temellerinin sunan, belli bir bozukluğa özgü olmayan bir kitabın eksik olduğunu fark ettik. Bu nedenle böyle bir kitap yazmaya karar verdik. Bu kitap kurama ve belirli bir bozukluğa odaklanmadığından diğer şema terapi yayınlarıyla bir yarışma içinde değildir. Bu kitap, görece yeni bir kavram olan şema modu kavramına dayalı şema terapi modelinin temellerini sunmayı amaçlamaktadır. Temel olarak, hemen hemen tüm kişilik bozukluklarıyla yaptığımız şema mod çalışmalarımızın bir uzantısıdır. Mod yaklaşımının hafif şiddette depresyona ve bazı eksen-I sorunlarına uygulanabilirliğini gördüğümüzde bu kitaptaki model, yöntem ve teknikleri daha genel bir biçimde sunmaya, vaka örneklerinde ise çeşitli bozukluk ve sorun alanları kullanmaya karar verdik.

Bu kitap iki ana bölümden oluşmaktadır. İlk üç bölümden oluşan ilk ana bölümde vaka formülasyonu ele alınmaktadır. Bölüm 1, "Temel Konular", şemalar ve şemalarla baş etme yollarını vaka örnekleriyle tanımlayarak özgün şema yaklaşımını özetlemektedir. Bölüm 2, "Mod Kavramı", genel yönleriyle şema mod kavramını, daha sonra da şimdiye kadar geliştirilmiş olan çeşitli kişilik bozukluklarına özgü mod modellerini tanımlamaktadır. Son olarak, Bölüm 3, "Hastayı Mod Kavramı ile Tanıştırmak", kişiye özgü mod modelinin terapide hastaya nasıl tanıtılacağını ele almaktadır.

Altı bölümden oluşan ikinci ana bölümde ise terapiler ele alınmaktadır. Her bölüm bir grup moda ayrılmıştır. Bu bölümler de bilişsel, duygusal, davranışsal müdahaleler ve terapötik ilişki alt bölümlerine ayrılmıştır. Bölüm 4, "Tedaviye Genel Bakış", belli başlı tedavi hedeflerini ve mod kavramına dayalı şema terapi yaklaşımını özetlemektedir. Bölüm 5, "Başa Çıkma Modlarının Üstesinden Gelmek", başa çıkma modlarının nasıl devre dışı bırakılacağını anlatmaktadır. Kaçınma (kopuk korungan, kaçıngan korungan vb.), teslimci ve aşırı telafici başa çıkma (büyüklenmeci, zorba, saldırgan vb.) modlarını kapsamaktadır. Bölüm 6, "Kırılgan Çocuk Modlarının Tedavisi", kırılgan çocuk moduna nasıl yaklaşılacağını anlatmaktadır. Bu bölüm imgeleme yoluyla yeniden senaryolaştırma ve derinlemesine kurulan terapötik ilişkinin bakım verici yanını ele alan uzun parçalarından oluşmaktadır. Bölüm 7, "Öfkeli ve Dürtüsel Çocuk Modlarının Tedavisi"; öfkeli, hiddetli, dürtüsel, denetimsiz ve şımarık çocuk modlarına nasıl yaklaşılacağını anlatmaktadır. Bölüm 8, "İşlevsel Olmayan Ebeveyn Modlarının Tedavisi", cezalandırıcı ve talepkâr ebeveyn modlarına nasıl yaklaşılacağını ele almaktadır. Bu bölümde terapötik bir teknik olarak sandalye diyaloğunun tanıtıldığı uzun bir kısım yer almaktadır. Bölüm 9, "Sağlıklı Yetişkin Modunun Güçlendirilmesi", şema terapide sağlıklı yetişkin modunun açık veya örtük bir biçimde nasıl geliştirileceğini özetlemektedir. Ayrıca bu bölümde, terapide sona yaklaşılınca terapi sürecinin nasıl ilerleyeceğine ve terapinin sonlandırılmasından sonraki sürecin hastayla nasıl ele alınacağına da değinilmektedir.

I
VAKA KAVRAMSALLAŞTIRMASI

1

Temel Konular

Jeffrey Young (1990; Young ve ark., 2003) tarafından geliştirilen şema terapi, bilişsel davranışçı terapiden (**BDT**) doğmuş ve ilk önerildiği zamandan bu yana artan bir biçimde ilgi çekmiştir. Young, şema terapiyi, "klasik" BDT'den tam olarak fayda göremeyen hastalar için geliştirmiştir. Bu hastalar sıklıkla, zaman içerisinde artıp azalan ya da kalıcı olan çeşitli belirtiler deneyimler ve genellikle karmaşık kişiler arası örüntüler sergilerler; çoğunlukla da bir ya da daha fazla kişilik bozukluğunun ölçütlerini karşılarlar. BDT'ye kıyasla şema terapi, şu üç konuya daha yoğun olarak odaklanmaktadır:

1. Hastanın sorunlarının ve belirtilerinin bilişsel ve davranışsal yönlerinin yanı sıra, ön planda olan *sorunlu duygular*. Şema terapi, daha önce geştalt terapide ya da psikodramada geliştirilen ve kullanılan yaşantısal ya da duygu odaklı müdahaleleri yoğun bir biçimde kullanır. Temel yaşantısal müdahale teknikleri, sandalye diyalogları ya da imgeleme alıştırmalarıdır. Kişilik bozuklukları olan hastaların sorunlu örüntüleri genellikle sorunlu duygusal deneyimler nedeniyle varlığını sürdürdüğünden duygulara yapılan bu vurgu önemlidir. Örneğin, sınırda kişilik bozukluğu (**SKB**) olan hastalar genellikle kendilerinden yoğun bir biçimde nefret ederler; böyle bir nefretin uygun olmadığını anlasalar da kendilerine duydukları bu nefretten duygusal olarak güçlükle uzaklaşabilirler. Böyle vakalarda, duygusal meselelerle bağlantılı bilişsel iç görünün etkisi çok azdır. Bu biçimdeki sorunlar duygusal müdahalelerle iyi bir biçimde tedavi edilebilir.

2. Şema terapinin bu zamana dek psikodinamik ya da psikanalitik olarak ele alınan yaklaşımlar ya da kavramlarla bütünleşmesine olanak sağlayan, standart BDT'den çok daha fazla önemsenen *çocukluk çağı meseleleri*. Yaşam öyküsüne ilişkin bilgiler çoğunlukla, sorunlu davranış örüntülerinin çocukluk dönemindeki kökenlerini anlayarak hastaları onaylamak[1] amacıyla kullanılır. Hedef, hastaların var olan örüntülerinin çocukluk ve gençlik dönemlerindeki işlevsel olmayan koşulların bir sonucu olduğunu anlamalarına yardımcı olmaktır. Ancak psikanalizden farklı olarak, yaşam öyküsü "üzerinde çalışmak" en önemli terapötik araç olarak değerlendirilmez.

3. Şema terapide çok önemli bir rol oynayan *terapötik ilişki*. Terapötik ilişki terapistin ebeveyn rolünü üstlendiği ve hastaya yönelik sıcaklık ve bakım davranışları sergilediği (elbette terapötik ilişki sınırları içerisinde kalarak) "sınırlı yeniden ebeveynlik" olarak kavramsallaştırılmıştır. Yeniden ebeveynlik ilişki biçiminin hastanın bireysel sorunları ya da şemalarına uyarlanması gerektiğine dikkat etmek önemlidir. Özellikle kişilik bozukluğu olan hastalarda terapötik ilişki, hastanın kendini açmasına ve acı verici duyguları göstermesine izin verilen ve onun buna yapmaya cesaret edebildiği; yeni sosyal davranışları denediği ve kişiler arası örüntüleri ilk kez olsun değiştirdiği bir alan olarak görülür. Bu nedenle de terapötik ilişki belirgin bir biçimde hastaların kendi sorunları üzerinde çalıştığı bir alan olarak kabul edilir.

Şema terapi, çeşitli sorun kümelenmelerinin kavramsallaştırılması ve tedavisine yönelik hem karmaşık hem de çok yapılandırılmış bir yaklaşım sunmaktadır. Bu nedenle de şema terapi belli bazı bozukluklar için geliştirilmemiştir, bunun yerine tanılardan bağımsız genel bir psikoterapötik yaklaşımdır. Şema terapinin devam eden gelişimi sırasında çeşitli kişilik bozukluklarının tedavisi için, kitabın ilerleyen bölümlerinde tanıtılacak olan (Konu 2.3) belirli modeller ortaya çıkmış ve geliştirilmiştir. Bu bölümde, özgün şema kavramlarını tanıtacak, her bir uyumsuz şemayı kısaca betimleyecek ve bunları birer vaka örneği ile açıklayacağız. Daha sonra, şema mod kavramının gelişimini, şema modlarının özelliklerini ve bunların değerlendirilmesini tanıtacağız. Son olarak da şema mod yaklaşımı temelindeki şema terapi müdahalelerini betimleyeceğiz. Basitçe söylemek gerekirse, müdahalelerin büyük çoğunluğu özgün şema ve şema mod yaklaşımının her ikisiyle de yürütülen tedaviler sırasında kullanılabilir. Örnek olarak iki farklı sandalyenin kullanıldığı, hastanın mükemmeliyetçi yanının daha sağlıklı ve rahatlamış yanıyla bir tartışma yürüttüğü "sandalye diyaloğunu" ele alalım. Bu müdahale, hem talepkâr ebeveyn ve sağlıklı

---

[1] *Çeviri Editörünün Notu:* Kitap boyunca çok sık karşılaşılacak bir teknik ifade olan "onaylamak", "validate" karşılığında kullanılmıştır. Bu ifadede, şu anda olumsuz olarak değerlendirilebilecek durumların hastaların geçmiş yaşantılarından kaynaklı olduğunun vurgulanmasıdır. Başka bir deyişle, terapist tarafından kabul edilebilir ve anlaşılabilir durumlar olduğunun belirtilmesidir. Süreç içinde, hastanın da kendisi için böyle bir anlayış ve onaylama geliştirebilmesi hedeflenmektedir.

yetişkin modları arasında, hem de hastanın "yüksek standartlar" şeması ve sağlıklı yanı arasında geçen bir diyalog olarak ele alınabilir. Bu nedenle şema mod modeliyle tanımlanan müdahaleler özgün şema modelinin uygulandığı bir terapide de kullanılabilir.

1.1 Uyumsuz Şemalar

Erken dönem uyumsuz şemalar (**EDUŞ**) geniş anlamda, bilişleri, duyguları, anıları, sosyal algıları, etkileşimi ve davranış örüntülerini etkileyen yaygın yaşam örüntüleridir. EDUŞ'ların çocukluk çağı boyunca geliştiği düşünülmektedir. EDUŞ'lar, yaşam durumu, bireysel başa çıkma düzenekleri ve bireyin kişiler arası örüntülerine bağlı olarak yaşam boyunca artıp azalabilir ve sıklıkla da bu etkenler nedeniyle varlıklarını sürdürürler. Var olan bir şema aktive olduğunda kaygı, üzüntü ve yalnızlık gibi yoğun olumsuz duygular ortaya çıkar. Young ve arkadaşları (2003), beş "şema alanında" toplanan 18 şema tanımlamışlardır. Bu EDUŞ'ların tanımlamaları temelde klinik gözlemler ve değerlendirmelerden yola çıkılarak oluşturulmuştur. Her ne kadar araştırmalar bunların varlıklarını desteklese de EDUŞ'lar görgül ve bilimsel bir temelde geliştirilmemiştir.

Herhangi bir insan bir tek şemaya ya da birkaç şemanın birleşimine sahip olabilir. Genellikle her insanın az ya da çok, şemaları vardır. Bir şema sadece patolojik duygusal deneyim ve belirtilerle ya da sosyal işlevselliğin azalmasıyla ilişkilendirildiğinde patolojik olarak değerlendirilir. Şiddetli kişilik bozukluğu olan hastalar genel olarak Young Şema Ölçeği'ndeki (Schmidt ve ark., 1995) pek çok şema için yüksek puan alırlar. Bir kişilik bozukluğunun tanısal ölçütlerini karşılamayan, sınırlı yaşam sorunları olan ve yüksek düzeyde sosyal işlevselliği olan danışanlar sadece bir ya da iki şemadan yüksek puan alırlar. Tablo 1.1, Young'ın şema alanları ve şemalarına dair genel bir bakış sunmaktadır.

Vaka örneği

Susan, 40 yaşında bir hemşiredir. Süregiden depresyon tanısıyla gündüz hastası olarak tedavi görmektedir. Susan, iş yerinde ağırlıklı olarak meslektaşları tarafından zorbalığa maruz kalmasıyla ilgili şiddetli sorunları olduğunu dile getirmektedir. Bu da onun "depresif çöküntü" yaşamasıyla sonuçlanmıştır. Susan'ın en çok göze çarpan özelliği kendisinin göze çarpmamasıdır. Tedaviye başlamasından iki hafta sonra bile onun adını bilmeyen ekip üyeleri vardır;

kişisel yakınmalarla terapistlere yaklaşmamakta ve diğer hastalarla temas kurmamaktadır. Grup terapilerinde çok sessizdir. Grup terapisti, açıkça onun katkılarını istese de kendisi dışındaki herkesin söylediklerini onaylama eğilimindedir ve genellikle çok boyun eğici ve itaatkar tepkiler vermektedir. Karmaşık iş durumunu konuşmak üzere bir sosyal çalışmacıyla randevusu olması gibi daha zorlayıcı durumlarla karşılaştığında bu durumlardan kaçınmaktadır. Ancak kaçınmasıyla yüzleştiğinde de beklenmedik bir biçimde küstah bir tavırla tepki göstermektedir. Tedavide geçen birkaç hafta sonrasında Susan'ın antidepresif psikoterapisi, kendisi aktif davranış değişikliğinden kaçınır göründüğünden işe yaramamış gibidir.

Susan, şema ölçeğinde "boyun eğme" şemasından yüksek puan almıştır. Her zaman başkalarının gereksinimleri doğrultusunda hareket etmektedir. Aynı zamanda güçsüz, çaresiz ve başkaları tarafından baskı altına alınmış hissetmektedir. Nasıl daha özerk davranacağı hakkında ya da kendi gereksinimlerinin farkına varmak için kendisine nasıl izin vereceği konusunda hiçbir fikri yoktur. O andaki çaresizlik hissi ve güçsüzlüğünden yola çıkılarak tanıya yönelik imgeleme alıştırmaları yapılmıştır. Susan imgeleme alıştırmaları sırasında çok gerilimli çocukluk anıları hatırlamıştır. Babası çoğu zaman öngörülemez bir biçimde saldırgan ve şiddet eğilimli olan bir alkoliktir. Öte yandan annesi çok boyun eğici ve kaçıngandır. Depresif dönemlerden dolayı sıkıntı yaşamaktadır ve bu nedenlerle de Susan'ı babasından koruyamamıştır. Dahası, aile küçük bir oteli yönettiğinden çocukların her zaman sessiz ve göze batmayan bir biçimde davranması gerekmiştir.

İmgeleme alıştırması sırasında, "Küçük Susan" çaresiz ve boyun eğici bir biçimde mutfak zemininde oturmakta ve gereksinimleri hakkında ebeveynleriyle konuşmaya cesaret edememektedir. Bunu yapmanın annesini çok üzeceğinden ve babasını saldırgan ve tehlikeli hâle getireceğinden çok korkmaktadır. Bir sonraki şema terapi seansı sırasında imgeleme alıştırması imgeleme yeniden senaryolaştırma süreci ile birleştirilmiştir. Yeniden senaryolaştırma amaçlı imgeleme alıştırmaları sırasında bir yetişkin (başta terapist sonra Susan'ın kendisi) Küçük Susan ve onun gereksinimlerini karşılamak üzere çocukluk sahnesinin içine girmiştir. Beraberinde Susan'ın aşırı utangaç, itaatkar ve boyun eğici davranış örüntüsünün olumsuz sonuçlarıyla empatik olarak yüzleşmesi daha kolay bir hâle gelmiştir. Bu davranışların sakıncaları tartışılmıştır: kendi ilgilerinin aksine hareket etmektedir, kendi gereksinimlerini gideremememektedir, diğer insanlar onun kaçınmalarından dolayı sinirlenmektedir. Bu nedenle kendi ilgileri ve gereksinimleri doğrultusunda davranmak için cesaret toplamak üzere girişimlerde bulunmalıdır. Yeniden senaryolaştırmaya yönelik imgeleme alıştırmaları ve empatik yüzleştirmenin bir arada kullanılmasıyla, Susan gitgide daha az içe çekinik, gündüz kliniğine daha fazla dahil olan; daha açık ve gereksinimlerini dile getiren biri hâline gelmiştir. Sorunlu şema kaynaklı örüntülerini konuştuktan ve analiz ettikten sonra terapinin başında saklamış olduğu daha ileri sorunları dile getirmiştir. Mevsimlik bir işçi ile yaşadığı cinsel ilişki hakkında konuşmaya başlamıştır. Kendisine karşı sürekli olarak saldırganca davrandığı için iki yıl önce ondan ayrılmıştır ancak bu kişi ne zaman şehre çalışmaya gelse hâlâ Susan'la iletişime geçmektedir. Susan her ne kadar bu iletişimden dolayı memnun olmadığını açık bir biçimde bilse bile gereksinim duyduğunun aksine, bu kişi onu tekrar buluşmaya ve cinsel beraberliğe ikna etmektedir. Şemalarını öğrendikten sonra Susan'ın kendisi bu davranışları genel örüntüsüyle ilişkilendirebilmeye başlamıştır.

Tablo 1.1 Erken dönem uyumsuz şemaları (Young ve ark., 2003) ve şema alanları

Şema alanı	Şemalar
Kopukluk ve reddedilme	Terk edilme/değişkenlik
	Güvensizlik/kötüye kullanılma
	Duygusal yoksunluk
	Kusurluluk/utanç
	Sosyal izolasyon/yabancılaşma
Zedelenmiş özerklik ve başarısızlık	Bağımlılık/yetersizlik
	Hastalık ve zarar karşısında dayanıksızlık
	İç içe geçme/ gelişmemiş kendilik
	Başarısızlık
Zedelenmiş sınırlar	Haklılık
	Yetersiz özdenetim ve kontrol
Başkaları yönelimlilik	Boyun eğme
	Kendini feda
	Onay arayıcılık
Aşırı uyarılma ve ketlenme	Karamsarlık/kötümserlik
	Duygusal ketlenme
	Yüksek standartlar
	Cezalandırıcılık

1.1.1 "Kopukluk ve reddedilme" alanındaki şemalar

Bu şema alanı bağlanma zorluklarıyla kendini gösterir. Bu alandaki bütün şemalar kişiler arası ilişkilerdeki güvenlik eksikliği ve güvenirlikle bir biçimde ilişkilenmektedir. İlişkili hisler ve duyguların niteliği şemaya bağlı olarak değişmektedir. Örneğin, "terk edilme/değişkenlik" şeması, çocukluk çağında olan daha önceki terk edilmeye bağlı olarak "önemli diğerleri" tarafından terk edilme hissiyle ilgilidir. "Sosyal izolasyon/yabancılaşma" şeması olan bireylerde ise, akran grubu tarafından geçmişte yaşadıkları dışlanmadan kaynaklanan, ait olma hissinin yokluğu söz konusudur. "Güvensizlik/kötüye kullanılma" şeması olan hastalar çoğunlukla çocuklukları sırasında diğer insanlardan zarar görmüş olmaları nedeniyle, başkaları tarafından tehdit edilmiş hissederler.

(1) Terk edilme/değişkenlik: Bu şemaya sahip hastalar, kurdukları ilişkilerin hiçbir zaman devam etmeyeceği hissinden dolayı sıkıntı çekmektedirler ve bu nedenle diğerleri tarafından terk edilmekle ilgili sürekli olarak endişe duyarlar. Genellikle çocuklukları sırasında terk edildiklerini belirtirler; sıklıkla ebeveynlerden biri aileyi bırakmış ve kendileriyle ilgilenmeye son vermiştir ya da önemli biri erken dönemde ölmüştür. Bu şemaya sahip hastalar sıklıkla güvenilir olmayan insanlarla ilişki kurarlar ve bu nedenle de şemaları sürekli olarak onaylanır. Ancak terk edilme tehdidinin olmadığı istikrarlı durağan ilişkilerde dahi en küçük olaylar bile (eşin işten eve beklenenden bir saat geç gelmesi gibi) abartılı ve yararsız kayıp ya da terk edilme hissini tetikler.

> **Vaka örneği: terk edilme/değişkenlik**
>
> 25 yaşında bir üniversite öğrencisi olan Cathy panik atakları ve güçlü dissosiyatif belirtileri için tedavi almak üzere psikoterapiye başvurmuştur. Her iki durumun belirtileri de hafta sonları babasının evinde kaldıktan sonra oradan ayrılması gerektiğinde artmaktadır. Başka bir şehirde okula gitmekte ve neredeyse her hafta sonu ve tatilde babasını ziyaret etmektedir. Aile üyeleriyle olan ilişkileri çok yakın olsa bile diğer insanlarla olan ilişkileri genellikle yüzeyseldir. Diğer insanlarla çok nadir olarak gerçekten yakın hissetmektedir. Ve daha önce hiç romantik bir ilişkiye girmemiştir. Ayrıca, gerçek bir yakın ilişkide olduğunu hayal edemediğini belirtmiştir. Bunun arkasında yatan nedenleri incelediğinde çok üzgün hissetmeye başlamaktadır. Gözyaşlarına boğulmakta ve hiç kimsenin kendisiyle uzun

süre bir arada olmayacağını hissetmeye başlamaktadır. Bu his onun biyolojik geçmişiyle bağlantılıdır. Biyolojik annesi, Cathy iki yaşındayken ciddi bir hastalığa yakalanmış ve ölmüştür. Babası, iki yıl sonra tekrar evlenmiştir ve üvey annesi onun için gerçek bir anne olmuştur. Ancak üvey annesi de Cathy 16 yaşındayken felç geçirip aniden ölmüştür.

(2) Güvensizlik/kötüye kullanılma: Bu şemaya sahip insanlar, diğer insanlar tarafından kötüye kullanılmayı, aşağılanmayı ya da başka bir biçimde kendilerine kötü davranılmasını beklerler. Kasıtlı olarak zarar göreceklerinden korktukları için bu insanlar sürekli olarak şüphecidirler. Kendilerine arkadaşça davranıldığında, genellikle karşılarındaki insanın gizli planı olduğuna inanırlar. Bu şema ile ilişkili duygularına temas ettiklerinde genellikle kaygı duyarlar ve tehdit edilmiş hissederler. Şiddetli vakalarda hastalar hemen hemen her sosyal durumda aşırı derecede tehdit edilmiş hissederler. "Güvensizlik/kötüye kullanılma" şeması genellikle çocukluk çağı kötüye kullanımından dolayı gelişir. Bu kötüye kullanım sıklıkla cinsel niteliklidir; ancak fiziksel, duygusal ya da sözel kötüye kullanım da yoğun kötüye kullanım şemalarının oluşmasına neden olabilir. Pek çok vakada çocuklar ebeveyn ya da bir kardeş gibi aile üyeleri tarafından kötüye kullanılmıştır. Ancak sınıf arkadaşlarının zorbalığı gibi akranlar tarafından yapılan acımasızca davranışların da sıklıkla yoğun başarısızlık ya da utanma ile birleşerek, aşırı kötüye kullanım şemalarına neden olabileceğini akılda tutmak önemlidir.

Vaka örneği: güvensizlik/kötüye kullanılma

26 yaşında bir hemşire olan Helen, çocukluğunda ve onlu yaşlarında üvey babası tarafından cinsel ve fiziksel olarak kötüye kullanılmıştır. Yetişkin olarak, genellikle erkeklere güvensizlik duymakta ve kendisine iyi bir biçimde davranacak bir erkek bulmanın imkânsız olduğuna ikna olmuş durumdadır. Bir erkeğin bir kadına iyi bir biçimde davrandığını hayal bile edememektedir. Yakın ilişkileri internette tanıştığı erkeklerle olan genellikle kısa süreli cinsel birlikteliklerdir. Ne yazık ki zaman zaman bu ilişkiler içerisinde kötüye kullanım ve şiddet durumlarını tekrar yaşantılamaktadır.

(3) Duygusal yoksunluk: Bu şemaya sahip hastalar genellikle çocukluklarından düzgün ve iyi olarak söz ederler ancak yaygın olarak sıcaklık ya da sevgi dolu bir bakım yaşanılamamış ve gerçekten güvende, sevilmiş ve rahat ettirilmiş hissetmemişlerdir. Bu şema genel olarak yoğun hislerle kendini göstermemektedir. Bunun yerine, bu hastalar diğerleri onları sevdiği ve onları güvende hissettirmek istediği hâlde olmaları gerektiği kadar güvende ve sevilmiş hissetmezler. Bu nedenle de bu şemaya sahip olan hastalar çok sıkıntı çekmemektedirler. Şemaya sahip olan insanların çevresindeki diğer insanlar ise genellikle bu şemayı açık bir biçimde sezerler çünkü o kişilere yakınlaşamayacaklarını ya da onlara sevgiyle ve destekle ulaşamayacaklarını hissederler. Duygusal yoksunluk şeması olan insanlar bir biçimde diğerleri tarafından sevildiklerini algılayamamakta ve bunu kabul edememektedirler. Bu şema, bundan etkilenen kişinin yaşamında bunaltıcı bir hâl alana kadar çoğu zaman sorunsuz bir biçimde varlığını sürdürür.

Vaka örneği: duygusal yoksunluk

30 yaşında bir büro memuru olan Sally, yüksek düzeyde bir işlevselliğe sahiptir: işinde iyidir, mutlu bir evliliği, iyi arkadaşları ve kişiler arası ilişkileri vardır. Ancak ilişkilerinin hiçbiri ona, diğer insanlarla gerçekten yakın olma ve onlar tarafından gerçekten sevilme hissini vermemektedir. Kocası ve arkadaşlarının ona önem verdiklerini bilmesine rağmen bunu hissetmemektedir. Sally yaşamının büyük bir bölümünde gayet işlevseldir. İş yerindeki sorumluluklarının ve genel iş yükünün önemli ölçüde arttığı geçen yıl boyunca git gide tükenmiş, yalnız ve durumunu değiştirmek konusunda harekete geçemez hissetmeye başlamıştır. Terapist, daha iyi bir iş-yaşam dengesi kurmaya çalışmasını, rahatlatıcı ve olumlu etkinlikleri yaşamıyla daha fazla bütünleştirmesini tavsiye etmiştir. Ancak Sally kendisini yeterli biçimde önemli ve değerli görmediğinden bu konulara çok önemli değilmiş gibi yaklaşmıştır. Çocukluğundaki her şeyin "iyi" olduğunu ifade etmektedir. Ancak her iki ebeveyni de yoğun bir iş yaşantısına sahiptir ve dolayısıyla da genellikle "orada değillerdir". Uzun bir iş gününün ardından çocuklarıyla ilgilenmenin ebeveynleri için çok zor bir iş olduğunu söylemektedir.

(4) Kusurluluk/utanç: Bu şema kusurlu, aşağılık ve istenmeyen biri olma hisleriyle kendini gösterir. Bu şemaya sahip insanlar gerçekte nasıl davranırlarsa davransınlar değerli olmadıklarını hissettiklerinden sevgi, saygı ya da dikkate alınmayı hak etmediklerini hissederler. Bu deneyim genellikle yoğun bir utanç duygusuyla bağlantılıdır. Bu şema sıklıkla SKB olan hastalarda ve genellikle güvensizlik/kötüye kullanılma ile bir arada görülmektedir. Bu şemaya sahip olan insanlar çocukluklarında genellikle yoğun bir biçimde değersizleştirilmiş ve küçümsenmiştir.

Vaka örneği: kusurluluk/utanç

23 yaşında bir erkek hemşire olan Michael, SKB için psikolojik tedaviye başlamıştır. İş yerinde yaygın bir biçimde yaşadığı utanç duygusuna bağlı olarak yaşadığı sorunları dile getirmiştir. Yetkin ve arkadaşça biri olmasından dolayı diğer insanların kendisine sıklıkla iltifatta bulunması ve onu övmesine karşın kendisini tümüyle itici ve ilginç olmayan biri gibi görmektedir. Diğerleri ona böyle şeyler söylediğinde onlara inanamamaktadır. Kız arkadaşının da ona bağlı olmasını ve onunla kalmak istemesini anlayamamaktadır. Büyürken ebeveynlerinin, en çok da alkolik olan babasının yoğun bir fiziksel ve sözel kötüye kullanımı olduğunu ifade etmektedir. Babası sıklıkla Michael ve kız kardeşine lakaplar takmış ve çocukların gerçekteki davranışlarından tamamen bağımsız olarak onlardan "pislik gibi" diye söz etmiştir.

---

(5) Sosyal izolasyon/yabancılaşma: Bu şemaya sahip insanlar kendilerini diğer insanlara yabancılaşmış hissederler ve herhangi birine ait hissetmezler. Üstelik genellikle kendilerinin geri kalan herkesten tamamen farklı olduğunu hissederler. Diğer insanlar onları grubun içinde görseler bile, onlar kendilerini sosyal gruplara ait hissetmezler. Çocukluklarında, örneğin bölgenin lehçesiyle konuşmadıkları, diğer çocuklarla birlikte kreşe gönderilmedikleri ya da spor kulüpleri gibi herhangi bir gençlik organizasyonunun parçası olmadıkları için sıklıkla kelimenin tam anlamıyla tek başına kaldıklarını ifade ederler. Genellikle çocuğun sosyal ve ailesel geçmişi ile yaşamın sonrasında elde edilen başarılar arasında bir uyuşmazlık varmış gibi görünür. Sık karşılaşılan bir örnek, yoksul ve düşük eğitimli bir ailede büyüyen bir çocuğun ailenin ilk ve tek eğitimli bireyi olmayı başarmasıdır.

Bu insanlar hiçbir yere ait hissetmezler. Ne ailelerine ne de farklı sosyal art alanları nedeniyle diğer eğitimli insanlara. Böyle vakalarda bu şema, özellikle de kendi sosyal art alanı daha aşağı olarak algılandığında, kusurluluk/utanç şemasıyla bir arada görülebilir.

> ### Vaka örneği: sosyal izolasyon
>
> 48 yaşında bir teknisyen olan David, ait olma hissinden tamamen yoksundur. Bu durum her türlü resmi ve resmi olmayan gruplar için geçerlidir. Aslında yaşamı boyunca herhangi bir gruba aitlik hissi yaşamadığını dile getirmektedir. Çocukluğunda, kendisi 9 yaşındayken ailesi çok küçük bir kasabaya taşınmıştır. Bu kasaba kendisinin doğduğu yerden çok uzak olduğundan başlangıçta diğer çocukların lehçesini zar zor anlamıştır. Hiçbir zaman diğer çocuklara gerçekten yakın olmayı başaramamıştır. Ailesi yeni işleriyle ve kendi kişisel sorunlarıyla çok meşgul olduklarından ona herhangi bir destek sunmamışlardır. Sınıf arkadaşlarından farklı olduğundan spor kulübüne ya da yerel müzik gruplarına dâhil olamamıştır. Yerel etkinliklere ve şenliklere katılmadığından dolayı çok yalnız ve dışlanmış hissettiğini hatırlamaktadır.

1.1.2 "Zedelenmiş özerklik ve başarısızlık" alanındaki şemalar

Bu alanda özerklik ve başarı potansiyeli ile ilgili sorunlar öne çıkmaktadır. Bu şemalara sahip olan insanlar kendilerini bağımlı olarak algılar, güvensiz hisseder ve kendi geleceklerini kendilerinin belirleyemeyeceği hissinden dolayı sıkıntı çekerler. Özerk olarak alınan kararların önemli ilişkilerini bozabileceğinden korkarlar ve karar almaları gerektiğinden başarısız olacaklarına yönelik bir beklentileri vardır. "Hastalık ve zarar karşısında dayanıksızlık" şeması olan insanlar özerk kararlar vererek kaderlerini zorlamanın ya da değiştirmenin kendilerine ya da diğer insanlara zarar vereceğinden korkarlar.

Bu şemalar model alarak sosyal öğrenme ile edinilebilir. Örneğin sürekli olarak zarar ya da hastalığa karşı çocuğu uyaran ya da obsesif kompülsif bozukluğu (OKB) olan ve bulaşma kaygısı ("hastalık ve zarar karşısında dayanıksızlık" şeması) olan bir ebeveyn figüründen öğrenilebilir. Benzer bir biçimde "iç içe geçme/gelişmemiş kendilik" şeması da ebeveynlerin çocuklarının gelişimsel durumlarla baş edebilecek, yaşlarına uygun becerileri olduğu konusunda güvensiz hissetmeleri durumunda gelişebilir. Ancak bu alandaki şemalar, çocuklar çok yüksek beklentinin olduğu durumlarla karşılaştıklarında, çok erken bir dönemde özerkleştiklerinde ve bunu başarmak için yeterli desteği almadıklarında da gelişebilir. Çocukluklarında aşırı derece gerginlik altında kalan, ihmal edilmiş olan hastalar birilerinin geçmiş yaşantılarında eksik olan desteği sağlayacağından emin olmak için bağımlı davranış örüntüleri geliştirebilirler. Bu nedenle de sağlıklı bir özerkliği öğrenemezler.

(6) Bağımlılık/yetersizlik: Bu şemaya sahip olan hastalar genellikle çaresiz ve günlük yaşantılarını diğer insanların yardımı olmadan idare edemeyeceklermiş gibi hissederler. Bu şema genellikle bağımlı kişilik bozukluğu olan hastalarda bulunmaktadır. Bu şemaya sahip olan bazı insanlar çocukluklarında aşırı bir taleple yüzleşmeleri gerektiğini dile getirmişlerdir. Bunlar sıklıkla hasta bir ebeveynin sorumluluğunu hissetmek gibi (örtük) sosyal taleplerdir. Süregiden bir biçimde çok gergin hissettiklerinde yeterlilik hissi ve sağlıklı bir başa çıkma düzeneği geliştirememişlerdir. Bu şemaya sahip diğer hastalar ise ebeveynlerinin gerçekte kendi fikirlerini yeterince sormadığını dile getirmektedirler. Ergenlik dönemi sırasında çocuklarının uygun bir biçimde özerkliklerini geliştirmesine yardım etmektense onları serbest bırakmayı reddetmiş ve onlara herhangi bir sorumluluk vermeden günlük işler konusunda onlara yardım etmeye devam etmişlerdir.

Hastalar terapötik ilişki konusunda çok iyi bir iş birliği sergilediğinden, terapi sırasında bu şemanın açığa çıkması biraz zaman alabilir. Biraz zaman geçtikten sonra terapist, iyi bir işbirliği olmasına rağmen ilerlemenin olmadığını hissedecektir. Bir hasta terapiye aşırı derecede arkadaşça başlamışsa ve terapistin tüm önerilerine hevesle tepki gösteriyorsa ama ilerleme yoksa, terapist bağımlı örüntüleri dikkate almalıdır. Bu özellikle hastanın daha önceden, sınırlı başarıları olan birkaç terapiye gitmiş olması durumunda söz konusu olabilir.

Vaka örneği: bağımlılık/yetersizlik

23 yaşında bir öğrenci olan Mary, çok utangaç ve çaresiz bir biçimde gelmiştir. Annesi, özellikle sıkıcı ya da sinir bozucu işleri yapma konusunda onun görevleriyle ilgilenmektedir. Çalışmalarının teslim tarihini hatırlatmak için sürekli Mary'i aramaktadır. Mary yaşamı boyunca karşılaştığı bu biçimdeki aşırı bakım davranışlarına alışmıştır. Bir çocuk ya da ergenken sınıf arkadaşlarının aksine yaptığı herhangi bir küçük ev işi yoktur. Yaşamının tüm sorumluluğunu alma

> fikri onun cesaretini kırmakta ve onu korkutmaktadır. Bir iş aramayı ve biraz para kazanmayı çok istese de bunu yapamayacağını hissetmektedir. Potansiyel işverenlerle konuştuğunda çok fazla güvensiz hissettiğini ve işe başlamak için gerekli olan becerilerine güvenmediğini dile getirmektedir.

(7) Hastalık ve zarar karşısında dayanıksızlık: Bu şemada, doğaları gereği herhangi bir zamanda ve beklenmedik bir biçimde ortaya çıkabilecek üzücü olaylar, felaketler ve hastalıklarla ilgili abartılı bir kaygı ön plandadır. Bu şema sıklıkla hipokondriyak ya da yaygın kaygı bozukluğu olan hastalarda görülmektedir. Bu şemaya sahip olan hastalar annelerinin ya da büyükannelerinin aşırı sakıngan, sürekli endişeli, ciddi hastalıklara ve yaşamdaki diğer tehlikelere karşı sürekli olarak alarm hâlinde olan ve çocukluklarında aşırı özen ve dikkat talep eden kişiler olduğunu dile getirmektedirler. Bu temkinli muhafız, çocuğu hastalıklardan sakınmak için yıkanmamış bir meyveyi asla yememek ya da süpermarketi her ziyaret edişten sonra ellerin yıkanması gibi katı hijyen kurallarına itaat etmek konusunda eğitmiş olabilir. Bu şema, doğal afetler ya da ciddi hastalıklar gibi gerçekten ağır ve kontrol edilemeyen olayların kurbanı olmuş olan hastalarda da bulunabilir.

> **Vaka örneği: hastalık ve zarar karşısında dayanıksızlık**
>
> 31 yaşında bir hekim olan Connie, çocuk sahibi olmayı deneyip denememe konusunda emin değildir. İki çocuğa sahip olma fikrini sevmekte ancak bir çocuğun başına gelebilecek travmatik ve katastrofik olayları düşündüğünde dehşete düşmektedir. Connie ilk anda kolayca hamile kalamayacağını bilmektedir; eğer kalırsa hamilelik zor olabilir; çocuk çok korkunç bir hastalığa yakalanabilir, ölebilir ya da bir kaza sonucu ağır bir biçimde zarar görebilir. Ancak Connie'nin herhangi bir genetik hastalığı yoktur, zor bir hamilelik için herhangi bir risk faktörü bulunmamaktadır ve bu nedenle de bu kadar endişelenmesi için gerçek bir neden yoktur.

> Terapist, güvensizlik duygusu ve sürekli endişesi ile ilgili hatırlayabildiği çocukluk olaylarını sormuştur. Connie kendiliğinden anneannesi hakkında konuşmaya başlamıştır. Küçük Connie özerk bir biçimde bir şeyler yaptığında anneannesi sürekli olarak üzülmüştür. Anneannesi, Connie 17 yaşındayken bile o dışarıdayken uykuya dalamamaktan yakınmıştır. Connie 12 yaşındayken yaz kampına gittiğinde ise neredeyse kaygıdan ölmüştür. Connie'nin annesi, anneannesine her zaman çok yakın olmuş ve büyükannenin endişelerinin pek çoğunu paylaşmıştır.

(8) İç içe geçme/gelişmemiş kendilik: Bu şemadan dolayı sıkıntı çeken insanların kimliklerine ilişkin zayıf bir algıları vardır. Başka birinden, özellikle de annelerinden güvence almadan günlük kararlar veremeyeceklerini hissederler. Onlar için özel olan bu kişi olmadan fikir üretme becerisinden yoksundurlar. Bu durum "birey" olarak hissedememeye kadar gidebilir. İnsanlar iç içe geçtikleri kişiyle olan ilişkilerinin çok yakın ve sıklıkla çok da duygusal olduğunu dile getirirler. İç içe geçme şeması olan insanlar çok zeki ve eğitimli olabilirler ama bu onların kendi duygularını fark etmelerine ve kendi kararlarını vermelerine yardım etmemektedir. "İç içe geçmiş kişiler" iç içe geçmiş ilişkileri çoğunlukla olumlu deneyimlendiğinden genellikle doğrudan bu şemadan yakınmamaktadırlar. Özerkliğin ve sosyal işlevselliğin geriye gitmesi ya da hastanın eşinin iç içe geçmeden dolayı engellenmiş hissetmesi nedeniyle ikincil sorunlar ortaya çıkabilir. Bu şema sıklıkla obsesif kompülsif belirtilerle de ilişkilidir.

> **Vaka örneği: iç içe geçme/gelişmemiş kendilik**
>
> 25 yaşında bir sekreter olan Tina, erkek arkadaşına yönelik olarak zaman zaman ortaya çıkan saldırgan kompülsiyonları olduğunu dile getirmektedir. İlişkileri çok yakındır, uyanık oldukları her dakikayı ya konuşarak ya da tv izleyerek birlikte geçirmektedirler. Ancak hiçbirinin kendisine ait herhangi bir hobisi ya da arkadaşı yoktur. Bu yakın ilişkilerine rağmen çoğunlukla kendisinin ilgisizliği nedeniyle cinsel etkileşim nadirdir. İlk psikoterapi seansları boyunca Tina hemen hemen yaşamının her alanına ilişkin yoğun güvensizlik duyguları dile getirmiştir. Ancak terapist bu güvensizliği, hobi ve ilgi eksikliğini Tina'nın sorunlarının bir

> parçası olarak görürken Tina'nın kendisi yaşamını kompülsiyonları haricinde "kusursuz" olarak değerlendirmektedir. Tina özellikle "harika ebeveynleri" konusunda çok coşkuludur. Onlarla da %100 olumlu olarak değerlendirdiği çok yakın bir ilişkisi vardır. Gün içerisinde annesini birkaç kere aramakta, ne kadar ufak olduğuna bakmaksızın yaşamının herhangi bir yönüne dair onun önerilerini sormaktadır. Cinsel ilgi azlığı dâhil tüm sorunlarını ebeveynleriyle konuşmaktan dolayı mutlu olduğunu iddia etmektedir.

(9) Başarısızlık: Bu şema tamamen başarısız olduğunu, diğer insanların tümünden daha az yetenekli ve zeki olduğunu hissetmeyle karakterizedir. Bu şemaya sahip olan insanlar, yaşamlarının hiçbir alanında hiçbir zaman başarılı olmayacaklarına inanırlar. Okulda veya aileleri içerisinde sıklıkla ve çoğu zaman genel olarak tüm kişiliklerinin değerini düşüren olumsuz geri bildirim yaşantılama eğilimleri vardır. Çocukluklarında ve gençliklerinde mükemmeliyetçi ve başarı odaklı etkinliklere (klasik müzik yapmak, yarışmaya dayalı sporlar yapmak gibi) dâhil olan insanlar da zaman zaman bu şemayı geliştirebilirler. Sınavlar da dâhil olmak üzere talepkâr ve gerilimli durumlar böyle kişiler için çok sorunludur. Bu şema bazen kendini doğrulayan kehanet gibi işlev görür: bu şemaya sahip insanlar talepkâr durumlardan çok korktukları için bunların tümünden kaçınabilirler. Böyle durumlar kaçınılmaz olduğunda da hepsinden kaçınabilirler, kötü bir hazırlık yaparlar (kısır bir döngü içerisinde) ve dolayısıyla gerçekten kötü bir sonuç ortaya çıkar.

> **Vaka örneği: başarısızlık**
>
> 24 yaşında bir üniversite öğrencisi olan Toby, depresif belirtileri ve yaşadığı aşırı sınav kaygısı nedeniyle terapiye gelmiştir. Zekâsı ve çalıştığı konuya olan ilgisi düşünüldüğünde başarılı olmasını engelleyecek hiçbir şey yoktur ancak bütün gün yataktan çıkmamakta, ödevlerini ertelemekte ve kaçınmacı davranış örüntüleri sergilemektedir. Kendisini tamamen başarısız olarak gördüğünden çalışmalarını hiçbir zaman bitiremeyeceğine ikna olmuş durumdadır. Her ne kadar

üniversitenin ilk yılında iyi notlar almayı başarmış olsa da bu başarısızlık hissi son birkaç yıldır devam etmektedir. Toby kendisinden iki yaş büyük olan erkek kardeşi hakkında çok fazla konuşmaktadır. Kardeşi çok yeteneklidir ve katıldığı tüm etkinliklerde her zaman kusursuzdur. Toby her zaman abisinden daha az zeki ve ondan aşağı olduğu hissini yaşamıştır. Daha da ötesinde Toby çocukluğunda ve onlu yaşlarında bir yüzme takımında yer almış ve yerel yarışmalara katılmıştır. Koçu çok hırslı biridir ve Toby ne zaman ikinci olsa Toby'nin kazanmayı başaramamasından duyduğu hayal kırıklığını göstermiştir.

1.1.3 "Zedelenmiş sınırlar" alanındaki şemalar

Bu alanda yer alan şemaları olan insanlar normal sınırları kabul etmekte zorluk yaşarlar. Sakin kalmak ve sınırı aşmamak onlar için zordur. Sıklıkla günlük yaşamlarını, çalışmalarını ya da işlerini uygun bir biçimde idare ettirecek öz disiplinden yoksundurlar. "Haklılık" şemasına sahip olan insanlar çoğunlukla haklı hissederler ve büyüklenmeci eğilimleri vardır. "Yetersiz özdenetim ve kontrol" şeması ise özellikle zayıflamış disiplin ve doyumun ertelenmesi ile ilişkilidir. "Haklılık ve yetersiz özdenetim" alanındaki şemalarda olduğu gibi bu şemalar doğrudan model alma ve sosyal öğrenme ile kazanılabilir. Hastalar genellikle çocukluklarında şımartılmıştır ya da ebeveynleri kendi çocukluklarında şımartılmıştır ve/veya normal sınırları kabul etmekte sorunlar yaşamıştır. Ancak bu şemalar ebeveynler çok katı olduğunda da öğrenilebilir. Ebeveynlerin çok fazla disiplin uyguladığı ve sınırların çok dar olduğu durumlarda olduğu gibi. Böyle durumlarda bu şemalar genel olarak sınırlar ve disipline karşı bir başkaldırı olarak gelişir.

(10) Haklılık: Bu şemaya sahip olan insanlar kendilerinin çok özel olduğunu düşünürler. Alışıldık sınırlar ve kuralları dikkate almak zorunda olmadıklarını hissederler ve sınırlandırılmak ya da kısıtlanmaktan nefret ederler. Bu şema genellikle narsisistik kişilik özellikleriyle ile ilişkilidir. Bu şemaya sahip olan insanlar güç ve denetim için savaşır ve diğer insanlarla rekabetçi bir biçimde etkileşime girerler. Babaları gibi önemli bir figürün, bu şemaya model olan narsisistik bir rol modeli ya da güçlü ve çok başarılı biri olduğunu dile getirirler. Denetleyici ve güçlü kişiler arası davranışların çoğunlukla çocukluk çağında doğrudan pekiştirilmesi söz konusudur. Olasılıkla babası oğlunu, arkadaşlarını yönettiği için pekiştirmiş ya da ebeveynler çocuklarına özel hissetmeleri gerektiğini çünkü çok özel bir aileye üye olduklarını anlatmışlardır.

> **Vaka örneği: haklılık**
>
> 48 yaşında bir takım lideri olan Allan, iş yerinde zorbalığa maruz kaldığı için psikolojik danışmaya başvurmuştur. Terapi hedefleri konuşulurken, "İşteki bu salaklara ne biçimde davranılması gerektiğinin nasıl öğretileceğine dair hiçbir fikrim yok" demiştir. Terapiste yönelik olarak da denetleyici ve buyurgan bir biçimde davranmaktadır. Kendi ifadesine göre, sürekli olarak iş arkadaşlarını aşağılamakta ve iş yerinde küstahça davranmaktadır. Terapist bu davranışlara işaret ettiğinde ise gururla şu biçimde yorum yapmıştır: "Benimle başa çıkmak istiyorsan kesinlikle hazırlıklı gelmek zorundasın."

(11) Yetersiz özdenetim ve kontrol: Bu şemadan dolayı sıkıntı çeken insanlar genellikle öz denetim ve doyumu erteleme becerisiyle ilgili sorunlar yaşamaktadırlar. Sıkıcı şeylerden hemen vazgeçmektedirler, disiplin ve sabır gerektiren görevler için yeterli sabırları yoktur. Diğer insanlar böyle hastaları genellikle tembel, sadece kendi iyiliklerini umursayan ve gerekliliklerini yerine getirmek için yeterli derecede çalışmayan kişiler olarak görürler. Bu şemanın yaşam öyküsel kökenleri genellikle "haklılık" ile benzerdir. Ancak "yetersiz özdenetim ve kontrol" çocukluklarında kötüye kullanıma maruz kalmış bireylerde de görülebilmektedir. Çocuklarını kötüye kullanan ya da onları ihmal eden ailelerde çocuklar genellikle gerekli öz disiplini öğrenecek yönlendirmeden yoksun kalmaktadırlar.

> **Vaka örneği: yetersiz özdenetim ve kontrol**
>
> 46 yaşındaki Steven, kendisini "serbest çalışan bir sanatçı" olarak adlandırmaktadır. Gerçekte geçimini sağlamak için sosyal yardıma muhtaçtır, ancak devamlı olarak o sıralarda üstünde çalıştığı sanatsal ve müzikal projelerinden bahsetmektedir. Projesi hakkında yaptığı tek gerçek iş ise internetteki varlığını çarpıcı bir biçimde sürdürmektir. Terapiye gelme nedeni depresyon ve bakış açısındaki sınırlıktır. Ancak terapist, yaşamını daha iyiye götürmek konusunda onun için net hedefler belirlemeye çalıştığında gönülsüz davranmaya başlamakta ya da kararlar almayı becerememektedir. Ne zaman belli bir hedef somutlaşmaya ve daha açık bir hâle gelmeye başlarsa bunu gerçeğe dönüştürmek için zaman ve enerji yatırımı yapmak istememektedir.

1.1.4 "Başkaları yönelimlilik" alanındaki şemalar

Bu alandan şemaları olan bireyler genellikle başkalarının gereksinimlerini, isteklerini ve arzularını kendilerininkinden önde tutmaktadırlar. Sonuç olarak da çabalarının büyük çoğunluğu başkalarının gereksinimlerini karşılamaya yönelik olmaktadır. Ancak gösterdikleri şemaya bağlı olarak bu girişimleri de değişmektedir. Güçlü bir "boyun eğme" şeması olan bireyler kendi davranışlarını başkalarının fikirleri ve gereksinimlerine en iyi biçimde uydurmaya çalışmaktadırlar. Diğer taraftan, "kendini feda" şeması olanlarda odak, başkalarının sorunlarını çözmeye yönelik aşırı bir sorumluluk duygusundadır; bu şemaya sahip insanlar genellikle herkesin iyi hissetmesini sağlamanın kendi işleri olduğunu hissederler. "Onay arayıcılık" şeması olanların ise tek amacı başkalarını memnun etmektir; bu nedenle de bütün hareketleri ve çabaları kendi isteklerindense bu arzuya yöneliktir. Biyolojik art alan ve çocukluktaki gelişim göz önüne alındığında bu şemalar genellikle ikincildir. Birincil şemalar genellikle "kopukluk ve reddedilme" alanından gelir. Örneğin, "başkaları yönelimlilik" alanından olan şemalar kopukluk ve reddedilmenin şemalarıyla baş etmek amacıyla gelişmiş olabilir. Hastalar, önemli bir ebeveyn figürünün (genellikle babanın) alkolik olduğunu ve madde etkisi altındayken saldırganca davrandığını dile getirebilirler. Bu nedenle de tehdit altında hissetmiş ve "güvensizlik/kötüye kullanılma" şemasını geliştirmişlerdir. Sarhoş baba ile yüzleşmekten kaçınmak için böyle durumlarda boyun eğici davranmayı öğrenmiş olabilirler. Bu "ikincil" boyun eğici davranış "boyun eğme" şeması olarak sonuçlanmıştır. Sıklıkla boyun eğici bir rol modelleri de vardır. Örneğin anne, babanın davranışlarını durdurmayıp ya da saldırgan babayı birlikte terk etmeyip bunun yerine onun saldırganlığına boyun eğmiştir.

(12) Boyun eğme: Bu şemaya sahip olan insanlar kişiler arası ilişkilerinde genellikle diğer insanların üstünlük kurmasına izin vermektedirler. Kendi davranışlarını diğerlerinin arzuları ve fikirlerine göre biçimlendirmekte ve uyarlamaktadırlar. Hatta bazen bu arzular açık olarak belirtilmemiş ancak sadece çıkarım yapılmış ya da tahmin edilmiş bile olabilmektedir. Bu şemaya sahip bireyler için terapist onları keşfetmelerine yardım etmeye çabalasa da, kendi gereksinimlerine ayak uydurmak çok zor olabilmektedir. Hastalar çocuklukları boyunca, bir ebeveynin diğer ebeveyne boyun eğdiği tehlikeli ailevi durumlar deneyimlemişlerdir. Belki de baba şiddet eğilimli ve saldırgan olduğunda anne çok boyun eğici olmuştur ya da belki de gereksinimlerin ve arzuların herhangi bir biçimde dile getirilmesi ciddi biçimde cezalandırılmıştır. Susan vakası (bu bölümün başlangıcına bakınız) bu şemanın yaygın olan bir örneğini sunmaktadır.

(13) Kendini feda: Bu şemaya sahip hastalar sürekli olarak başkalarının gereksinimlerini karşılamaya odaklanmaktadır. Ancak bu şema "boyun eğme" şemasından farklılaşmaktadır. Asıl hedef birincil olarak başkalarının fikirlerine uymak ve onlara karşı koymamak değildir; bunun yerine asıl hedef, diğerlerinin gereksinimlerini ya da durumsal gereklilikleri mümkün olduğunca hızlı bir biçimde keşfetmek ve bunlara yönelmektir. Bu nedenle de bu daha etkin ve gönüllüdür. Böyle bireyler kendi gereksinimlerine odaklandıklarında genellikle suçlu hissetmektedirler. Bakım ve yardım sağlayan alanlarda çalışan insanlar arasında bu şema yüksek oranlarda bulunmaktadır. Bu şema günlük yaşamda da gözlemlenebilmektedir. Fazla bir maddi kazanımı ya da saygınlığı olmayan, zaman alıcı ve çaba gerektiren işlerin tekrarlayıcı bir biçimde aynı insanlar tarafından yapıldığı görülebilmektedir. Örneğin kişi genellikle, çocuğu ilk olarak anaokulundayken sonra ilkokulda ve ortaokuldayken (yüzlerce kere bir daha tekrar seçilmeyi kabul etmeyeceğine karar vermişken bile) okul aile birliği (**OAB**) üyesi olabilmektedir. Bu şemaya sahip kişiler OAB seçimleri olduğunda tekrar seçileceklerini bilmeden önce bile aday olmayı kabul etmezlerse kendilerini suçlu hissetmektedirler. Bu bilgiler ışığında bu şema sıklıkla kişinin destek sisteminin yeterince sağlıklı olması koşuluyla ve genellikle de klinik bir sonuca neden olmadan sağlıklı yetişkinler arasında da görülebilmektedir.

Vaka örneği: kendini feda

35 yaşında bir hemşire olan Helen'in çalıştığı klinikte çok iyi bir saygınlığı vardır. Çünkü her zaman ek görevleri üstlenmek konusunda gönüllü olmaktadır ve bunları son derece iyi bir biçimde yerine getirmektedir. Kliniğin kalite kontrol temsilcisidir. Genellikle hasta olan meslektaşları yerine çalışmakta ve her zaman kusursuz bir işi çıkarmaktadır. İşteki bu bağlılığının yanı sıra özel yaşamında da OAB ve benzer gruplara üye olarak da bağlılığını sürdürmektedir. Helen'in psikoterapötik tedavi aramasının ilk nedeni tükenmişlik sendromudur. Var olan aşırı iş ve kişisel yaşam yükümlülükleri altında ezilmekte ve çok gergin görünmektedir. Ancak terapist ona "Ne demeye bütün bu şeylerle ilgileniyorsun?" diye sorduğunda Susan gerçekten şaşırmış bir biçimde görünmüş ve "Çok da büyütülecek bir şey değil, yoksa öyle mi?" demiştir.

(14) Onay arayıcılık: Bu şemaya sahip olan insanlar başkaları üzerinde iyi bir izlenim bırakmayı çok önemli bulmaktadırlar. Görünümlerini, sosyal durumlarını, davranışlarını ve daha fazlasını geliştirmek için çok zaman ve enerji harcamaktadırlar. Ancak hedef en iyi olmak (narsistik büyüklenmeci) değildir, amaç başkalarının onayını ve takdirini kazanmaktır. Böyle bireyler başkalarının görüş, statü ve onaylarını her zaman ön planda tuttuklarından kendi gereksinimleri ve arzularına ayak uydurmakta genellikle zorlanırlar.

Vaka örneği: onay arayıcılık

32 yaşında bir avukat olan Sarah, çok memnun ve mutlu bir insan olarak görünmektedir. Çok sayıda arkadaşı ve ilgi çekici hobileri vardır. Başarılı bir adamla evlidir. Terapiye gelmiştir çünkü kendisini (ve tüm yaşamını) "sahte" olarak algılamaya başlamıştır. Kendisini ilgi çekici olmayan ve yetersiz biri olarak hissetmeye başladığını dile getirmiştir. Aktif ve ilginç yaşam biçimini şöyle betimlemektedir: "Her zaman en havalı grupların ve etkinliklerin bir parçası olmanın ve aynı anda çok şey yapmanın baskısını hissediyorum. Bu sayede en azından, her ne kadar kendimi hiçbir biçimde öyle hissetmesem de, ilginç ve sevilmeye değer biri gibi davranabiliyorum."

1.1.5 Aşırı uyarılma/ketlenme alanındaki şemalar

Bu şemaya sahip olan insanlar, kendiliğinden ortaya çıkan duyguları ve gereksinimleri dile getirmekten ve bunları yaşantılmaktan kaçınmaktadırlar. "Duygusal ketlenme" şeması olan insanlar duygular, kendiliğinden eğlence ve çocuksu gereksinimler gibi içsel deneyimleri aptalca, gereksiz ya da toy şeyler olarak niteleyerek değersizleştirirler. "Karamsarlık/kötümserlik" şeması çok olumsuz bir dünya görüşüne karşılık gelmektedir: bu şemaya sahip olan insanların zihinleri her zaman durumların olumsuz tarafıyla meşgul olmaktadır. "Yüksek standartlar" şeması olan insanlar başarıya yönelik olarak sürekli bir baskı hissederler; çok şey başarmış olsalar da standartları aşırı yüksek olduğundan tatmin olmuş hissetmezler. "Cezalandırıcılık" şeması ise ne zaman bir hata yapılsa, hatanın bilerek ya da kazayla yapılmış olmasından bağımsız olarak, çok cezalandırıcı olan ahlak kuralları ve tutumları kapsamaktadır.

Bu şemalar pekiştirme ya da sosyal modellerle kazanılmış olabilir. Örneğin ebeveyn figürlerinden biri kendiliğinden dile getirilen bir duygu ile alay ettiyse, çocuklarına duygusal olmaktan utanılması gerektiğini öğretmiştir. Aynı zamanda bu dolaylı olarak da gerçekleşebilir. Örneğin; ebeveynler sadece edinim ve başarıları pekiştirdiğinde; eğlence ve kendiliğindenlik gibi yaşamın diğer önemli yönlerini değersizleştirmiş ya da görmezden geldiğinde.

Bu şemaya sahip olan bazı hastalar çocukluklarındaki yoğun duygulara dair genellikle olumsuz deneyimler dile getirmektedirler. Kendilerini bu itici uyaranlardan korumak için yoğun duygusal deneyimlerden kaçınmaya başlamışlardır. Örneğin bu, ailelerinin üyelerinin çok saldırgan ve duygusal bir biçimde tartışıyor olması gibi kendi duygularındansa başkalarının duygularıyla da ilişkili olabilir. Bakım verenlerin ahlak ve başarı kuralları; ne zaman ve nasıl cezalandırdıkları ya da hayal kırıklığı ve öfke dile getirdikleri de "yüksek standartlar" ve "cezalandırıcılık" şemalarının oluşumuna katkı sağlamaktadır.

(15) Karamsarlık/kötümserlik: Bu şemaya sahip olan insanlar sürekli olarak her durumun olumsuz ya da sorunlu tarafına odaklanmaktadırlar. Sürekli olarak bir şeylerin yoluna girmeyeceği konusunda kaygılıdırlar ve her yerde sorunla karşılaşmayı beklerler. Bu şemanın genellikle, kendileri de aşırı derecede kötümser ve hemen hemen her şeye dair çok olumsuz bir bakışı olan ebeveynler ya da diğer önemli figürlerden model alındığını dile getirirler. Bu şema diğer insanlar için aşırı derecede engelleyici olabilmektedir çünkü şemaya sahip olan bireyler, diğerleri durumları daha olumlu bir biçimde görmek konusunda onlara yardım etmek için ne kadar çok çalışırsa çalışsın olumsuz dünya bakışına tekrar tekrar, hemen kayıp giderler.

Vaka örneği: karamsarlık/kötümserlik

46 yaşında bir matematik öğretmeni olan Eric'in eşi ondan kendi terapistiyle çift terapisiyle ilgili görüşmesini istemiştir. Eşi, terapistinin yardımıyla yaşamında daha olumlu etkinliklerde bulunmaya çalışmakta ancak sürekli olarak kendisinin daha olumlu olmasını güçleştiren kocasının olumsuz tavrından bahsetmektedir. Eric kendisinin duygusal olarak oldukça karamsar biri olduğunu onaylamaktadır. Bununla birlikte, dünyayı kötü bir yer, yaşamı da üzüntü ve sorunlar kümesi olarak görmenin uygunluğuna dair çok sayıda neden olduğunu savunmaktadır. Yaşama ilişkin olumlu bir bakışa sahip olmanın tamamen gerçek dışı olduğuna inanmaktadır. Terapist ona şu anki iş

durumunu sorar. Meslektaşlarıyla yaşadığı sorunlardan, takımındaki kötü düzenlemelerden ve daha birçok şeyden uzun uzun söz eder. Karısı onun konuşmalarını keser ve aslında her zaman niyeti olan alana tam olarak uyan bir işte çalıştığına ve şu ana kadar kariyerinin çok başarılı olduğuna dikkat çeker.

(16) Duygusal ketlenme: Bu şemaya sahip olan hastalar kendiliğinden ortaya çıkan duyguları göstermeyi nahoş ya da saçma olarak bulurlar. Duygular önemsiz ya da gereksiz olarak görülmektedir. Böyle bireyler ebeveyn figürlerine dair çocukluk anılarında, genellikle hiddetli ya da üzgün oldukları için ebeveynlerin onlarla alay ettiğini hatırlamaktadırlar. Bu kişiler daha sonra kendi duygularını saçma ve çocukça olarak algılamayı ve duyguların tümünü değersizleştirmeyi öğrenmişlerdir. Bazı vakalarda insanlar bu şemayı aile üyelerinin dile getirdiği duyguların başa çıkmak için çok zor ve yoğun olduğunu hissetmiş olmalarından dolayı edinmişlerdir. Aile üyeleri aile içi çatışmalarla aşırı derecede duygusal bir biçimde başa çıkmışlardır ya da çocukla, ailenin diğer üyeleri hakkında öfkeli bir biçimde konuşmuşlar ya da diğer aile üyeleriyle ilgili olarak çocuğa yakınmışlardır. Böyle durumlarda çocuk duyguları tehdit edici ve bunaltıcı olarak yaşamaktadır. Bu şemanın tedavisinde bireyin duyguları saçma mı yoksa tehdit edici olarak mı algıladığını ortaya koymak önemlidir.

Vaka örneği: duygusal ketlenme

36 yaşında bir mimar olan Peter, terapiye ilk olarak distimi tanısıyla gelmiştir. Soğukkanlı bir adam olarak görünmektedir ancak sadece sınırlı bir biçimde neşeli ve eğlenceli bir duygulanım sergilemektedir. Terapist ona bir espri yapmaya çalıştığında zorla tebessüm etmektedir. Terapist, çok karmaşık bir ilişkisi olan kardeşiyle ilgili konuşmaya başladığı zaman Peter'ın öfkelendiğini sezinlemektedir. Ancak terapist bu öfkeli hisleri daha derin bir biçimde araştırmaya başladığında hasta herhangi bir duygu hissettiğini tamamen inkar etmektedir. Terapist duygu ifadelerinin aile içindeki erken dönem yaşantılarını sorgulamaktadır. Peter babasının duygusal olarak ifadesiz ve duygularını çok

> zor gösteren biri olduğunu belirtmektedir. Annesi ise çoğunlukla hisleri altında ezilmiş görünen, aşırı duygusal bir insandır. Her ikisi de çocukken annesi sıklıkla Peter'ın kardeşiyle tartışmıştır. Bu tartışmalar onu çoğu zaman ağlatacak noktaya getirecek kadar üzmüştür. Böyle çatışmalardan dolayı annesi Peter'ın odasına geldiğinden, Peter'ın işi onu yatıştırmak ve sakinleştirmek olmuştur. Peter böyle durumlarda duygusal olarak tükenmişlik yaşamakta ve o zamandan beri yoğun duygulardan hazzetmemektedir.

(17) Yüksek standartlar: Bu şemaya sahip olan insanlar başarı ve iddialı hedeflerine ulaşmak için sürekli olarak baskı altında hissederler. Genellikle, yaptıkları her şeyde en iyi olmak için çabalarlar. Eğlenceli ve kendiliğinden etkinlikler yapmak konusunda kendilerini serbest bırakmayı çok zor bulurlar ve başarı ile ilişkili olmayan etkinlikleri değerli görmeleri neredeyse imkânsızdır. Böyle bireyler genellikle mükemmeliyetçi ve katıdırlar. Çoğunlukla açıkça ulaşılamaz olsa ya da bunların olumsuz sonuçları olsa da kendi yüksek standartlarını sorgulamazlar, bunları doğal olarak görürler.

> ### Vaka örneği: yüksek standartlar
>
> 44 yaşında bir hekim olan Nick, depresif belirtilerinin tedavisi için psikoterapiye gelmiştir. Depresif belirtileri, yeni kurulan bir bölümün başına yönetici olarak getirildikten sonra başlamıştır. Bölümü geliştirmek onun sorumluluğudur ve hedefi de bunu başarmaktır. İlk görüşmelerde terapist Nick'in kendi beklentileri ve hedeflerine işaret etmiştir. Nick, ayarlanan bütün projeleri kendi başına yürütmesi ve her şeyi kusursuz, etkin ve önemli gecikmeler olmadan yapması gerektiğini açıklamıştır. Daha soyut bir düzeyde, iş yükü fazlalığından ve bir gün içerisinde 16 saatten fazla çalışamadığından kendi beklentilerinin gerçekçi olmadığının farkında varmıştır. Ancak daha somut bir düzeyde ise, kendisi için belirlediği aşırı yüksek ve gerçekçi olmadığı apaçık belli olan standartlardan ödün vermesi ya da bunları küçültmesi olanaksızdır. Terapinin başlarında yaşamını daha baş edilebilir kılmak için profesyonel hedeflerinden ya da projelerden birinin bile küçültülmesini düşünülemez bulmuştur.

(18) Cezalandırıcılık: Bu şemaya sahip olan bireyler hata yaptıklarından cezayı hak ettiklerine ikna olmuş durumdadırlar. Kendilerine ve başkalarına karşı çoğunlukla acımasız ve sabırsızdırlar. Genellikle çocukluklarında benzer modeller olduğunu dile getirirler.

> ### Vaka örneği: cezalandırıcılık
>
> 52 yaşındaki Tom, terapiye başlamak konusunda istekli değildir ancak pratisyen hekimi onun komşuları hakkında ne kadar çok yakındığını fark ettikten sonra bunu yapması için ona baskı yapmıştır. Tom büyük bir evin bakımını yapmakta ve sürekli olarak başkalarının hatalarına odaklanmaktadır. Sürekli olarak komşularının ev kurallarına uymadığından yakınmaktadır: çok fazla ses yapmaktadırlar vs. En küçük şeyler için onlarla tartışarak komşularının davranışlarını değiştirmekle çok meşgul görünmektedir. Şaşırtıcı olmayan bir biçimde, sosyal çevresindeki tüm ilişkileri olumsuzdur. Tom pratisyen hekimiyle ebeveynleri ile ilgili bir anısını paylaşmıştır: onlar da serttirler ve çocuklarına yaşamdan zevk almayı öğretmemişlerdir (ve hatta buna izin vermemişlerdir). Tom'la benzer biçimde onlar da cezalandırıcı ve diğer insanları çok suçlayıcıdırlar.

1.2 Gereksinimlere Odaklanmak

İnsani gereksinimlere odaklanmak, şema terapinin ana fikridir. İnsani gereksinimler (ve bunların karşılanmaması sonucunda oluşan engellenme) psikolojik sorunların oluşumunu açıklamakta kullanılan ana etken olarak görülmektedir. Uyumsuz şemaların çocukluk çağı gereksinimlerinin uygun bir biçimde karşılanmamasıyla geliştiğini varsayarız. Örneğin, sosyal izolasyon/yabancılaşma ve terk edilme/güvensizlik şemaları sırasıyla, akranlarla sosyal temas ve istikrarlı ilişki oluşturma gereksinimlerinin çocuklukta karşılanmaması sonucunda gelişir. Bu varsayım, travmatik ya da duygusal olarak gerilimli olan çocukluk yaşantıları ile yaşamın sonraki dönemlerindeki psikolojik sorunlar arasındaki ilişkileri gösteren artan sayıda çalışma ile desteklenmiştir.

Sorunların kökenleri olmaları dışında, gereksinimlere odaklanmak terapinin sonraki aşamalarında önemli bir rol oynamaktadır. Uyumsuz şemalar kişilerin kendi gereksinimlerini fark etmelerine, bunları yaşantılamalarına ve gerçekleştirmelerine engel olur. Şema terapinin ana hedeflerinden biri hastaların kendi gereksinimlerine odaklanmalarına ve bunları daha açık bir biçimde tanımlamalarına yardımcı olmaktır. Diğer ana hedef ise bu gereksinimlerini daha yeterli ve uygun bir biçimde karşılanmalarına (hasta şu anda bir yetişkin olduğundan); çocuklukta ve sonrasında karşılanmayan bu gereksinimlerin duygusal olarak işlenmesine yardımcı olmaktır. Şu andaki ve geçmişteki sorunlu durumların analizi şu sorulara odaklanır: Şu anda ya da ilgili durumda hastaların hangi gereksinimleri karşılanmamıştır? Hastalar bu gereksinimleri karşılamak üzere becerilerini nasıl geliştirebilirler? Hiç kimsenin her durumda ve sınırsız bir biçimde her gereksinimini karşılayamayacağını belirtmek önemlidir. Bu ne gerçekçi ne de işlevsel olurdu. Psikolojik olarak sağlıklı olan bireyler kendi gereksinimleri ile diğerlerinin gereksinimleri arasında sağlıklı bir denge bulabilirler ve bunu yaparken durumsal gereksinimleri de değerlendirirler. Bu kendi sınırlarını bilmeyi gerektirir ve bu nedenle de gerçekçi sınırlar gereksiniminin karşılanmış olması gereklidir.

İnsani gereksinimlere odaklanmak diğer hümanist terapilerin de esas özelliklerindendir. Buna karşılık bütün terapistler bir biçimde hastanın gereksinimlerinden söz eder. Şema terapideki farklılık ise hastanın gereksinimlerine çok açık bir biçimde işaret edilmesi ve böylece bu açık ilişkinin şema terapi müdahaleleriyle birleştirilmesidir. Örneğin, yeniden senaryolaştırmaya yönelik imgeleme alıştırması (Konu 6.3.2'ye bakınız) her zaman imgelenen travmatik durumdaki hasta figürünün gereksinimlerini takip eder ve sandalye diyalogları (Konu 8.3.1'e bakınız) hastanın gereksinimleri ve haklarını korumak amacıyla kullanılır.

Young ve arkadaşları (2003), beş temel insani gereksinim grubu tanımlamıştır. Her şema alanının klinik deneyimlere dayanarak bu gruplardan biri ile ilişkili olduğu düşünülmüştür (Tablo 1.2'ye bakınız). Uyumsuz şemaların listesinde olduğu gibi bu insani gereksinimler listesi de deneysel araştırmalardan değil günlük

Tablo 1.2 Şema alanları ve temel gereksinimler arasındaki ilişki

Şema alanı	İlişkili temel gereksinimler
Kopukluk ve reddedilme	Güvenli bağlanma, kabul, bakım
Zedelenmiş özerklik ve başarısızlık	Özerklik, yeterlik, kimlik hissi
Zedelenmiş sınırlar	Gerçekçi sınırlar, öz denetim
Başkaları yönelimlilik	Gereksinimlerin ve duyguların özgürce dile getirilmesi
Aşırı uyarılma ve ketlenme	Kendiliğindenlik ve oyun

klinik çalışmalardan yola çıkılarak oluşturulmuştur. Bu, Rogers (1961) ve Grawe'in (2006) yaklaşımları gibi insani gereksinimlere yönelik diğer kuramlarla büyük örtüşmeler gösteren klinik bir sınıflandırma olarak görülebilir.

Daha önce söz edildiği gibi, işlevsel olmayan şemalar, çocukluk çağı gereksinimleri uygun bir biçimde karşılanmadığı zaman gelişir. Diğer modellerin aksine (Grawe, 2006 gibi) şema terapi sınırlar ve disiplinin bir gereksinim olduğu varsayımını ortaya atmıştır. Eğer bu gereksinim karşılanmazsa yetersiz özdenetim, kontrol ve haklılık gibi şemalar gelişir. Bu görgül olarak sınanmamıştır ancak eğitimsel ve ebeveyn temelli bakış açısıyla böyle bir gereksinimin önemli olduğu kolayca anlaşılır. Buradan hareketle uyumsuz şemaların gereksinimler engellense de (özellikle de kişiler arası yakınlık ve güvenli bağlanma gereksinimleri) ya da çocuklar şımartılsa da gelişebileceği görülebilmektedir.

Gereksinimlere odaklanmak terapi boyunca pek çok müdahale ile mümkün olur. Psikoeğitimin önemli bir parçası, hastanın çocukluğunda karşılanmayan gereksinimlerinin şu andaki sorunların temelinde olduğunun ele alınmasıdır. Karşılanmayan erken dönem çocukluk çağı gereksinimlerinin neden olduğu şemalar, yaşamın sonraki dönemlerinde hastanın o andaki gereksinimlerinin karşılanmasını da engellediğinden yoksunluğu sürdürür. Hastaya, kişisel gereksinimlerini uygun bir biçimde karşılama yollarını öğretebileceği düşünülen yapılandırılmış bir müdahale formu olarak ev ödevi uygulamaları ya da davranışsal örüntü kırma teknikleri önerilir.

> ### Vaka örneği: Susan'ın gereksinimlerine odaklanmak
>
> Susan (Konu 1.1'e bakınız), eski erkek arkadaşına yönelik net sınırlar koymak ve bu sorunu grup terapisinde tartışmak konusunda terapistiyle anlaşmıştır. Ancak grup terapi seansları sırasında konu hakkında konuşmak için elini kaldırmakta sürekli olarak başarısız olmuştur. Sonuç olarak bireysel terapi sırasında terapist bu konuya tekrar işaret etmiş ve bu kaçıncı örüntünün hastanın gereksinimlerini nasıl engellediğinin altını çizmiştir. "Kaçınmanın çocukluğun boyunca ne derece önemli bir başa çıkma taktiği hâline geldiğini kesinlikle anlıyorum. Çocukken hayatta kalmanın tek yolu ailendeki çatışmalardan ve gerginlik yaratan durumlardan kaçınmandı. Ancak şu anda kaçınmalarını azaltmazsan korkarım ki kendi sınırlarını belirlemekle ilgili olan çok önemli gereksinimini hiçbir zaman karşılayamayacaksın. Grup terapisinde kendi

> gereksinimlerin ve kaygıların konusunda nasıl konuşacağını kolayca öğrenebilirsin. Diğer hastaları çok iyi tanıyorsun ve grup içinde kimsenin seni incitmeyeceğini biliyorsun. Ayrıca, yeniden incitilmeyeceğine emin olmanı sağlayacağım. Diğer grup üyelerinin sorununu çok iyi anlayacaklarına tamamen eminim. Diğer hastaların desteğini hissetmek çok olumlu bir yaşantı olabilir."

1.3 Şema başa çıkması

Bir şema, insanlarda çok farklı davranışsal sorunlarla kendisini gösterebilir. "Şema başa çıkması" terimi insanların şemalarıyla nasıl baş ettiği ve şemaların kişiler arası örüntülerde nasıl görünür olduğunu betimlemektedir. Şema başa çıkma kavramı, psikodinamik bir kavram olan savunma düzenekleri ile yakından ilişkilidir. Şema terapide klinik deneyimlere dayanarak üç farklı başa çıkma biçimi sınıflandırması tanımlarız.

> **Üç başa çıkma biçimi**
>
> *Teslimci* başa çıkma biçimi, kişinin şema doğruymuş gibi hareket etmesi anlamına gelir ve kişi ortaya çıkan davranış örüntüsüne teslim olur.
>
> Bir kişi *kaçınma* başa çıkma biçimi kullandığı zaman, sosyal durumlar ve/veya duygular sosyal içe çekilme, madde kullanımı ve diğer kaçıngan davranışlarla askıya alınır.
>
> *Aşırı telafi*, gerçek olan şemanın aksine çok baskın ve kendinden emin bir biçimde davranma anlamına gelir.

1.3.1. Teslimci

Bir hasta teslimci başa çıkma biçimi olduğunda şema bağlantılı hislerini çok yoğun bir biçimde yaşantılar, bunlara şemanın "mesajları" gibi teslim olur ve böylelikle de onları kabul eder. Teslimci bir başa çıkma modunda hasta şema doğruymuş ve başkalarının kötü davranışlarının kaldırmak dışında başka bir seçenek yokmuş gibi davranır. Bu başa çıkma biçiminin yaygın örnekleri arasında boyun eğme şeması olan hastaların boyun eğici örüntüleri ve çocukluk çağında şiddetli cinsel kötüye kullanım yaşantıları olan hastalarda sık rastlanan bir olgu olarak yaşamın sonraki dönemlerinde de yakın ilişkilerde kötüye kullanımı kabul etmek yer almaktadır.

Vaka örneği: teslimci

Susan, şiddete eğilimli eski erkek arkadaşından zaman zaman telefon aramaları almaktadır. Sonrasında Susan bir arzusu ya da isteği olmadığı hâlde onu ziyaret etmekte ve onunla birlikte olmaktadır. Her ne kadar sevgi ve ilgi eksikliğinden dolayı oldukça sıkıntı duysa da herkesten bunu aldığına inanmaktadır. Eski erkek arkadaşıyla cinsel birliktelik yaşadığında da hiçbir uyarılma yaşamamakta ancak çok küçük bir miktar da olsa kişiler arası sıcaklık ve yakınlık yaşayabilmektedir. Zaten, başka hiç kimse de onunla ilgilenmemektedir... Buna ek olarak, başka birine yönelik olarak kendi gereksinimlerini dile getirmeyi zar zor hayal edebilmektedir. Bunu yapmak konusunda kendisini çok kaygılı hissetmekte ama hiç kimsenin de onun gereksinimleriyle ilgilenmeyeceğine ikna olmuş durumdadır.

1.3.2 Kaçınma

İnsanlar kendilerini korumak için şemaların ya da şemalarla bağlantılı duyguların aktive olmasından kaçındığında kaçınmacı şema başa çıkma biçiminden söz ederiz. Bağlantılı davranış örüntüleri yaygın olarak sosyal geri çekilme ya da diğerleriyle duygusal olarak temasın olmamasıdır. Terapötik ilişki içerisinde terapist hasta ile bağlantı ve temas yokluğu hissettiğinde bu başa çıkma biçimi aktive olmaktadır. Daha dar bir anlamdaki davranışsal kaçınmanın da ötesinde diğer davranışsal örüntüler de duygusal kaçınma olarak değerlendirilebilir. Dolayısıyla bunlar da bu başa çıkma biçimi ile ilişkili olarak değerlendirilir. Duyguları yaşantılamaktan kaçınmak ve onlarla başa çıkmak için madde kötüye kullanmak da buna dâhildir. Bazen hastalar, sabit bir uyarılma seviyesini korumak için o andaki duygularından kaçınmalarına yardımcı olduğundan kendilerini sürekli olarak meşgul etmektedirler. Bunlar zaman zaman bilgisayar oyunları, işkoliklik, televizyon, internet ve aşırı yeme olabilmektedir. Hastalar kaygı ve benzeri hisleri azaltmak için böyle etkinlikleri kullandıklarını dile getirdiklerinde kaçınmacı başa çıkma biçiminden söz ederiz.

> **Vaka örneği: güvensizlik/kötüye kullanılma şemasından kaçınma**
>
> 27 yaşında bir sınır kişilik hastası olan ve çocukken cinsel olarak kötüye kullanılan Sabina, erkeklerle hiçbir biçimde etkileşime giremediğini belirtmektedir. Arkadaşları bazen onu erkeklerle etkileşime girme şansının olduğu bir partiye ya da benzer bir etkinliğe gitmek konusunda ikna etmektedirler. Böyle bir durumda bir erkek ona yaklaştığında panik hissine kapılmakta ve köşeye sıkıştırıldığını hissetmektedir. İçinden gelen ilk şey kaçmak olmaktadır. Bu duygular güvensizlik/kötüye kullanılma şeması için yaygındır. Böyle durumlarla baş edebilmek için sıklıkla çok miktarda alkol tüketmektedir. Her ne kadar sarhoş olsa ve hâlâ gerçekten güvende hissetmese de, bu onun çaresizlik hissini yatıştırmaktadır. Alkol tüketiminden sonra aşırı derecede uyarılmış ve daha az tehdit altında hissetmektedir. Alkol etkisi altındayken daha yeni tanıştığı erkeklerle kendiliğinden cinsel birlikteliklere girmektedir. Bu cinsel temaslarda herhangi bir his ya da duygu olmamaktadır. Yetişkin olarak bu güne kadar alkol almadan hiçbir cinsel birliktelik yaşamamıştır. Sabina alkol kötüye kullanımı ve bununla bağlantılı olarak yaşadığı cinsel ilişkilerinden dolayı çok utanmaktadır. Ancak alkol olmadan rahatlaması da pek mümkün olmamaktadır. Parti sırasında hiçbir şey içmemeye ve ayık kalmaya gerçekten niyetlense de bu durumlarda ortaya çıkan baş edemediği duygularından dolayı (eğer katılımını son dakikada nedensizce iptal etmezse) alkol tüketmeye eğilimli hâle gelmektedir.

1.3.3 Aşırı telafi

Aşırı telafi şema başa çıkma biçimi olan insanlar, şemanın tam tersi doğruymuş gibi davranmaktadırlar. Örneğin başarısızlık şeması olan insanlar başarılarıyla gösteriş yapmakta ve başarıları hakkında aşırı derecede konuşmaktadırlar. Güvensizlik/kötüye kullanılma şeması olan birisi aşırı derece benmerkezci ve saldırgan bir biçimde davranabilmektedir. Güvensizlik/kötüye kullanılma şeması olan ve aşırı telafi eden insanlar bazen kendilerinin kötüye kullanılmasından ya da tehdit edilmesinden kaçınmak için diğer insanları bile kötüye kullanabilmektedirler. Boyun eğme şemasını aşırı telafi eden insanlar diğer insanların kendisine boyun eğmesi ve onun fikirlerini tartışmasız bir biçimde kabul etmesi konusunda ısrarcı olabilmektedir. Aşırı telafi, terapistin kendisine baskı uygulanmaya çalışıldığını, köşeye sıkıştığını ve hatta hasta tarafından tehdit edildiğini hissettiğinde, terapi ortamında terapi ilişkisine bakarak kolayca tanımlanabilmektedir. Narsistik aşırı telafisi olan hastalar sıklıkla terapistlerini değersizleştirmekte, deneyimlerini ve niteliklerini sorgulayarak onları kışkırtmaktadırlar. Tersine, obsesif kontrolcü aşırı telafi modu olan insanlar terapistlerini çok ayrıntılı ve katı bir biçimde düzeltebilmektedirler. Her iki vakada da terapist kontrol edilmiş ve değersizleştirilmiş hissetmektedir.

> ### Vaka örneği: aşırı telafi
>
> 25 yaşında sınırda ve antisosyal kişilik bozukluğu olan Nicole, çocukluğu sırasında korkunç bir cinsel ve fiziksel şiddete maruz kalmıştır. 15 yaşından itibaren değişik yasa dışı ilaçlar kullanmış, seks işçisi olarak çalışmış ve hatta şiddet içerikli bazı saldırıların faili olmuştur. Terapötik ilişki sırasında Nicole çoğunlukla hiddetli ve öfkelidir; saldırgan bir biçimde davranmakta ve terapistine sözel olarak da saldırmaktadır. Terapist Nicole'un saldırgan moduna hak vermiş, bu modu durdurmuş ve saldırganlık duvarı arkasındaki duyguları keşfetmeye başlamıştır. Daha sonra Nicole, diğer insanlar tarafından tehdit edilmiş olduğu hissi ve güvensizliği ile ilgili olarak konuşmaya başlamıştır. Açıkça böyle bir gereksinimi olduğunu gösterse de diğer insanlar tarafından desteklenmeyeceğine inanmaktadır. Bilişsel olarak o insanların orada ona yardım etmek için bulunduğunun farkında olsa da herhangi bir insan tarafından desteklendiğini hiçbir zaman hissetmediğinden terapistinden ya da diğer tıbbi personel tarafından desteklendiğini hissedememektedir.

Gerçek şemalardan farklı olarak şema başa çıkmaları çok daha kolay bir biçimde belirlenip tanımlanabilmektedir. Kendi gereksinimlerine odaklanmadan, boyun eğici ve bağımlı bir biçimde gelen hastalar şema bağlantılı duyguları çok güçlü bir biçimde hissettiklerinde olasılıkla çok fazla teslimci olmaktadırlar. Terapistin duygu eksikliği olduğu veya kişiler arası bağ kurmakta başarısız olduğunu hissettiği hastalar olasılıkla kaçınmacı başa çıkma modunda olmaktadır. Aşırı telafi terapistin (ya da hastanın yaşamındaki diğer önemli insanların) kendisine hükmedildiğini ya da kendisinin tehdit edildiğini hissetmesi durumunda tanımlanabilmektedir.

1.4 Şema Mod Modeli

Konu 1.3'te de kısmi olarak belirtildiği gibi belli bir şema değişik aralıklarda davranışsal ve yaşantısal örüntüyle bağlantılı olabilmektedir. Örneğin güçlü bir başarısızlık şeması olan bir hasta yaptığı en ufak hatadan dolayı bazen üzgün, umutsuz ve çaresiz hissedebilir. Diğer taraftan başka zamanlarda aşırı telafi modunda olabilir ve kendi başarılarını potansiyel olarak abartılı bir biçimde göstermeyi deneyebilir ve herhangi bir hatayı reddedebilir. Daha da ötesinde, böyle hastalar bazen başarısızlık olasılığı ve bununla bağlantılı duygulardan kaçınmak için başarı ile ilişkili durumlardan olduğu gibi kaçınabilir.

Kişilik bozukluğu olan hastalar genellikle, terapi ilerleyişiyle olumsuz bir biçimde etkileşime giren belli şema bağlantılı davranış örüntüleri göstermektedirler (diğer yaşam alanlarıyla olumsuz bir biçimde etkileşime girdikleri gibi). Buna iyi bir örnek çekingen kişilik özellikleri olan hastalardaki yüksek düzeydeki sosyal kaçınmadır. Kaçınmacı başa çıkma biçimi çok güçlü olduğundan ve bu tarz terapi seansında devamlı olarak aktive olduğundan böyle hastalar, çok sınırlı bir kişiler arası temas düzeyini korumak için, çoğunlukla terapistleriyle sadece birkaç seans yaparlar.

Benzer bir biçimde narsistik aşırı telafisi olan hastalar hem terapi seansında hem de diğer yaşam durumlarda sürekli olarak başkalarına baskın davranırlar. Böyle durumlarda terapist aktif bir duruş sergilemek zorunda ve terapideki rolüne uygun davranmalıdır. Ancak diğer hastalarda, çoğunlukla da SKB olan hastalarda durum farklıdır. Onlar sürekli olarak tek bir başa çıkma modu göstermezler ancak bunun yerine modları farklı şema bağlantılı durumlar arasında sıklıkla değişir. Üstelik duygusal durumdaki sık değişimler terapide sorunlara neden olabilmektedir çünkü bu değişimler takip eden modlarla olduğu kadar hastanın fikirleri ve planlarındaki değişimlerle bağlantılıdır. Söz konusu sorunlu davranışı değiştirmek konusunda bir an çok iyimser hissedebilirken sonraki bir anda kesinlikle bunu yapabilecek becerileri olmadığını hissedebilirler.

> **Vaka örneği: bir başa çıkma durumunun süreğenliği**
>
> Narsistik özellikleri olan Phillip, 45 yaşında bir bilgisayar programcısıdır ve sosyal kaygısını azaltmak için psikoterapötik tedavi arayışına girmiştir. İnsanlardan çok korktuğunu dile getirmiştir. Sürekli olarak aşırı derecede güvensiz ve diğerleri tarafından değersizleştirildiğini hissettiği için kişiler arası temastan aslında hiç hoşlanmamaktadır. Çocukluk çağındaki bir travmadan kaynaklandığı için bu hislerin art alanı hiç şaşırtıcı değildir: çocukluğunda ağır bir nörodermit hastalığı yaşamıştır ve bu nedenle de birkaç yıl boyunca sınıf arkadaşları tarafından yapılan zorbalığa maruz kalmıştır. Şiddetli bir utanç duygusu geliştirmiştir ve dermatit çok uzun bir süre önce iyileşmiş olsa da bugün bile hâlâ çok kolay bir biçimde utanmış ve değersizleştirilmiş hissetmektedir. Phillip kaygısından bahsediyor olsa da çok baskın bir insan gibi

görünmektedir. Böylelikle onun aşırı telafi durumunda olduğu sonucuna varılabilmektedir. Terapistin onu zar zor durdurduğu noktaya kadar durmaksızın konuşmaktadır. Sanki başka bir hastayı tartışıyormuş ve kendisi de terapistin meslektaşıymış gibi profesyonel bir tavırla önceki tedavileri ve terapileri hakkında konuşmaktadır. Terapist bir yorum yaptığında onu durdurmakta ve düzeltmektedir. Kendisiyle, sosyal kaygısıyla ve terapistiyle bir bağlantısı yokmuş gibi görünmektedir. Bir buçuk saatin sonunda terapist denetim altına alınmış ve engellemiş hissetmiştir. Aşırı telafi örüntüsü devam ettikçe bu hastayla normal bir biçimde konuşmak imkânsız görünmektedir. Phillip şiddetli bir kusurluluk/utanç şeması dile getirdiyse de terapist hem bunu onun davranışlarında görememiş hem de onda böyle duygular olduğunu hissedememiştir.

Böyle durumlarda hastayı aşırı telafisiyle çok kısa sürede empatik bir biçimde yüzleştirmek ve başlangıç olarak bu örüntüyle çalışmak şema terapinin önemli bir ilkesidir.

Vaka örneği: sık değişen şema modları

39 yaşında SKB hastası olan Betty, şu ana kadar 15 aydır tedavidedir ve terapistiyle çok yakın bir terapötik ilişki kurmayı başarmıştır. Bugün terapist seansa çok az da olsa geç kalmıştır ve hasta terapistini terapistin ofisinin önünde, içinde sandalye olmayan bir odada beklemektedir. Terapist odaya girdiğinde Betty'nin biraz öfkeli olduğunu fark etmiştir. Terapist bu öfkeye işaret etmiş ve Betty, "Çirkin odanızda sandalye olması da olmaması da sizin için aynı çünkü siz hiç gereksinim duymadınız ona!" demiştir. Terapist öfkesini doğrudan işaret edince Betty bunu kabul etmemiş ve kendi kendisini "nankör" olarak nitelemiştir çünkü terapistin onunla ilgilendiğini bilmekte, ona bu biçimde nankörce davranmanın korkunç bir şey olduğunu ve ona karşı öfkeli olmaması gerektiğini bilmektedir. Ancak terapist aynı fikirde değildir ve terapisti zamanında gelmediğinde Betty'nin öfkelenmeye hakkı olduğunu onaylamaktadır. Terapistine öfkelendiği için Betty kötü bir insan olmayacaktır. Hâlihazırda terapötik ilişki içerisinde kendisini güvende hisseden Betty ağlamaya başlamış

> ve içerisinde mobilya olmayan odada tek başına beklemek zorunda kaldığı için kendisini çok yalnız hissettiğini söylemiştir.

Şema mod kavramı böyle olguları açıklamak ve betimlemek üzere geliştirilmiştir. Bir "şema modu" ilgili şema ile ilişkili olan o andaki duygusal durumu tanımlamaktadır. Şema modları sürekli olarak değişebileceği gibi çok kalıcı da olabilmektedir. Çok sayıda değişik şeması ve yoğun şema modları olan hastalarda bu modlara işaret etmek bunların arkasındaki şemalarla bağlantı kurmaktan çok daha kolaydır. Şema modları, çoğunlukla olumsuz duygularla eşleşen modlar ve bu duygularla başa çıkmak için kullanılan modlar olmak üzere ikiye ayrılır.

1.4.1 Çocuk modları

Çocuk modları öfke, üzüntü ve terk edilme gibi yoğun olumsuz duygularla bağlantılıdır. Çoğu terapide kullanılan (transaksiyonel analiz gibi) "içimizdeki çocuk" kavramıyla benzeşmektedirler. Örneğin, güvensizlik/kötüye kullanılması olan bir hasta kötüye kullanılmış çocuk modundayken tehdit altında ve başkasının merhametine muhtaç gibi hissedebilmektedir.

1.4.2 İşlevsel olmayan ebeveyn modları

Oldukça duygusal olan bir diğer sınıf ise işlevsel olmayan ebeveyn modları olarak adlandırılır. Bu modlar psikodinamik kuramdaki içe yansıtma görüşüyle (fail) kavramsal olarak örtüşmektedir. Şema terapide, çocuklara verilen işlevsel olmayan ebeveyn tepkilerinin içselleştirilmeleri olarak görülmektedirler. İşlevsel olmayan ebeveyn modlarında insanlar kendilerine sürekli olarak baskı uygulamakta ya da kendilerinden nefret etmektedirler. Örneğin güvensizlik/kötüye kullanılma şeması olan hastalar cezalandırıcı ebeveyn modundayken kendilerini değersizleştirmekte ve kendilerinden nefret etmektedirler.

1.4.3 İşlevsel olmayan başa çıkma modları

Başa çıkma modları kaçınmacı, teslimci ya da aşırı telafi şema başa çıkmalarıyla ilişkilidir. Kaçınmacı başa çıkma modlarında insanlar duygulardan ve diğer içsel deneyimlerden kaçınmakta ya da sosyal temastan tümüyle uzak durmaktadırlar. Aşırı telafi başa çıkma modlarında insanlar gerçek şema ile bağlantılı duyguların tam tersini deneyimleyebilmek için kendilerini uyarmakta ya da büyüklenmeci davranmaktadırlar. Örneğin Phillip, çok güçlü bir aşırı telafi modu göstermekte iken Betty değişik modlar arasında geçiş yapmaktadır.

1.4.4 Sağlıklı modlar

Sağlıklı modlar, sağlıklı yetişkin ve mutlu çocuğun modlarıdır. Sağlıklı yetişkin modunda hastalar yaşamlarını ve kendiliklerini gerçekçi bir biçimde görebilmektedirler. Yükümlülüklerini yerine getirebilmekte ama aynı zamanda da kendi gereksinimlerine ve iyilik hâllerine özen gösterebilmektedirler. Bu mod psikodinamik bir kavram olan "sağlıklı ego işlevselliği" ile kavramsal olarak örtüşmektedir. Mutlu çocuk modu ise özellikle eğlence, neşe ve oyunla ilişkilidir.

> Şema modları şema bağlantılı *durumları* ifade etmekle birlikte şemalar kavramsal olarak *kişilik özelliklerine* yakındır. Şema modları şu sınıflara ayrılmıştır:
>
> 1. çocuk modları,
> 2. işlevsel olmayan ebeveyn modları,
> 3. işlevsel olmayan başa çıkma modları ve
> 4. sağlıklı yetişkin ve mutlu çocuğun sağlıklı modları.

Modlar, şemalara göre çok daha kolay bir biçimde fark edilebilmekte ve ele alınabilmektedir. Bu nedenle de zor vakaların tedavisinde merkezi bir konumdadırlar. Şema mod kavramı kullanılan şema terapide, bütün terapötik teknikler her zaman hastanın o andaki duygusal moduna göre uyarlanmaktadır. Yeni bir bilgi onu etkilemeyeceğinden yeteri kadar aktive olmamış bir modla çalışmak akla pek yatkın değildir. O andaki modla çalışmak hem şema modunu hem de gerçek şemayı fark etmek ve onları değiştirmek konusunda hastaya yardımcı olacaktır.

> **Vaka örneği: Phillip – aşırı telafi başa çıkma moduyla yüzleşme**
>
> Terapist ilk olarak Phillip'in aşırı telafici modunu yaklaşık bir buçuk saat boyunca gözlemlemiş ve sonrasında bunu doğrudan ele almıştır: "Phillip, sosyal kaygından dolayı çok sıkıntı çektiğini anlıyorum. Ancak ilginç bir biçimde şu

anda, seansımızda bu korkular neredeyse hiç yokmuş gibi görünüyor. Doğrudan onları ele alsak da sen çok mesafeli ve baskın görünüyorsun. Bu senin dile getirdiğin kaygılarla epey çelişiyor. Sanıyorum bir çeşit aşırı telafi sergiliyorsun. "Aşırı telafi" terimine aşina mısın? Aşırı telafi yaptığında sorunlarının tam tersi doğruymuş gibi davranırsın. Aşırı telafiden kastedilen senin diğer insanlara karşı havalı olduğunu, durumu kontrol altında tuttuğunu ve hiç de kaygılı olmadığını göstermendir. Bu olasılık hakkında ne düşünüyorsun?"

Vaka örneği: Betty – farklı modlara farklı tepkiler

Betty'nin durumunda terapist hastanın öfkesine hak vermeye odaklanmaktadır. Terapist, Betty'yi oldukça iyi bildiğinden Betty'nin kendi kendisine diğer insanlara karşı öfkeli olmasına izin veremediğinin farkındadır (talepkar, suçlayıcı ve cezalandırıcı ebeveyn modu). Bu nedenle de terapist cezalandırıcı ebeveyn modunu durdurmaya çalışmıştır: "Betty, herhangi bir sandalye olmayan karanlık bir koridorda beklenmedik bir biçimde beklemek zorunda kaldığında öfkelenme hakkına kesinlik sahipsin! Bana öfkeli olmamanı söyleyen cezalandırıcı ebeveyn modun hatalı!" Bu sayede hasta terapist modelini içselleştirerek yaşamının diğer alanlarında bu modu sınırlandırmayı öğrenmektedir. Son olarak seans süresi boyunca terapist çoğunlukla, kırılgan çocuk moduyla ilişkili olan üzüntü hissi üzerine odaklanmıştır. Şema terapinin merkezindeki fikirlerden biri hastaların şemalarını iyileştirmek için duygusal desteği kabul etmeyi (ve güvenli bağlanma kurmayı) öğrenmeleri gerektiğidir. Terapötik teknikler düzeyinde ise terk edilme hislerine odaklanan bir imgeleme alıştırması uygun olacaktır. Başka bir seçenek olarak ise öfke dile getirmeye ve cezalandırıcı ebeveyn modunu sınırlamaya odaklanan bir sandalye diyaloğu da uygun olacaktır.

Mod modeli, hastanın var olan sorunlarına ve bunların terapi seansıyla etkileşimlerine yönelik doğrudan bir bağlantı sunmaktadır. Farklı modları hastanın sorunları ve belirtileriyle bağlantılandırır. Bir sonraki bölümde hastaların sorunlarının mod vaka kavramı içerisinde nasıl kavramsallaştırılabileceğini ve hangi modlara hangi müdahale taktiklerinin uygun olduğunu açıklayacağız

1.5 SSS

(1) Şema terapi neden tam olarak 18 şemaya ayrılıyor? 15 ya da 20 olamaz mıydı?

Şemaların sayısı ve yapısı klinik gözlemlere ve öğrenmelere dayanarak elde edilmiştir. Aslında tam olarak 18 şemanın var olduğuna dair açık bir görgül desteğimiz bulunmamaktadır. Bazı yazarlar ve araştırmacılar bu 18 şemanın bir ya da ikisini bulamamışken bazıları bunlara bir ya da iki tane daha eklemiştir. Bütün olarak ele alacak olursak şema ölçeklerinin psikometrik araştırması faktör yapısı ve 18 mod kavramı arasında kabul edilebilir bir uyum olduğunu göstermiştir (Oei ve Baranoff, 2007). Ancak bu, ölçeğin tüm çevirilerinde bulunamamıştır. Bu nedenle de başka faktör yapıları görgül olarak daha uygun olabilir.

(2) Şemalar ve temel varsayımlar arasındaki fark nedir?

Şema kavramı, temel varsayımlar kavramından daha geniştir. Temel varsayımlar birincil (bilinçli) bilişsel yönleri içerirken şemalar bilinçdışı ya da örtük bilgiye ek olarak aynı zamanda duygusal, kişiler arası ve diğer davranışsal yönleri de içermektedir.

(3) Farklı şemalar arasında hiyerarşik ilişkiler var gibi görünmektedir. Örneğin "boyun eğme" adındaki şema aynı zamanda boyun eğici başa çıkmanın da bir parçası. Bu farklı yönler birbirleriyle nasıl bir ilişki içerisindedirler?

Şema kavramı tüm şemaların az ya da çok olmak üzere aynı düzeyde var olduğunu ifade etmektedir. Ancak bazı şemaların, genellikle de kopukluk ve reddedilme alanında olanların, doğası gereği daha "birincil" olduğu görülmektedir. Başkaları yönelimlilik gibi diğer şemalar genellikle daha "ikincil" başa çıkma örüntüleridir.

Bu ilişkilere henüz açıkça değinilmemiştir. Ancak mod modeli içerisinde, ebeveyn ve çocuk modları birincil modlar olarak ele alınabilirken başa çıkma modları ebeveyn ve çocuk modlarıyla ilişkili duygusal acı ile başa çıkmak için kullanılan ikincil örüntüler olarak ele alınabilmektedir. Öyle ki farklı şema modları arasındaki ilişkiler farklı şemalar arasındaki ilişkilerden daha açık bir biçimde tanımlanmıştır.

(4) Şemalar ve modlar arasındaki ayrım tam olarak nedir? Cezalandırma bir şema olabilir ama aynı zamanda cezalandırıcı ebeveyn modu da var. Ayrıştırmak gerekli mi?

Bazı vakalarda şemalar ve şema modları kavramları kolayca ayrılamamaktadır. Temel farklılık mod modelinin her zaman değişik şema durumlarına odaklanmasıdır (ego durumu kavramına benzer biçimde); bunlar şemalarla bağlantılı yoğun duygusal durumlar olabileceği gibi, şema başa çıkma örüntüleriyle bağlantılı doğaları gereği daha az duygusal olan durumlar da olabilir. Şemalar belli durumlar yerine daha geniş kişilik özelliklerini betimlediği için ayrıştırma şema modelinde daha az önemlidir.

(5) Peki ya olumlu şemalar? Onlar da var mı?

Şema kavramı ilk olarak deneysel psikoloji içerisinde psikolojik olarak sağlıklı bireylerin bilgi işleme süreçlerini betimlemek amacıyla oluşturulmuştur. Bütün insanlar çocuklukları boyunca şemalar geliştirirler: dünya temsilleri, kendilik, diğer insanlar, sosyal ilişkiler gibi. Çocuklar bakım veren ebeveynlerle büyüdüğünde kendilik şemalarının değerli, sevilebilir insan; diğerlerine ilişkin şemaların da temelde arkadaşça ve güvenilir (gerçekçi sınırları olan) olması yüksek bir olasılıktır.

Her ne kadar mod kavramı içerisinde olumsuz ya da işlevsel olmayan şemalar ve modlara göre sağlıklı yetişkin ve mutlu çocuğun sağlıklı modları tanımlanmış olsa da, şema terapi kavramları çoğunlukla olumsuz ya da işlevsel olmayan şemalar ve modlara odaklanmaktadır. Bununla birlikte mod kavramının çok sayıda başka yaklaşımla bütünleştirilebileceğini vurgulamak da önemlidir. Terapistler olumlu şemalar ya da modları tercih ettikleri klinik yaklaşıma dâhil edebilirler. Burada sunulan şema terapi yaklaşımı içerisinde olumlu şemaları tanımlama ve test etme çalışmaları henüz başlamıştır (Lockwood ve Perris, kişisel iletişim).

2
Mod Kavramı

Şema mod modelinin ilk versiyonunda, Young ve arkadaşları (2003), 10 farklı şema modu tanımlamışlardır. Sonraki şema modları, mod yaklaşımının gelişmesi ve yaygınlaşmasıyla ile birlikte Arnoud Arntz ve David Bernstein'in (Hollanda Maastricht Üniversitesi'nde) grupları tarafından oluşturulup tanımlanmışlardır. Bu grup, mod kavramını sık görülen diğer kişilik bozukluğu tanılarını kapsayacak biçimde genişletmiştir. Şu anda tanımlanmış şema modlarının çoğu Şema Mod Ölçeği ile birlikte öz-bildirim yolu ile değerlendirilebilir (ŞMÖ: Lobbestael ve ark., 2010). Fakat özgün şema modeline benzer olarak, şema mod modeli gelişime ve genişlemeye açık olan sezgisel bir yaklaşım olarak kabul edilebilir. Bu bölümde, 18 şema modunu tanıtacağız (genel tanımlar için bk. Tablo 2.1; ayrıntılar için Bk. Tablo 2.2). Bunlardan 14 tanesi ŞMÖ (Lobbestael ve ark., 2010) kullanılarak değerlendirilirken, kalanlar Bernstein ve arkadaşları (2007) tarafından tanımlandığı biçimiyle değerlendirilir. Günlük klinik çalışmada, farklı modların birleşimlerinin yanı sıra şema modlarının çeşitlemeleri de bulunmaktadır.

2.1 Şema Modlarına Genel Bakış

Genel olarak üç farklı türde işlevsel olmayan şema modu tanımlarız (genel tanımlar için bk. Tablo 2.1): işlevsel olmayan çocuk modları, işlevsel olmayan ebeveyn modları ve işlevsel olmayan başa çıkma modları. İşlevsel olmayan başa çıkma modları da kendi içinde teslim olma, kaçınma, aşırı telafi olarak üçe ayrılır. Mutlu çocuk ve sağlıklı yetişkin modları hastanın sağlıklı, işlevsel yanlarıdır. Has-

Tablo 2.1 Mod grupları—genel bakış

İşlevsel olmayan çocuk modları
Yalnız, terk edilmiş/kötüye kullanılmış, küçümsenmiş/aşağılanmış, bağımlı çocuk modları
Öfkeli, inatçı, kızgın, dürtüsel, denetimsiz çocuk modları

İşlevsel olmayan ebeveyn modları
Cezalandırıcı ebeveyn modu
Talepkâr ebeveyn modu

İşlevsel olmayan başa çıkma modları

Teslim olma	Söz dinleyen teslimci mod
Kaçınma	Kopuk korungan mod
	Kaçıngan korungan mod
	Öfkeli korungan mod
	Kopuk kendini uyuşturan mod
Aşırı telafi	Büyüklenmeci mod
	İlgi bekleyen mod
	Mükemmelliyetçi aşırı denetimci mod
	Paranoid aşırı denetimci mod
	Zorba ve saldırgan mod
	Entrikacı ve manüplatif mod
	Kurnaz avcı mod

İşlevsel, sağlıklı modlar
Mutlu çocuk modu
Sağlıklı yetişkin modu

tanın şu anki modunu tanılamak ve anlamak için genellikle ilk olarak modun genel türünü anlamak, sonrasında modun daha özgül yanlarını keşfetmek yararlı olur. Tablo 2.2'de farklı modlar ayrıntılı olarak tanımlanmıştır.

Tablo 2.2 Şema modları

İşlevsel olmayan çocuk modları	
Kırılganlık	*Yalnız çocuk* Yalnız bir çocuk gibi hisseder. Çocuğun en önemli duygusal gereksinimleri genellikle karşılanmadığından dolayı hasta kendisini duygusal olarak boş, yalnız, sosyal olarak kabul edilmeyen, sevgiyi hak etmeyen, sevilmeyen ve sevilemez biri gibi hisseder.

Terk edilmiş ve kötüye kullanılmış çocuk
Yoğun bir duygusal acı ve terk edilme ve/veya kötüye kullanılma korkusu yaşar. Kayıp bir çocuğun duygulanımına sahiptir: üzgün, korkmuş, kırılgan, savunmasız, umutsuz, muhtaç, kurbanlaştırılmış, değersiz ve kaybolmuş. Hastalar kırılgan ve çocuk gibi görünürler. Kendilerini çaresiz ve tamamen yalnız hissederler ve kendilerine bakım verecek bir ebeveyn şekli bulmayı takıntı hâline getirmişlerdir.

Küçümsenmiş/ aşağılanmış çocuk
Terk edilmiş ve kötüye kullanılmış çocuk modunun alt biçimi: daha az terk edilmişlik duyguları yaşarlar, ancak bunun yerine aile içindeki ve dışındaki çocukluk yaşantılarıyla ilgili küçümsenmişlik ve aşağılanma duyguları yaşar.

Bağımlı çocuk
Yeteneksiz ve yetişkin sorumlulukları altında ezilmiş hisseder. Güçlü regresif eğilimler gösterir ve kendisine bakım verilmesini ister. Genellikle yetkeci yetiştirme biçiminden kaynaklı, özerklik ve özgüven gelişiminin eksikliği ile ilgilidir.

Öfke

Öfkeli çocuk
Yoğun bir biçimde öfkeli, hiddetli, kızgın, engellenmiş ya da tahammülsüz hisseder çünkü kırılgan çocuğun temel duygusal (ya da fiziksel) gereksinimleri karşılanmamıştır. Kötü davranıma karşı isyan eder ve bastırılmış öfkesini uygun olmayan biçimde açığa vurur. Ayrıcalıklı ve şımarık görünen taleplerde bulunabilir ve bu talepler diğerleriyle arasını açabilir.

İnatçı çocuk
Öfkeli çocuğun alt biçimi: öfkeli hisseder, fakat öfkesini açık bir biçimde göstermek yerine edilgen olarak mantıksız isteklerde ya da özerkliğin ihlalinde direnir. Diğerleri hastayı inatçı ve dik kafalı bulurlar.

Hiddetli çocuk
İnsanlara ve eşyalara zarar vermek gibi denetlenemez saldırganlıkla sonuçlanan yoğun hiddet duygusu yaşar. Gösterilen saldırganlık denetimi dışındadır ve kelimenin tam anlamıyla saldırgana zarar verme ya da saldırganı yok etme amacı taşır. Hasta hiddetli ya da denetlenemez bir çocuk duygulanımı gösterebilir, öfkesini eyleme vurabilir ya da (iddia edilen) suçluya bağırabilir.

Denetim eksikliği

Dürtüsel çocuk
Kendisi ve diğerleri için olabilecek olası sonuçları aldırmaksızın bencil ya da denetimsiz bir biçimde istediğini elde etmek ama-

cıyla kendi istek ya da dürtülerine göre hareket eder. Kısa süreli hazzı erteleme konusunda zorluk yaşar ve "şımarık" görünebilir. Bu davranışlar, bu isteklerinin karşılanmamasına yönelik bir isyan ile sürdürülüyor olabilir.

Denetimsiz çocuk
Sıradan ve sıkıcı görevleri tamamlamak için kendisini zorlayamaz, çabuk yenik düşer ve kısa süre içerisinde vazgeçer.

İşlevsel olmayan ebeveyn modları

Ceza — *Cezalandırıcı ebeveyn*
Çocukluğunda oalağan gereksinimlerini dile getirdiğinde cezalndırıldığı için bu gereksinimleri hissettiği ve/veya dile getirdiği için cezalandırılmayı hak ettiğini düşünür. Bu, onlara kızarak veya onları eleştirerek cezalandıran ebeveynlerin/bakım verenlerin içselleştirilmiş sesidir. Bu modun sesi sert, eleştirel ve acımasızdır. Belirtiler kendinden nefret etmeyi, kendini eleştirmeyi, kendini reddetmeyi, kendini yaralama davranışını, intihar hayallerini ve kendine zarar verme davranışını kapsar.

Eleştiri — *Talepkâr ebeveyn*
Yüksek standartları karşılaması için çocuğu devamlı iter ve ona baskı yapar. Var olmanın en kabul edilebilir yolunu mükemmel ve beklenenden çok daha başarılı olmak, her şeyi düzende tutmak, yüksek makamlar için çaba sarf etmek, alçakgönüllü olmak, diğerlerinin gereksinimlerini kendininkinin önüne koymak, yetenekli ve boşa zaman harcamayan biri olmak olarak görür. Kişi duygularını dile getirmenin ya da kendiliğindenliğin yanlış olduğunu düşünür.

İşlevsel olmayan başa çıkma modları

Teslim olma — *Söz dinleyen teslimci*
Diğerlerine karşı çatışma ve reddedilme korkusuyla edilgen, itaat eden, boyun eğen, güvence arayan ya da kendini küçümseyen bir yolla hareket eder. Kötüye kullanımı edilgen bir biçimde kabul eder, sağlıklı gereksinimlerini elde etmek için adımlar atmaz. Kendini engelleyen, şema odaklı örüntüleri doğrudan devam ettirecek kişilerle birlikte olur ya da işlerle meşgul olur.

Kaçınma — *Kopuk korungan*
Duygusal kopma yolu ile şemaların acısından psikolojik olarak geri çekilir. Hasta tüm duygularını engeller, diğerleriyle bağlantı-

sını koparır, onların yardımını reddeder ve neredeyse robot gibi işlev görür. Belirtileri; kendine yabancılaşma, boşluk hissi, can sıkıntısı, madde kötüye kullanımı, aşırı yeme/içme, kendini yaralama davranışı, psikosomatik yakınmalar ve "anlamsızlık"tır.

Kaçıngan korungan
Bu modda, davranışsal kaçınma ön plandadır. Kişi, özellikle de zorlayıcı bir doğası ve çatışmaları olan sosyal durumlardan kaçar. Genel olarak duygularından, yoğun duyulardan ya da bir bakıma uyarıcı etkinliklerden kaçabilir.

Öfkeli korungan
Tehdit olarak algılanan diğerlerinden kendisini korumak için ya da diğerlerini sinirlilik ya da öfke yoluyla güvenli bir mesafede tutmak için "öfke duvarı" kullanır. Bu moddaki bazı insanlar kendileri ile diğerleri arasına mesafe koymak için genellikle yakınmalarını dile getirirler ve gösterirler.

Kopuk kendini uyuşturan
Kendini uyuşturacak, uyaracak ve dikkatini duygularından tümüyle başka yöne çekecek etkinliklerle meşgul olarak duygularını kapatır. Bu davranışlar genellikle bağımlılık yapıcı ve obsesif bir yolla yapılır ve işkolikliği, kumar oynamayı, tehlikeli sporları, rastgele cinsel ilişkiyi ya da ilaç kötüye kullanımını kapsayabilir. Diğer bir grup hasta, bilgisayar oyunu oynama, aşırı yeme, televizyon izleme ya da hayal kurma gibi kendini uyarmaktansa daha çok kendini uyuşturacak tek kişilik ilgi alanlarıyla kompülsif bir biçimde meşgul olurlar.

Aşırı telafi | *Büyüklenmeci*
İstedikleri her ne ise almak ve korumak için rekabetçi, büyüklenmeci, iftira atan, kötüye kullanan ya da unvan arayan bir biçimde davranır. Neredeyse tamamıyla bencildirler ve diğerlerinin gereksinimleri ve duyguları için çok az empati gösterir. Üstünlüklerini sergiler ve özel biri gibi davranılmayı bekler. Herkes için geçerli olan kurallara uymaları gerektiğine inanmaz. Kendilik algılarını şişirmek için beğenilmeyi arzular, sıklıkla kendilerini överler ya da büyüklenmeci bir tutum sergiler.

İlgi bekleyen
Diğer insanların dikkatini çekmeye, fevri, uygunsuz ve abartılı davranışlarla onların onayını almaya çalışır. Çoğunlukla, altta yatan yalnızlığı ve tanınma eksikliğini telafi eder.

Aşırı denetimci
Dikkati yoğunlaştırarak, uzun uzun düşünerek ve aşırı denetim alıştırmaları yaparak kendilerini algılanan ya da gerçek tehditlerden koruma girişiminde bulunur. İki alt biçimi görülebilir:
Mükemmelliyetçi aşırı denetimci
Denetimi sağlamak ve talihsizlikleri ve eleştirileri önlemek için mükemmeliyetçiliğe odaklanır.
Paranoid aşırı denetimci
Tetikte olmaya, diğer insanların kötü niyetlerinin işaretlerini incelemeye ve şüphesinden dolayı diğerlerinin davranışlarını denetlemeye odaklanır.
Zorba ve saldırgan
İstedikleri şeyi elde etmek için ya da kendisini algılanan ya da gerçek zarardan korumak için tehditleri, saldırganlığı ve zorbalığı kullanır.
Entrikacı ve manipülatif
Ya diğerlerini kurbanlaştırmaya ya da cezadan kaçmaya yönelik belirli bir amaca ulaşmak için, tasarlanmış bir biçimde kandırır, yalan söyler ya da manipüle eder. Bu mod genellikle adli suçlularda görülür, fakat istedikleri şeyi elde etmek için hileyi ve manipülasyonu kullanan bazı narsistik kişilerde de görülür.
Kurnaz avcı
Tehditleri, rakipleri, engelleri ya da düşmanları soğukkanlı, acımasız ve kurnaz bir tutumla ortadan kaldırmaya odaklanır. "Sıcak" bir saldırganlığa sahip zorba ve saldırgan modun tersine, kurnaz avcı mod soğukkanlı ve acımasız bir saldırganlığı içerir. Bu mod neredeyse sadece psikopatik kişilerde görülür.

İşlevsel, sağlıklı modlar
Mutlu çocuk
Huzurlu hisseder çünkü şu anki temel duygusal gereksinimleri karşılanmıştır. Sevilen, hâlinden hoşnut, yakın ilişkileri olan, memnun, kendini gerçekleştirmiş, korunmuş, övülmüş, değerli, ilgilenilmiş, yönlendirilmiş, anlaşılmış, onaylanmış, kendinden emin, yetenekli, özerk ya da kendine güvenen, güvenilir, dayanıklı, güçlü, denetimli uyumlu, iyimser ve doğal birisidir.
Sağlıklı yetişkin
Bu mod, çalışma, ebeveynlik ve sorumluluk alma gibi uygun yetişkin işlevlerini yerine getirir. Cinsellik, düşünsellik, estetik ve kültürel ilgi alanları vardır; sağlığı koruma ve sportif etkinlikler gibi keyif veren etkinlikleri sürdürür.

2.1.1 İşlevsel olmayan çocuk modları

Hasta şu anki durumuna uygunsuz olan yoğun, olumsuz, gerilimli ya da baskın hisler yaşadığında çocuk modları görülür. Bu hisler kaygı, çaresizlik, umutsuzluk, yalnızlık, terk edilmişlik ya da derin bir tehdit duygusu olabilir. Fakat öfke ya da hiddet gibi "sıcak" hisler de çocuk modlarının bir parçası olabilir. Hastalara bu durumu yaşadıklarında kendilerini kaç yaşında hissettikleri sorulduğunda bu hislerinden sıklıkla "çocuk gibi" olarak söz ederler. Bazı hastaların "hissedilen yaş'ları ile ilgili oldukça açık bir algıları olabilirken bazılarının olmayabilir. Yaygın yanıtlar "çok genç, bebek gibi," "anaokulu yaşı," hatta bazen "erken ergenlik" (12 ya da 13 yaş) tir.

Çocuk modları bir yandan üzüntü, çaresizlik ve terk edilmişlik hisleri ile nitelendirilmiş kırılgan çocuk modları olarak, bir yandan da hiddet, öfke, denetim eksikliği ve inatçılık gibi duygularla tanımlanan hiddetli ya da dürtüsel çocuk modları olarak sınıflandırılır. Her mod onunla ilişkili olan ana duygulanıma göre isimlendirilebilir, mesela "Yalnız Lara", "Umutsuz, Kötüye Kullanılmış Maria" ya da "Dik Kafalı Tom" gibi.

> Hastaların şu an çocuk modunda olup olmadığını anlamak için, onlara kaç yaşında hissettiklerini sorun. Çocuk modunda, kişinin algılanan yaşı anlamlı derecede azalmıştır.

2.1.2 İşlevsel olmayan ebeveyn modları

Çocuk modlarında olduğu gibi, işlevsel olmayan ebeveyn modları da olumsuz duygular ile ilgilidir. Fakat çocuk modlarının tersine, ebeveyn modları yoğun bir baskı ve kendinden nefret etme ya da kendini suçlama ile nitelendirilir. Çocuk modları birincil gereksinimler ve duygular ile ilişkiliyken, ebeveyn modları ikincildir. Şema terapi bunların ebeveynin ahlaki tutum ve davranışlarının içselleştirmeleri olduğunu varsayar. İşlevsel olmayan ebeveyn modlarında, hastalar kendilerine aşırı ve abartılmış bir baskı uygularlar. İşlevsel olmayan ebeveyn modlarını, cezalandırıcı ebeveyn modu ile temsil edilen aşırı cezalandırıcı ahlaki değerler ve talepkâr ebeveyn ile temsil edilen aşırı yüksek amaçlar (=süperego) oluşturur. Kendilikle ilgili bilişler ve duygular ağırlıklı olarak suçluluk, kendinden nefret etme ve kendini değersizleştirme ile kendini gösterdiğinde, burada bir *cezalandırıcı* ebeveyn modu var demektir. Güçlü bir cezalandırıcı ebeveyn modu olan hastaların "Ben kötüyüm," "Korkunç bir insanım," "Canavarım" ve "İşe yaramaz bir insanım" gibi düşünceleri olabilir.

Talepkâr ebeveyn modları ise yüksek gereksinimlere sahip olma ve kendi üzerine büyük bir baskı kurma ile nitelendirilir – fakat bu modlar derin bir kendinden nefret etmeden oluşmak zorunda değildir. Talepkâr ebeveyn modu olan hastaların "Eğer bütün görevlerimi başarılı bir biçimde bitiremezsem, mola vermeyi hak etmem," "Eğer bu işi alamazsam, kesinlikle işimi kaybederim," ya da "En yüksek notu almalıyım, başka türlüsü başarısızlıktır" gibi düşünceleri olabilir. Talepkâr ebeveyn modunun taleplerinin, başarının ya da davranışın farklı yönleriyle ilişkili olabileceği unutulmamalıdır. Talepkâr ebeveyn modunun taleplerinin yaşamın hangi alanıyla ilişkili olduğunu anlamak çok önemlidir. Bazen talepler ağırlıklı olarak (mesleki) başarı alanında yoğunlaşır, fakat bu talepler hastanın diğer insanlarla olan ilişkilerindeki davranışlarında da yoğunlaşmış olabilir.

Başarı odaklı talepkâr ebeveyn modu: Bu tür talepkâr ebeveyn modu olan hastalar kendi mesleki ve eğitimsel başarılarına ilişkin beklentilerini karşılayamadıklarında, genellikle üzerlerinde bir baskı ve başarısızlık hissederler. Amaçları her şeyi doğru ve mükemmel bir biçimde yapmak ve diğerlerinden daha iyi olmaktır. Onlar için, yüksek başarı bir numaralı önceliktir. Özgeçmişlerine bakıldığında, bu gibi hastalar genellikle çok fazla başarı odaklı ebeveynler, katı öğretmenler ya da aşırı hırslı eğitmenler gibi aşırı talepkâr ebeveyn şekilleri ile çevrili olduklarını belirtirler. Bazı vakalarda, ebeveynlerin çocuklarına yönelik çok talepkâr olmalarına gerek yoktur. Bunun yerine, çocuk onların davranışlarındaki başarıya yönelik aşırı çabayı model alarak dolaylı olarak etkilenebilir. Bu gibi ebeveynlerin genellikle kendileri için çok yüksek standartları vardır.

Duygular ve sosyal davranış odaklı cezalandırıcı (suçlayıcı) ebeveyn modları: Cezalandırıcı ebeveyn modunun bu türünde, talepler genellikle hastanın kişiler arası ilişkilerdeki ve durumlardaki davranışlarıyla ilgilidir. Bu gibi hastalar, diğerleri için özveride bulunmak ve diğerlerinin iyiliği ve gereksinimleri ile ilgilenmek zorunda olduklarına inanırlar. Diğer insanların istekleriyle uyuşmadıkça kendi gereksinimlerinin karşılanmasına izin verilmiyormuş gibi hissederler. Bu tür cezalandırıcı ebeveyn moduna sahip hastalar kendi gereksinimlerini diğerlerinin gereksinimlerinin önüne koyduklarında ya da diğer kişilerin taleplerine bir sınır koyduklarında, genellikle çok bencil ve suçlu oldukları hissini yaşarlar. Ailevi geçmişleri ile ilgili olarak, bu gibi hastalar düzgün bir biçimde davranmakta başarısız olduklarında, annelerinin (ya da yakın olduğu diğer kişilerin) gözle görülür bir biçimde üzüldüklerini ve üzgün göründüklerini anımsarlar. Genelde, bu anneler depresiftir ya da başka bir süregiden hastalıkları vardır ve çocuk annenin bakıcısı rolünü alır. *"Ebeveynleşme"* kavramı bu örüntülerle ilişkilidir–hastalar bir çocuk olarak ebevenylerinin iyilik hâllerinden sorumlu olduklarını hissederler ya da annelerinin, onlara bakım vermeyen veya ortalıkta olmayan eşlerinin(birlikte olduğu kişilerin) duygusal "yedekleri"dirler. Bu tür cezalandırıcı ebeveyn modu olan hastalar sıklıkla "Birlikte olduğum kişiye bir şeyi yapmak istemediğimi söylemek benim için olanaksızdır çünkü bu onu mutsuz eder," ya da "Etrafımdaki herkesin iyi hissetmesi benim için aşırı önemlidir" gibi cümleler kurarlar. Bunlar genelde ebeveynin çocukta suçluluk duygusu uyandıran sözel olmayan tepkileridir.

Hemşireler, terapistler ve sosyal çalışmacılar gibi sosyal çalışma alanında çalışan kişilerin genellikle bu gibi suçlayıcı ebeveyn modları olur. Bu mod bir yere kadar işlevseldir ve bu işler için bir önkoşul bile olabilir, çünkü bu mod, yüksek mesleki bağlılığı ve daha da iyisi diğer insanlara gereken yardımda bulunmayı sağlar. Ancak, insanlar işlerinin içine fazlasıyla girdiklerinde ve tükenmişlik yaşadıklarında bu durum işlevsiz hâle gelmeye başlar. Benzer biçimde, bazen bu modu olan bireyler önemli ama hoşa gitmeyen meseleleri olan danışanlarla uğraşmaya cesaret etmezler çünkü onlara zarar vermek istemezler; ya da danışanlarının kendileri için daha fazla sorumluluk almalarına yardımcı olmak yerine danışanları için aşırı sorumluluk üstlenirler. Yani, kişi diğerleri üstünde uygun bir sınır koyamadığında ve aşırı gergin olmaya başladığında bu mod işlevsel olmayan bir hâle gelir.

Ebeveyn modunun geçmişini belirlemek için hastaya, duyuyormuş ve kendisiyle konuşuyormuş gibi hissettiği sesin kimin sesi olduğunu sormak yardımcı olabilir. Sıklıkla hastalar kendiliğinden bu seslerin annelerinin, babalarının, büyükannelerinin, judo eğitmenlerinin, sınıf arkadaşlarının, papazın, ve benzeri kişilerin sesi gibi geldiğini söylerler.

> İşlevsel olmayan ebeveyn modları, kişinin kendisi üzerinde aşırı bir baskı uygulamasının yanı sıra kendinden nefret etme, suçluluk duyma ya da başarısız olma hisleriyle nitelendirilir. Talepkâr ebeveyn modu öncelikli olarak başarı ile; cezalandırıcı ebeveyn modu ahlaki değerlerle, sıklıkla da ilişkilerle ilişkili olabilir. Bu modun ailevi geçmişini bulmak için, hastaya kullandığı ve duyduğu sesin kimin sesi olduğunu sorabilirsiniz.

2.1.3 İşlevsel olmayan başa çıkma modları

İşlevsel olmayan ebeveyn ve çocuk modlarından farklı olarak, başa çıkma modları genellikle yoğun duygularla nitelendirilmez. Başa çıkma modları kavramı hastaların ebeveyn ve çocuk modlarına ilişkin duygularını aşırı telafi ettiği, bu duygulardan kaçındığı ya da bu duygulara teslim olduğu durumları tanımlamak için kullanılır. Bu modlar, genellikle diğer modlarda olduğundan daha az olumsuz ve daha az yoğun olan ilişkili duygulanım tarafından tanımlanabilir. Kısa vadede, o anki bakış açılarına göre, hastalar başa çıkma modlarından sonra bir rahatlama hissi yaşarlar çünkü olumsuz duygulardan koparlar ve heyecan verici ya da rahatlatıcı etkinlikler ile uyarılırlar. Fakat başa çıkma modları hastanın kendisi ve diğerleri üzerinde olumsuz etkiler yarattığı için, bu modların kullanımı uzun vadede sorunlar ve gerginlik yaratır. Söz dinleyen teslimci modda, hastalar ebeveyn ve çocuk modlarıyla bağlantılı duyguları ve talepleri diğer başa çıkma modlarına göre daha güçlü bir biçimde hissederler çünkü onlardan kaçamazlar ya da onları aşırı telafi edemezler. Başa çıkma modundaki hastalara kendilerini kaç yaşında hissettikleri sorulduğunda, çoğunlukla çocukluk dönemi yaşlarını söyleyemezler, onun yerine gerçek yaşlarını söylerler. Ancak biz başa çıkma modlarını, zorlu durumlarla baş etmek için çocuklukta geliştirilen hayatta kalma yolları olarak görürüz. Aslında, o zamanlarda bu başa çıkmalar işe yaramıştır.

> Başa çıkma modunda, hastalar ebeveyn ve çocuk modlarındaki kadar duygusal bir acı yaşamazlar. Fakat uzun vadede başa çıkma modu bir biçimde sorun yaratır. Başa çıkma modundaki "hissedilen yaş" genellikle hastanın gerçek yaşıdır.

Teslimci başa çıkma modu: Söz dinleyen teslimci modda, hasta diğerlerinin gereksinimlerine ve isteklerine tamamıyla boyun eğer. Bu boyun eğme, diğer insanların kötüye kullanımını ve kötü davranımını kabul etmeyi ve diğerlerinin gereksinimleri için özveride bulunmayı içerir. Hastalar diğerlerinin görevlerini üstlenebilir ve diğerlerinin taleplerine sınır koymayı olanaksız bulabilirler. Bu modda, kişiler bağımlı davranış örüntüleri de gösterebilirler.

Vaka örneği: söz dinleyen teslimci mod

Evelyn OKB tanısı olan ve bağımlı kişilik özellikleri bulunan 52 yaşında bir sekreterdir. Şu dönemde, OKB için hastanede yatarak maruz bırakma tedavisi görmektedir. Şu anki ilişkileri bağlamında, beraber olduğu kişinin saldırgan ve sınırları aşan biri olduğundan söz eder. Ondan korktuğu için hastanede yatarak tedavi olmayı kabul eder. Her zaman birlikte olduğu kişiyi memnun edecek biçimde davranmayı dener (onun seveceği biçimde giyinmek, planlarını onun zaman planlamasına uydurmak, onun önerdiği her şeyi yapmak, vb.). Terapist bu teslim olma örüntüsünü sorgular, fakat Evelyn başka bir seçeneği olmadığı konusunda ısrar eder. OKB belirtileri bazen teslim olma tekerine çomak sokar. OKB yüzünden bazen geceyi geçirmek için birlikte olduğu kişide kalamaz, buluşmaya gitmek için evden çıkamaz ve daha bunun gibi pek çok şeyi yapamaz. OKB belirtilerinin bazı sınırları koyma üzerinde etkisi olur. Evelyn'in teslim olma örüntüsü söz dinleyen teslimci mod olarak kavramsallaştırılır.

Kaçıngan başa çıkma modları: Kaçıngan başa çıkma modlarının temel işlevi, adından da anlaşılacağı gibi, ya işlevsel olmayan şemalarla ya da işlevsel olmayan ebeveyn ve çocuk modlarıyla ilişkili duygulardan kaçınmaktır. Öte yandan, duygular ve duygusal tetikleyicilerden genelde sosyal geri çekilme, alkol ya da diğer madde kullanımı, terapi ortamında kişiler arası temas eksikliği ve bunun gibi diğer durumlar (kaçıngan ya da kopuk korungan mod) yolu gibi daha dar anlamda kaçınılabilir. Bazı hastalar duygulardan kaçınmak için kendilerini aşırı bir biçimde uyuştururlar. Bunu ya tıkanırcasına yemek, televizyon izlemek ya da hayallere dalmak (kopuk kendini uyuşturan mod) gibi rahatlatıcı etkinliklerle ya da heyecan verici bilgisayar oyunları, uyarıcı ilaç kullanımı ve buna benzer olan daha uyarıcı etkinlikler ile yaparlar (kendini uyaran mod). Diğer taraftan, hastalar daha aktif olabilirler, fakat "gerçek" kişiler arası temastan kaçınmak için bu biçimde davranırlar. Terapide hastanın aşırı bir biçimde yakındığı ama aslında diğer ortamlarda çok da sıkıntılı görünmediği durumlarda bu olabilir. Diğer hastalar, terapist ve kendileri arasına mesafe koyan bir biçimde öfkeli görünürler ancak bu "gerçek" duygularla ilişkili değildir (öfkeli korungan mod).

Vaka örneği: kopuk korungan mod

SKB için tedavi görmekte olan Jane 28 yaşındadır. İlk görüşmede, arkadaş canlısı ve uyumlu birisi gibi görünmüştür. Çok güler yüzlüdür, kendisi ve kendi yaşam öyküsü hakkında rahatça bilgi verebilmektedir. İyi eğitimli ve kibar görünür, kendisine iyi bakar ve ilk başlarda hiç kimseye ciddi psikolojik bir bozukluktan sıkıntı çektiğini düşündürmez. Oysa ki, tedavi süresince, Jane'in küçük şeylerden bile duygusal olarak ne kadar tetiklendiği ortaya çıkar. İş yerinde, o korunaklı atölyesinde, çok küçük bir hata yaptığında, aşırı gerginlik, kaygı ve hiddet yaşar ve bunları sadece sosyal geri çekilme ve alkol ve ilaç kötüye kullanımı yoluyla düzenleyebilir. Kopuk korungan mod olarak kavramsallaştırılan onun bu yetenekli öteki yüzü, Jane tarafından "havadan sudan konuşan öteki yüz" olarak isimlendirir.

Vaka örneği: öfkeli korungan mod

Caroline 48 yaşındadır ve yaşam öyküsünde şiddet uygulayan baba, kötüye kullanan akranlar, birkaç düşük yapma ve ikinci kocasının kanserden dolayı ölümü vardır. İki yıl önce dul kaldığından beri, farklı psikosomatik kliniklere, özellikle de ağrı sorunları ile ilgili yakınmalarından dolayı, tedavi için başvurur. Son 10 yıl boyunca çeşitli uzmanlık alanlarından farklı hekimlere görünmüştür ve sürekli değişen yakınmalarıyla ilgili herhangi bir fiziksel neden bulamamıştır. Birçok terapist ve hekim ona sorunlarının psikosomatik modelini önermeyi denemektedir ama o tüm dikkatini fiziksel ağrısına vermeye devam eder ve bu önerilere oldukça öfkeli bir tepki gösterir. Ağrısının asla değişmeyeceğini ve tüm yaşamı boyunca aynı kalacağını iddia eder. Tıbbi sorununu bulamayan tüm hekimlere ve terapistlere öfkelidir.

Fakat fizyoterapist ve mesleki terapist Caroline'nin çok daha rahat olduğunu ve hatta bazen dans etme ya da resim yapma gibi iyi gelebilecek şeyler yaptığında eğlendiğini bile fark ederler. Bireysel terapisti görüşmelerinde bu karşıtlığa değindiğinde, tekrar ağrılarından yakınmaya başlar ve onun bakış açısına göre "onun gerçekten acı çekmediğini ileri süren" terapistine öfkelenir. Terapist kendini bu öfke ifadesi ile uzaklaştırılmış hisseder. Terapide ele alındığında öfkeye dönüşen ağrıya yönelik bu güçlü odaklanma, sızlanma ve öfkeli korungan mod olarak kavramsallaştırılır.

Aşırı telafici başa çıkma modları: Kişi aşırı telafici başa çıkma modunda olduğunda, diğer insanlar baskı altına alınmış, saldırılmış, güçsüz ya da başka bir biçimde denetlenmiş hissederler. Bu durum narsistik örüntüler karşısında yaygın olarak yaşanır. Hasta sürekli gösteriş yapar ve terapistini düzelterek onu küçük düşürür, onun yeterliliğini sorgular, okuma malzemeleriyle ilgili önerilerde ve benzeri davranışlarda bulunur.

Aşırı telafinin diğer versiyonu, diğerlerini baskı altına almak için kullanılan planlanmış saldırgan davranıştır. Adli vakalarda aşırı telafinin bu türü, suç işleme, hile yapma ve başkalarını tehdit etme amaçlı saldırgan ya da kurnaz davranışlar ile ilişkilidir.

> Söz dinleyen teslimci başa çıkma modu, hastalar diğerlerinin taleplerine boyun eğdiklerinde ve kendi gereksinimleri pahasına diğerlerinin isteklerine teslim olduklarında görülür. Bu hastalar kendi gereksinimleriyle bağlarını koparmışlardır.
>
> Kaçıngan başa çıkma, dar anlamda kaçınma ile nitelendirilir ve kaçıngan kişilik örüntülerini, duygulardan ve diğer insanlarla olan bağlardan kaçınmayı içerir.
>
> Aşırı telafici başa çıkma modları, hasta kırılgan çocuk modunun tam tersi doğruymuş gibi davrandığında görülür.

2.2 Mod Modeli ile Vaka Kavramsallaştırması

Tedavinin başlangıcında, hastaların sorunlarını ve belirtilerini, kişiler arası örüntülerini, sorun yaratan duygularını ve ilişkili yaşam öyküsü bilgilerini içeren bir vaka kavramı geliştirilir.

> **Vaka örneği: Phillip'in mod modeli**
>
> Tedavinin ilk evresi boyunca, terapist Phillip'in mod modelini (bk. Konu 1.4) geliştirir (bk. Şekil 2.1). Phillip'in sınıf arkadaşları ile olan çocukluk dönemi yaşantılarından kaynaklanan kaygı, güvensizlik ve utanç hisleri "Küçük Phillip" in kırılgan çocuk moduyla ilişkilidir. İnsanlardan ve sosyal

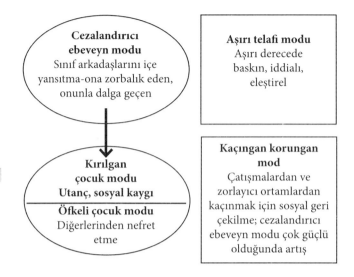

Şekil 2.1 Phillip'in mod modeli

ortamlardan nefret etmesi, öfkeli çocuk modu olarak kavramsallaştırılır. Phillip'e zorbalık yapan ve kendini utanmış hissettiren eski sınıf arkadaşları cezalandırıcı ebeveyn modu ile ilgilidir. Phillip'in terapi ortamlarındaki (ve diğer yaşam ortamlarındaki) baskın etkileşim örüntüsü narsistik aşırı telafi modu olarak nitelendirilir. Bu narsistik örüntü dışında, Phillip'in en önemli başa çıkma yolu kaçınmadır. Sık sık kişiler arası ilişkilerini ve arkadaşlıklarını bitirir ve eleştirilme ve reddedilme kaygısından dolayı genelde sosyal etkinliklerde görünmez. Bu sırada, hem sosyal korkularıyla hem de depresif belirtileriyle artan bir kısır döngü içinde sosyal olarak yalnızlaşmıştır. Kaçınma davranışları kaçıngan/kopuk korungan mod olarak kavramsallaştırılır.

Şemalar ve şema modları kendini-bildirim envanterleri kullanılarak değerlendirilebilir. (Bamelis ve ark., 2011; Lobbestael, ve ark., 2010). Ancak, kendini bildirim ölçekleri asla yeterli bir bilgi kaynağı değildirler çünkü söz konusu her hasta için belirli bir modun belirli bir anlamı hakkında niteliksel bilgileri içermezler. Ayrıca, insanlar mod belirtilerinin farkında olmayabilirler ya da onları açıkça belirtmek konusunda isteksiz olabilirler. Anket verilerinin dışında, her zaman (1) önemli sorunlara ve hastanın belirtilerine, (2) hastanın yaşam öyküsü bilgilerine, (3) hastanın etkileşim örüntülerine ve (4) hastanın terapiden beklentileri ve terapi hedefi gibi bilgilere gereksinim duyarız.

2.2.1 Önemli sorunlar ve hastanın belirtileri

İlk olarak, hasta için en yüksek öznel endişe kaynağı olan sorunlar ve belirtiler mod modelinde gösterilmelidir. Bunlar gerçek bozukluk belirtilerini, ilişki sorunlarını, genel yaşam sorunlarını, işlevsel olmayan etkileşim örüntülerini ve benzeri konuları içerebilir. Hasta tarafından belirtilen farklı sorunlar ve belirtiler arasındaki ilişkiler de konu ile ilişkilidir.

Yoğun depresif ve kaygılı hisler, kırılgan çocuk modunun sık görülen parçalarıdır. Hasta alkol kullanımı ya da internette kumar oynama yoluyla hissizleşme, kaygı ya da çaresizlik bildirdiğinde; kaygı ve çaresizlik hislerini kırılgan çocuk moduna, alkol kullanımını veya internette kumar oynamayı da kopuk ya da kendini uyuşturan başa çıkma moduna bağlarız.

Terapinin ilk evresinde etkili bir mod modeli oluşturmak için terapist, gereksinim duyduğu bilgileri doğrudan sormalıdır: "Az önce terapideki temel amacının işinde kendinden daha emin biri olmak olduğunu söyledin. Genelde gerçek yeteneğini gösteremiyorsun çünkü zorlayıcı durumlardan kaçınıyorsun. Bu sorunla ilgili duygularının farkında mısın? Yeteneklerini gösterecek fırsatın olduğunda ve gösteremediğinde nasıl hissediyorsun? Bu tür durumlarda genelde ne yaparsın?"

Bazı belirtiler genellikle belirli bir modla ilişkilidir. Bu genellikle kaçıngan ya da kaçıngan/uyaran başa çıkma moduyla ilişkili madde kötüye kullanımı, dissosiyasyon ve patolojik kumar örnekleri için geçerlidir. Benzer şekilde, yoğun üzüntü ve/veya kaygı genelde kırılgan çocuk modu ile bağlantılıdır.

Ancak, bazen tek ve aynı belirti farklı hastalardaki farklı modlarla ilişkili olabilir (ya da aynı hastadaki farklı modlarla). Örneğin SKB olan birçok hasta, kendini cezalandırma aracı olarak kendini yaralama (kesme) davranışı bildirir. Bu gibi durumlarda, belirti cezalandırıcı ebeveyn modu ile ilişkilidir. Fakat diğer SKB hastaları kendini yaralama davranışını kopuk korungan modun bir parçası olan dissosiyatif durumu sonlandırmak için kullanırlar; bu gibi vakalarda kendini yaralama belirtisi, hastanın kopuk korungan modu kendisine çok fazla gelmeye başladığında bu moddan uzaklaşmasına izin verme işlevine hizmet eder. Yine diğer hastalar, kendini yaralama davranışının kendilerini ebeveyn ve çocuk modlarıyla bağlantılı olumsuz duygulardan uzak tutmaya yardımcı olduğunu bildirmişlerdir. Bu tür hastalar özellikle moralleri iyi olmadığında kendini yaralama davranışında bulunduklarını söylemişlerdir çünkü onların kendini yaralama gelenekleri (belirli bir müzik, mum ışığı, vb. ile bağlantılı olabilir) hoşa gitmeyen duygularını durdurmalarına yardım eder; bu gibi durumlarda, kendini yaralama davranışı aslında kopuk korungan modun bir parçasıdır.

Bir şeyleri daha da fazla karmaşıklaştırmak için, bazen aynı hasta belirli bir belirtiyi farklı durumlarda farklı işlevlerle yaşantılayabilir. Bu gibi bir vakada, belirti hastadaki farklı modlarla ilişkili olmalıdır. Örneğin, hasta kendini yaralama davranışından yukarıda sözü edilen bağlamlardan bir kaçında söz edebilir. Benzer şekilde, ciddi düzeyde yeme bozukluğu ve tıkanırcasına yeme atakları olan hastalar bazen bu ataklarını kendini cezalandırma aracılığıyla tanımlarlar çünkü bu ataklar kendini değersizleştirme ("Sonra kendime diyorum, şişman domuz, ölmek için kendini ye") ya da ağrı ile ("Mideleri ağrıyana kadar yediklerinde") bağlantılıdır. Bu durumlarda, tıkanırcasına yeme cezalandırıcı ebeveyn modunun bir parçasıdır. Fakat bu sorunları bildiren hastalar boşlukta ve yalnız hissettiklerinden, kendilerini uyuşturmak için başka koşullar altında da çok yiyebilirler. Bu vakalarda, yeme ve aşırı yeme ayrıca kendini uyuşturan modun bir parçası olacaktır. Ayrıca belirti, mod modelinde birkaç modla ilişkilidir. Bu gibi bir belirtiye terapide ne zaman değinilirse, terapist ve hasta ilk olarak sorunun akut durumda hangi mod ile yakından ilişkili olduğunu bulmalıdırlar.

> Bazı belirtiler belirli bir modda oldukça yaygın olarak görülür; örneğin, dissosiyasyon her zaman kaçıngan başa çıkma modu ile ilişkilidir. Ancak, diğer belirtiler her bir hastaya ve/veya belirli sorun yaratan duruma bağlı olarak farklı modlara ait olabilir; bu ilişkiler terapist ve hasta tarafından keşfedilmeli ve anlaşılmalıdır.

2.2.2 Hastanın yaşam öyküsü bilgileri

Hastanın yaşam öyküsü bilgileri, hastanın mod modeli için ikinci önemli bilgi kaynağıdır. Terapist hastalarına doğrudan belirtileri ve yaşam öyküsü arasındaki bağlantıları sormalıdır. Terapist hastalara şu anki duygularının, onların bakış açılarına göre, çocukluk ya da gençlik dönemleriyle ilişkili olup olmadığını, çocukluk dönemleri boyunca benzer sorunlu davranışları yaşantılayıp yaşantılamadıklarını sormalıdır. Güçlü bir talepkâr ebeveyn modu olan hastalar genellikle ebeveynlerinden ya da öğretmenlerinden kaynaklı başarı odaklı çok yüksek baskılar belirtirler; ancak bazı vakalarda, ebeveynler çocukları üzerinde doğrudan bir baskı kurmadan kendi aşırı hırsları yolu ile modu sadece modelleyebilirler. Bazı hastalar kendiliğinden kendini değersizleştirme şemalarının yaşamları boyunca nasıl geliştiğini anlatırlar.

Diğer yandan, terapistler şema modlarının yaşam öyküsü bakımından arka planı ile de ilgili hastanın anlattıklarına dayanarak kendi hipotezlerini geliştirmelidirler ve bu hipotezleri hasta ile tartışmalıdırlar. Örneğin, hasta çocukluk döneminde sık sık uzak yerler arasında yer değiştirdiğini belirttiğinde, tekrarlanan yeni sosyal çevreler yaşantısı büyük olasılıkla bir gerginlik etkeniydi. Bu durum, sosyal izolasyon şemasının zeminini hazırlamış olabilir, özellikle de hasta yeni yerlerde kendini yalnız hissetmişse. Bununla birlikte, bazı hastalar ve aileleri bu gerginlik nedenleriyle çok iyi bir biçimde baş etmiş olabilirler, bu vakalarda sosyal izolasyon şeması gelişmez. Bu yüzden, alternatif hipotezlerin açık bir biçimde hastayla konuşulması gerekir. Benzer şekilde, ebeveyni ile çok yakın bağları olduğuna işaret eden hasta ifadeleri (örneğin, her hafta sonu ebeveynlerini ziyaret eden ve annesiyle her gün telefonla konuşan 30 yaşındaki bir hasta) iç içe geçmeye, bağımlı çocuk moduna ya da hastanın özerkliğini sorgulayan işlevsel olmayan ebeveyn moduna işaret edebilir.

Kendini-bildirim ve açık tartışma sürecine ek olarak, şu anki duygusal sorunların ve işlevsel olmayan örüntülerin yaşam öyküsündeki kökenlerini daha da anlamamıza yardımcı olmak için tanısal imgeleme alıştırmaları da yapılır.

Vaka örneği: yaşam öyküsü bilgilerinin kullanımı-kendini bildirim

23 yaşındaki SKB hastası Catherine, yiyecekler onda yoğun bir tiksinme, mide bulantısı yarattığı ve kendinden nefret etmesine neden olduğu için zorlukla yemek yiyebilir. Bir şeyler yediğinde, kendini çok "kötü" biriymiş gibi hisseder. Çocukluğunda, Catherine üvey annesinin kendisini sık sık

yemek çalmakla suçladığını ve sonrasında üvey ebeveynlerinin kendisini aile yemeklerinden uzaklaştırarak ve bir şey yemesini yasaklayarak cezalandırdığını söyler. Bu yüzden, yiyeceklerle ilgili kendinden nefret etmesi, kendisine "Sen yemek yemeyi bile hak etmeyen kötü bir insansın" gibi şeyler söyleyen cezalandırıcı ebeveyn modu ile ilişkilidir.

Vaka örneği: yaşam öyküsü bilgilerinin kullanımı- imgeleme alıştırması

42 yaşında olan psikolog Maria çok katı bir tarikatın üyesidir. Maria topluluğu eleştirdiği için tarikattan yaşlı bir arkadaşı onunla olan ilişkisini kestikten sonra depresif bir hâle gelmiştir. Maria eleştirinin kesinlikle haklı olduğunu hissetmesine karşın, bu durumla ilgili üzüntü duyar, "böyle olmaktan mutlu değilim" der ve terk edilmekten korkar. Bu tepkinin yoğunluğu ilk bakışta şaşırtıcıdır çünkü Maria kocasıyla çok mutludur ve aslında yaşlı arkadaşıyla olan ilişkisine muhtaç değildir. İmgeleme alıştırmasında, Maria annesiyle birlikte yaşadığı bir durumu yaşantılamıştır ve şu anki hisleri çocukluğuyla ilişkilidir. Maria ne zaman annesine karşı çıksa ve onu eleştirse annesi küçük Maria'yı sevgisinden yoksun bırakarak cezalandırmıştır. Bu duygular ve ilişkili cezalandırıcı ebeveyn modu şu an tekrar yaşlı (anne-şekli) arkadaşının tepkisi ile tetiklenmiştir.

Bu alıştırmalarda, hastalardan şu anki sorunlu durumları imgelerinde yaşantılamaları istenir ve sonrasında bu imgeyle yaşamlarının erken dönemlerinden, çoğunlukla da çocukluk dönemlerinden, gelen anılar ve resimler ilişkilendirilir. Bu alıştırmalar vaka kavramsallaştırmasına önemli bilgiler sağlar.

2.2.3 Hastanın etkileşim örüntüleri

Üçüncü önemli bilgi kaynağı hastanın terapinin sosyal ortamındaki gerçek davranışlarıdır. Gözlemlerini derinleştirmek için, terapist hastayla hastanın diğer insanlarla olan etkileşimini doğrudan konuşmalıdır. Terapist, hastanın terapötik ilişkide oldukça boyun eğici biçimde davrandığını gördüğünde, ilk görüşmelerde, aynı zamanda mod modeli kurulurken, bunun altını çizmelidir. "Bana karşı çok saygılı ve nazik olduğunu görüyorum. Bazen bu epeyce bir boyun eğicilik gibi görünüyor. Neden söz ettiğimi anlayabiliyor musun? [Eğer hasta terapisti anlamazsa, örneklerle gösterilmeli.] Diğer ilişkilerinde de bu biçimde davranıyor olabilir misin?" Terapist terapötik ilişkide görülen kişiler arası örüntülerin ve modların diğer ilişkilerde de görülüyor olabileceğini varsayar.

Vaka örneği: Phillip'in mod modelinde terapistle olan etkileşimini kullanmak

Terapist, terapi görüşmesinde Phillip'deki baskın ve narsistik davranış örüntülerini gözlemler. Phillip diğer insanlarla olan etkileşimleri hakkında konuşurken, kaygı, çaresizlik ve çaresizce öfke gibi duygularından çok fazla söz eder. Terapist Phillip'i kendi gözlemleriyle yüzleştirir ve terapi görüşmelerindeki bu davranış örüntüsünü vaka kavramına aşırı telafi modu olarak yerleştirmeyi önerir. Bu tartışma sırasında, Phillip diğer insanlar tarafından kendisine baskın ve narsistik denildiğini hatırlar, ancak ne demek istediklerini hiçbir zaman tam olarak anlamadığını söyler. Özellikle, eski kız arkadaşlarının birçoğu onu kibirli ve aşırı baskın olmakla suçlamıştır. Terapist, terapi görüşmelerinin birinin videosunu çekerek Phillip'in davranışlarını kendisine gösterir. Bu gözlemci bakış açısıyla, Phillip davranışlarının aşırı telafici özelliğini doğrular ve bunun mod modelinde aşırı telafici başa çıkma modu olarak yer almasını kabul eder.

Vaka örneği: Maria'nın mod modelinde terapötik ilişkiden gelen bilgiyi kullanmak

Maria terapötik ilişkide her zaman cana yakın ve uyumludur. Her görüşmenin başında, terapistle çok yakın arkadaşlarmış gibi nasıl olduğunu sorar ve kendisinin nasıl hissttiğinden çok terapistin iyi olup olmadığı ile daha fazla ilgiliymiş gibi görünür. Terapist Maria ile ilgili izlenimlerini belirtir ve birlikte bunun açık bir biçimde söz dinleyen teslimci başa çıkma modu ile ilişkili başkaları yönelimlilik örüntüsü olup olmadığını ele alırlar. Bu modla birlikte, hasta diğer kadınlara

Şekil 2.2 Maria'nın mod modeli

karşı kendini feda eden ve yardımsever bir biçimde yaklaştığını fark eder, tıpkı çocukken annesine karşı öyle davranmak zorunda kaldığı gibi. Maria bağlantıya tamamen katılır.

Bu vakada, bu davranışın sosyal çevre tarafından şiddetle desteklendiğinin farkına varmak önemlidir. Diğer insanlar onun varlığında kendilerini iyi hissederler ve onu çok severler. Maria'nın bu davranış örüntüsünün ne zaman uygun ve işlevsel olduğunu ve ne zaman işlevsel olmayan söz dinleyen teslimci başa çıkma modu olduğunu ayırt etmeye başlaması çok önemlidir çünkü bu onun kendi gereksinimlerini karşılayabilme yeteneğine engel olmaktadır. Maria'nın mod modeli Şekil 2.2'de gösterilmiştir.

2.2.4 Ek bölüm: öfke ile ilişkili farklı modları ayırt etmek

Öfke ya da hiddet ifadesi bazı modlarda önemli bir rol oynar, özellikle de öfkeli ya da hiddetli çocuk modunda, öfkeli korungan modda ve zorba ve saldırgan modda. Bazen hastanın sorunlu davranışını açık bir biçimde bu modlardan biri olarak etiketlemek kolay değildir çünkü birlikte harekete geçmiş olabilirler. Örneğin, hastalar öfkeli olduğunda, zorba ve saldırgan mod genellikle tetiklenir çünkü gereksinimleri karşılanmamıştır.

Bununla birlikte, bu modların birbirlerinden nasıl ayırt edilebileceği konusunda bazı temel ilkeler vardır. Öfke ve hiddet oldukça denetlenemez ve çocuksu göründüğünde, birinin kızdırdığını açıkça anladığınız ve empati kurabildiğiniz (öfkenin seviyesinin abartılı bulmanıza karşın) durumlarda ve hasta hissettiklerini bir çocuk ya da ergen gibi anlattığında, öfkeli çocuk modu yapılacak adlandırma için başlıca adaydır. Bu modda, hasta gereksinimlerinin diğer insanlar tarafından karşılanmamasına isyan eder. Hastalar mesafe yaratmak istedikleri için değil, ilişkinin onarılması için verdikleri savaştan dolayı diğer insanlara öfkelidirler.

Öfkeli başa çıkma modlarında (öfkeli korungan mod, zorba ve saldırgan mod) ise öfkenin ifadesinin gerçek duygusal işlevinden daha çok başa çıkma işlevi varmış gibi görünür. Bu yüzden, öfke ikincildir, birincil duygu değildir. Dolayısıyla öfkeli başa çıkma modu tetiklendiğinde terapistler genellikle herhangi bir yakın kişiler arası temas hissetmezler. Bunun yerine saldırılmış ve baskı altına alınmış hissederler. Hasta terapisti belli bir mesafede tutmayı dener. Başa çıkma işlevi, başkalarını baskı altına almak ya da kendisini olumsuz duygulardan uzaklaştırmak olabilir. Bazı vakalarda, bu modlar açıkça belirli bir durum tarafından tetiklenmezler ama süreğendirler ve hiddet, dürtüsel bir duygulanım biçiminde ortaya çıkmaz. Genellikle hasta çocuk gibi hissettiğini söylemez.

Zorba ve saldırgan modla öfkeli korungan mod arasındaki ayrım genelde terapistin karşı aktarım yaşantısı yoluyla yapılabilir. Terapist, hastanın öfkeyi, terapisti ya da kendi (olumsuz) duygularını belli bir mesafede tutmak için "kullandığını" hissettiğinde, öfkeli korungan mod vardır. Mod çok baskın bir yolla terapistin karşısına çıktığında—terapist kendini denetlenmiş ve tehdit edilmiş hissettiğinde—zorba ve saldırgan mod iş başındadır. Bazen hastanın öfkeli başa çıkma modu, öfkeli korungan mod ile zorba ve saldırgan modun arasında yer alıyormuş gibi görünür. Bu, mod modelinde belirtilmelidir. Bu iki modu tedavi etmedeki ana yollar (yüzleştirme, onaylama, işlevini tartışma, sınır koyma) temelde aynı oldukları için, modu bu ikisinin karışımı olarak tanımlamak, her zaman bir arada görülebilen modları ayrı tutarak hastanın mod modelini karmaşık hâle getirmekten daha iyidir.

2.3 Farklı Kişilik Bozukluklarına Özgü Mod Modelleri

Şema mod modeli farklı bozukluklara ve sorunlara uygulanabilen genel bir modeldir. Ancak, belirli bozukların araştırmalarına dayanarak, farklı bozukluklar, özellikle de kişilik bozuklukları için belirli modeller geliştirilmektedir (genel tanımlar için Bamelis ve ark., 2011; Lobbestael ve ark.,2007,2008). Bu belirli mod modelleri, ilgili bozuklukları olan hastalarda göreceğimiz modların ön-modelini tanımlar.

Young ve ark. (2003) sınır kişilik bozukluğu ve narsistik kişilik bozukluğu için ilk belirli mod modellerini tanımlamıştır. Young'ın modeline dayanan SKB tedavisi Arntz ve van Genderen (2009) tarafından protokol hâline getirilmiştir. SKB'de şema terapinin etkililiğinin araştırıldığı ilk çalışmalar (Farrell ve ark., 2009; Giesen-Bloo ve ark., 2006; Nadort ve ark., 2009) bu tedavi protokolü kullanılarak yürütülmüştür. Bu çalışmalar SKB'de şema terapinin oldukça iyi düzeyde etkili olduğunu gösterdiğinden, diğer kişilik bozukluklarına özgü de başka mod modelleri geliştirilmektedir.

Tüm bu modeller ön-modeller olarak düşünülmektedir. Ancak, ele alınan vaka bazen ön-model tarafından yeterince tanımlanamaz. Kişilik bozukluğu olan hastaların karmaşıklığından ve yüksek eş tanılardan dolayı ön mod modeli genellikle belli durumlardaki belli kişilere genellenebilir. Bu, mod modelinin hastanın kendine özgü sorunlarına ve kişisel örüntülerine uymak zorunda olduğu anlamına gelir. Bu uyumu sağlamak için, terapist mod modeli hastayla birlikte ele alır ve o hastanın yaygın örüntüleri ile mod modelinin farklı modları arasında ilişki kurar. Sonuç olarak, eş tanı ya da ana kişilik bozukluğu tanısının gerisinde kalan sorun alanları ek bir mod olarak tanımlanırlar ya da belirli bir moda özgü sorunlar ile bağlantılandırılarak modele dahil edilirler.

Mod modeline dayalı bir şema terapi, kişinin mod modelinin geliştirilmesi ve formüle edilmesi ile başlar. Bu model hastanın temel sorunlarını ve belirtilerini sistematik ve mantıklı biçimde kapsar. Hem hasta hem de terapistin bu model üzerinde anlaşma sağlaması sürece yardımcı olur. Eğer anlaşma sağlamazlarsa, görüşler arasında farklılık olduğu kabul edilir ve bu model daha sonra tedavide tekrar ele alınacak demektir. Örneğin, birçok SKB hastası başlarda cezalandırıcı ebeveyn modunu tanımaz, ancak genellikle terapinin birkaç ayından sonra varlığını kabul etmeye başlar. Benzer şekilde, güçlü aşırı telafi modları olan vakalarda, kırılgan çocuk modları terapinin başında genellikle hastanın farkındalığının dışındadır (Bamelis ve ark., 2011; Young ve ark., 2003). Bu bölümde, bizim şimdiye kadarki araştırma çalışmalarımızda geliştirilen belirli mod modelleri tanımlanmaktadır.

Aşağıdaki dört işlevsel olmayan şema modu, Arntz ve van Genderen (2009) tarafından kapsamlı bir biçimde tanımlanan SKB mod modelinin merkezindedir:

- Yoğun terk edilme ve tehdit duygularıyla nitelendirilen *terk edilmiş, kötüye kullanılmış çocuk modu* yaygın olarak tekrar kötüye kullanılma ve/veya terkedilme korkusuyla bağlantılıdır.
- *Öfkeli dürtüsel çocuk modu* hastanın çocukluğunda gördüğü haksız davranım ile ilgili öfkesini yansıtır. Bu moda genellikle denetim olmaksızın ya da sonuçlarına bakılmaksızın gereksinimlerini karşılama eğiliminde olan denetimsiz ya da dürtüsel çocuk modu eşlik eder.
- İşlevsel olmayan başlıca ebeveyn modu olan *cezalandırıcı ebeveyn modu* hastayı aşırı derecede değersizleştirir. Bu gibi hastalarda sık sık kendinden nefret etme görülür.
- Temel başa çıkma modu olan *kopuk korungan mod* hastayı çocuk ve ebeveyn modları ile ilişkili olan duygulardan koruma işlevi görür. Genellikle sosyal geri çekilme, kaçınma, madde kötüye kullanımı, (sakinleştirici) ilaç kötüye kullanımı, tıkanırcasına yeme dönemleri ve buna benzer davranışsal sorunlarla ilişkilidir.

> **Vaka örneği: sınır kişilik bozukluğu**
>
> Jane (bk. Konu 2.1.3 ve Şekil 2.3) genellikle diğer insanlarla tanıştığında öteki yüzünü takınır. Bu öteki yüz onun kopuk korungan modunun bir parçasıdır. Kırılgan çocuk modu ("Küçük Jane") ona gerilimli sosyal durumlarda kolaylıkla tetiklenen yoğun utanç ve tehdit hisleri yaşatır. Bu modda, Jane kendisini sevilmeyen, yalnız ve reddedilmiş biri gibi hisseder. Ancak, bu durumların çoğunda çaresizce öfke de yaşantılar, diğer insanları bu olumsuz duyguları tetikleyen ve onları kötü hissettiren güce sahip olarak görür ("Öfkeli Küçük Jane"). Bu modları tetikleyen sosyal durumlar genelde küçük olaylardır, örneğin, iş arkadaşının Jane tarafından dostça olmayan ve samimiyetsiz olarak algılanan bir tonla merhaba demesi. Jane'in cezalandırıcı ebeveyn modu Jane'in çocukluğunda sorunlu olan birkaç farklı kişi gibi

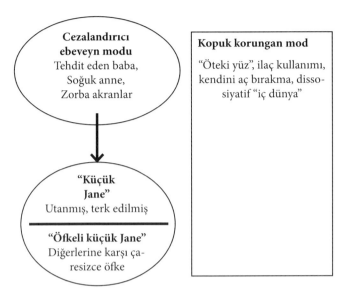

Şekil 2.3 Jane'in mod modeli

olabilir. Babası sarhoş olduğunda saldırganca ve tehditkar bir biçimde davranan bir alkolikti. Aile ortamı tarafından aşırı gerilmiş olan annesi, Küçük Jane ile olan ilişkisinde soğuk ve eleştireldi. Hatta lisede Jane akran grubunun üyeleri tarafından kilolu olduğu için zorbalığa maruz kaldı. Tüm bu insanlar Jane'in cezalandırıcı ebeveyn modunu oluşturdu.

Sosyal durumlardaki "öteki yüz" Jane'in kopuk korungan modunun tek özelliği değildir. Herhangi bir duyguya sahip olmasını durdurmak ve kendini "kapatabilmek" için nöroleptik ilaç da kullanır. Bir yandan kendisini kilosundan dolayı eleştiren cezalandırıcı ebeveyn modundan dolayı (anoreksik örüntüler bu yüzden cezalandırıcı ebeveyn modu ile ilişkili olabilir), diğer yandan da, açlık duygularının düzleşmesini sağladığından, herhangi bir duygu yaşamayı durdurmak için kendini aç bırakır. Bu işlev anoreksik davranışın temel nedeni olduğunda, açlık kopuk korungan modun bir parçası olarak da kabul edilebilir. Buna ek olarak, Jane kendisini gerilimli durumlardan geri çeker ve hayallerle dolu, her şeyin kusursuz olduğu iç dünyasına girer. Bu hayallere dalma benzeri örüntünün güçlü bir dissosiyatif özelliği vardır ve kopuk korungan modla da ilişkilidir çünkü Jane'in kendi duygularıyla başa çıkmasına yardımcı olur.

2.3.2 Narsistik kişilik bozukluğu

Narsistik kişilik bozukluğunun başlıca modları aşağıdaki gibidir:

- *Yalnız çocuk modu* aşağılık ve küçümsenmişlik duygularıyla nitelendirilir.
- Aşırı *talepkâr ebeveyn modu.*
- *Hiddetli çocuk modu.* Kırılgan çocuk modu harekete geçmekle tehdit ettiğinde, hastalar narsistik hiddete kapılabilirler ve saldırganlıkları üzerindeki denetimi kaybedebilirler.
- *Büyüklenmeci mod*, en belirgin başa çıkma modu, hem kendiliğin idealizasyonunu hem de diğerlerinin değersizleşmesini kapsar. Bu modla, narsistik hastalar başarısızlık ve aşağılık duygularını aşırı telafi ederler.
- *Kopuk kendini uyaran ya da kendini yatıştıran modda,* hastalar kumar oynama, madde kullanımı (özellikle de kokain gibi uyarıcı maddeler), pornografik ürünlerin aşırı tüketimi, aşırı cinsel etkinlikler vb. yoluyla kendilerini uyarırlar. Aşırı işkoliklik de bu modun bir parçası olabilir.

Vaka örneği: narsistik kişilik bozukluğu

Michael'in psikoterapideki temel yakınmaları dürtüsel ve bağımlılık yapıcı davranışsal örüntüleridir. Zamanının büyük bir kısmını bilgisayar oyunları oynayarak ve internetteki porno sitelerini kullanarak geçirmektedir ki bu davranışlar mesleki ve ekonomik sorunlara neden olmaktadır. Bağımlılık hâline gelmiş bir hâlde sıklıkla seks işçisi getirtir. Michael'in kariyer planı başarılı bir müzik yapımcısı olmaktır; ancak şu sıralarda sadece yerel bir parti bandına sınırlı bir başarı göstererek yardımcı olmaktadır. Diğer insanlar tarafından yeterince takdir edilmediğinden yakınmaktadır. Diğerleri onun yeteneğini ve potansiyelini göremiyor; hak ettiğine inandığı saygı ve hayranlığı alamıyordur.

Çocukluğunda, ailesi çok başarılı şirket sahipleriydi. Her iki ebeveyni de çok fazla çalışmıştı ve çocuklarını şirketlerinin tek varisi ve gelecekteki sahibi olarak görmüşlerdi. Ancak Michael, talihsiz koşullar ve miras anlaşmazlıklarından dolayı şirkette etkili olamamıştır. Bu ona kendisini başarısız hissettirmiştir. Ebeveynleri birkaç yıl önce şirketten ayrıldıklarından, ekonomik durumu çok daha kötüleşmiştir. Çocukluğu boyunca ailesi oldukça zenginken, Michael bağımlılık yapıcı davranışları yüzünden çok fazla para kaybetmişti ve şimdi epeyce borcu vardı. Ailesi artık onu ekonomik olarak desteklemeye ve masraflarını karşılamaya istekli değildi. Michael bu reddedilişten dolayı çok üzgündü ve ailesiyle tekrarlı bir biçimde tartışmalara giriyordu. Terapist ona maddi durumuyla ilgili olumsuz duygularını sormaktadır ama Michael bu konudan kaçınır ve terapistin sorularına sinirli bir biçimde tepki gösterir.

Terapist Michael'in mesleki alandaki başarısızlığına yöneldiğinde, hiddetle tepki verir ve terapistine sözel olarak saldırır.

Michael'in mod modelinde (Şekil 2.4), bağımlılık yapıcı davranışlar (bilgisayardan kumar oynama, pornografi kullanımı, kompülsif bir biçimde seks işçisi getirtme) kendini uyaran modla ilişkilidir. Narsistik büyüklenmeci mod, onun müzik kariyerindeki başarısı ile ilgili gerçekdışı yüksek beklentileri ile ve onu "özel" olarak görmeyen diğerlerini değersizleştirmesi ile bağlantılıdır. Ailesinin onun bağımlılık yapıcı ve denetimsiz davranışsal sorunları için ödeme yapacağı düşüncesi de narsistik büyüklenmeci mod ile ilişkilidir.

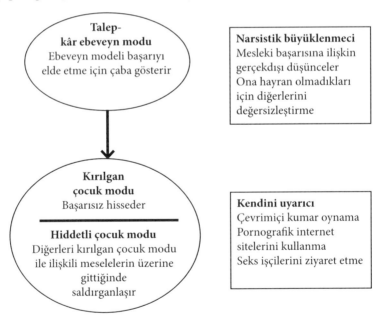

Şekil 2.4 Michael'in mod modeli

Çocukluğu boyunca ailesi tarafından biçimlendirilen yüksek talepler, talepkâr ebeveyn modu olarak kavramsallaştırılır. Michael şu an yoğun olumsuz duygular belirtmemesine karşın (en azından kısmen haklı olduğu başarısızlık hisleri dışında), terapist yine de kırılgan çocuk modunun var olduğunu varsaymaktadır. Eğer biri onda başa çıkma modları ile denetlemede yetersiz kaldığı başarısızlıkla ilgili duygularını uyandırırsa, kırılgan çocuk modu yerine, hiddetli çocuk modu harekete geçer ve o kişiye saldırır. Eğer Michael aşırı telafici başa çıkma davranışlarını durdurmuş olsaydı ve hiddetli çocuk modunun eyleme vurmasını sınırlamış olsaydı, büyük olasılıkla başarısızlık duyguları dışında utanç ve terk edilmişlik gibi duygulara da temas edebilirdi. Terapinin ileri aşamalarında bu Michael ile ele alınacaktır.

2.3.3 Histrionik kişilik bozukluğu

Aşağıdaki modlar histrionik kişilik bozukluğu olan kişilerde yaygın olarak görülür:
- *Kırılgan çocuk modu.*
- *Dürtüsel/denetimsiz çocuk modu.*
- Dramatize etme ve aşırı abartmaya ek olarak aşırı cinsellik davranışları gibi yaygın histrionik davranış örüntülerini içeren aşırı telafici *ilgi bekleyen mod.*

Vaka örneği: histrionik kişilik bozukluğu

46 yaşında laboratuvar asistanı olan Elisa kişiler arası sorunları, kaygı, güvensizlik hisleri ve "yardımseverlik sendromu" diye adlandırdığı durum için psikoterapistten yardım ister. Sorun tanımı belirsizdir ve temel sorunlarını belirtmez. Bir yandan, hasta kendisini aşırı zarar görmüş biri olarak sunar. İlk görüşmelerde gözyaşlarına boğulmuştur, fakat ilişkili duygulanım her nedense gerçek gibi görünmemektedir ve hızlıca azalır. Diğer yandan da benzer biçimde dramatik ve patırtı çıkaran bir durumda olmasına karşın kendisini çok yetenekli bir insan olarak da sunar.

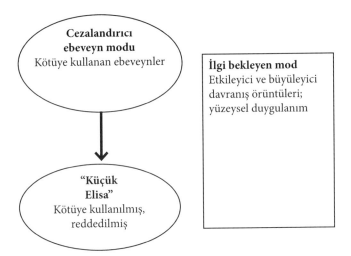

Şekil 2.5 Elisa'nın mod modeli

"Yardımseverlik sendromu" hakkında neredeyse durdurulamaz bir biçimde konuşmaktadır. Bu sendromu "Kendimi her zaman başkalarının işlerini yaparken buluyorum" şeklinde açıklamaktadır. Elisa ile kişiler arası temasta olmak, onun duygulanımındaki ani değişimleri, dramatik fakat tutarsız sorun tanımları ve genel anlamda gürültü patırtı çıkaran ve baskın davranışları ile karşılaşmak demektir. Çocukluğuyla ilgili olarak, görünüşe göre sadist olan ebeveynlerinin elinde ciddi bir travmadan söz eder; bu yaşantılardan konuşurken duyguları bir parça gerçek hâle gelir.

Elisa'nın mod modeli Şekil 2.5'de betimlenmiştir. İlk terapi görüşmelerinde bu duygulanımlar açık bir biçimde yaşantılanmasa da travmatik yaşantıları ve ilişkili kaygısı kırılgan, kötüye kullanılmış çocukluğuyla bağlantılıdır. Ebeveynleri ile olan kötüye kullanma yaşantıları cezalandırıcı ebeveyn modu ile ilişkilidir. Dramatik kişiler arası ilişki biçimi ilgi bekleyen mod ile bağlantılıdır.

2.3.4 Kaçıngan kişilik bozukluğu

Kaçıngan kişilik bozukluğunun temel modları aşağıdaki gibidir:

- *Yalnız, kırılgan çocuk modu.*
- Suçluluk duygusu aşılayan *cezalandırıcı ebeveyn modu.*

- Hastaların kendilerini içsel gereksinimlerden, duygulardan ve düşüncelerden uzak tutmasına yardımcı olan *kaçıngan korungan mod*.
- Bu hastaların yaygın itaat edici davranış örüntüleri ile ilişkili olan ve onları diğerlerinin gereksinimlerine ve düşüncelerine boyun eğdiren *söz dinleyen teslimci mod*.

2.3.5 Bağımlı kişilik bozukluğu

Bağımlı kişilik bozukluğu olan kişiler genellikle aşağıdaki modları sergilerler:

- Güçlü bir *terk edilmiş/kötüye kullanılmış çocuk modu*.
- Günlük yaşamıyla tamamen kendi kendine baş edemeyecek olma hissini yansıtan *bağımlı çocuk modu*.
- Hastalar kendi gereksinimlerini ilk sıraya koyduklarında, kaçıngan kişilik bozukluğu olan kişilerde olduğu gibi, genellikle suçluluk duyguları yaşatan *cezalandırıcı ebeveyn modu*. Bununla birlikte, eğer hastalar kendi kararlarını verirlerse ya da özerkliklerini geliştirmeyi denerlerse de bu mod harekete geçer ("Bunun nasıl yapılacağını bilmiyorsun").
- Bağımlı kişilik bozukluğundaki temel başa çıkma modu *söz dinleyen teslimci moddur*.

Vaka örneği: bağımlı ve çekingen kişilik bozukluğu bileşimi

Nadine 21 yaşındadır ve aşırı düzeydeki sosyal kaygısından dolayı terapiye gelmektedir. Neredeyse tüm sosyal çevrelerde kendisini güvensiz, aşağıda ve çaresiz hissetmektedir. Mesleki eğitiminden ve çoğu işinden sadece birkaç hafta sonra ayrılmak zorunda kalmıştır. Şimdilerde işsizdir ve çoğunlukla evdedir. Kişiler arası ilişkilerinde her zaman diğerlerinin gereksinimlerini anlamaya çalışmaktadır çünkü diğer insanlara boyun eğmek kendisini kabul edilmiş ve onaylanmış hissetmesinin tek yolu gibi görünmektedir. Ancak, çatışma ve sorun durumlarında, örneğin işte, kendisini çaresizce aşırı gerilmiş hissetmekte, duruma dayanamamakta ve genellikle sonraki olaylardan kaçınmak için evde kalmaktadır. Patronları ona karşı her zaman son derece arkadaşça olmalarına karşın, önemli bir sorunu, kendisini işte güvensiz hissettiği durumlarda başkalarına danışamamasıdır. Her şeyi tek başına mükemmel bir biçimde idare edemediğinde, ki bu tabii ki olanaksızdır, kendisini başarısız hisseder.

Terapide, Nadine çok arkadaş canlısı, kibar ve dikkatlidir. Çok güvenilir ve düşünceli bir erkek arkadaşı vardır. Ancak, ilişkilerinde kendi gereksinimlerinin ve isteklerini açıkça söyleyemez. Örneğin, boş zamanlarında kendi beğendiklerini ve beğenmediklerini dikkate almadan hep erkek arkadaşının yapmak istediklerini öğrenmeye çalışır. Erkek arkadaşı önerilerini sorduğunda, başkalarının onun bu aşırı boyun eğiciliğine çoğu zaman kızdıklarını bilmesine karşın, kendisini güvensiz hisseder ve yanıt vermez.

Çocukluğunda, babası çabuk sinirlenen biriydi ve çok fazla içki içerdi. Nadine 10 yaşındayken gerçekleşen boşanmalarına kadar annesi her zaman babasına teslim olmuştu ve Nadine'yi babasının saldırganlığından korumamıştı. Boşanmadan sonra, annesi depresif ve umutsuz bir kadın olmuştu; Nadine annesinin bu zor durumda hayatta kalmayı beceremeyeceğinden korkuyordu, bu yüzden de yapabildiği her biçimde annesine kendini iyi hissettirmeye çalıştı. Küçük bir çocukken bile kendisini annesinin iyilik hâlinden sorumlu hissetmişti. Nadine ne zaman arkadaşlarıyla eğlense, annesinin moralinin bozuk oluşunun ona kendisini korkunç bir biçimde suçlu hissettireceğini biliyordu. Bu ebeveynleşme ve annesinin gereksinimlerinin sorumluluğunu erken yaşta alma büyük olasılıkla Nadine'nin şu anki boyun eğici kişiler arası örüntüsünün ve kendi gereksinimlerini tanıyıp kabul etmedeki güçlüğünün kökenidir.

Nadine'nin mod modelinde (Şekil 2.6), güvensizlik hissi, aşağılık duygusu ve bağımlılık kırılgan çocuk moduyla ilişkilidir. Eleştirel ebeveyn modu hem cezalandırıcı saldırgan babanın hem de duygusal olarak çok talepkâr olan ve

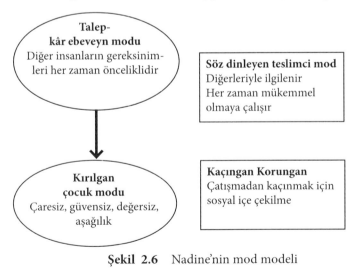

Şekil 2.6 Nadine'nin mod modeli

gereksinimleri ve iyilik hâli her zaman ön planda olan annenin içselleştirilmesini kapsar. Burada dikkatten kaçmaması gereken nokta, annenin aktif bir biçimde kızından kendine bakmasını isteyip istememesine ya da bunun Nadine'nin içsel dürtüsü olup olmamasına bağlı olarak bu durumun geçerli olmayabileceğidir. Başa çıkma modları göz önüne alındığında, hastaların başkalarının gereksinimlerini karşılamak için gösterdikleri süreğen çabaları ve mükemmeliyetçilikleri söz dinleyen teslimci mod olarak kavramsallaştırılır. Kaçıngan davranış örüntüleri, ki bu gerilimli ortamlarda sosyal geri çekilmedir, kaçıngan korungan mod ile ilişkilidir.

2.3.6 Obsesif-kompülsif kişilik bozukluğu

Obsesif-kompülsif kişilik bozukluğunda aşağıdaki modlar yaygın olarak görülür:

- *Yalnız çocuk modu* genellikle hasta tarafından terapinin başlarında kabul edilmez.
- *Talepkâr* ve/veya *cezalandırıcı ebeveyn modu.*
- Hatalardan ve kazalardan ve bu hatalarla ilgili olarak sonrasında yaşanan suçluluk duygularından kaçınmayı amaçlayan *mükemmeliyetçi aşırı denetimci mod*. Bu işkoliklikle de alakalı olabilecek aşırı telafi modudur.
- *Büyüklenmeci mod* narsistik başa çıkma modudur. Bu, hastaların mükemmeliyetçiliklerinin kendilerini diğer insanlardan ahlaki olarak daha üstün yaptığı hissi ile ilişkilidir. Diğerleri kendilerinden daha az güvenilir ve daha az mükemmel görünürler.

Vaka örneği: obsesif-kompülsif kişilik bozukluğu

40 yaşında ve öğretmen olan Peter süregiden depresyondan yakınmaktadır. Hobileri ve arkadaşları olmasına karşın, sadece birkaç olumlu etkinliğe devam etmektedir. Onun yerine enerjisini ilgisiz şeylerle harcıyormuş gibi görünür. Bu yüzden, epey boş zamanı olduğu hâlde evinin günlük işlerini yapmakta ve görevlerini yerine getirmekte genellikle başarılı değildir. Bunu telafi etmek için yapılacaklar listesini çok fazla (fakat başarılı olmadan) değiştirir. Bu yapılacaklar listeleri çok fazla anlamlı etkinlikleri ve görevleri kapsamasına karşın, her gecesi genelde televizyonun karşısında yarım şişe şarabı içerken sonlanır. Bu davranışın işlevsel olmadığını açıkça anlar; ancak bu gibi boş zaman uygulamalarından vazgeçmek istemez.

Çocukluğunda bir takım "lüks şeyleri" karşılamaya gücü yetmeyen oldukça yoksul bir ailede büyümüştü. Bu yüzden, fazlasıyla tedbirli ve tutumlu olmayı öğrenmişti. Keyif veren etkinliklere ayırabileceği kadar para kazanmasına ve zamanı olmasına karşın bugün hâlâ aşırı tutumluydu. Yeterli olmayan maddi durumlarını telafi etmek için ailesi ile fazlaca yakınlaşmış hatta iç içe geçmişti. Bu nedenle ergenliğinde daha fazla özerk olma gereksinimini dile getirdiği zaman ebeveyni hayal kırıklığına uğruyordu. Yetişkinliğindeki, ilişkilerinde de kendi gereksinim ve isteklerini dile getirmekte zorluk çekmekte, kolaylıkla suçluluk yaşamakta ve düşüncelerinin birlikte olduğu kişi tarafından onay görüp görmeyeceğinden endişelenmektedir. Birkaç yakın ilişkisi olmuştur fakat şimdiye kadar tüm kız arkadaşları onu "çok karmaşık ve eli sıkı" biri olarak görmüşlerdir. Şu anda yalnızdır, bu da olasılıkla depresif belirtilerini arttırmaktadır çünkü onu boş zamanlarında televizyonun ya da bilgisayarın başından kaldıracak kimsesi yoktur.

Peter'in mod modelinde (Şekil 2.7), suçluluk ve yalnızlık duyguları kırılgan çocuk modu ile ilişkilidir. Eleştirel ebeveyn modu, kendi maddi isteklerinin ve hem bağlanma hem de özerklik gereksiniminin reddini içerir. Ayrıntılardaki obsesyonu ve abartılı eli sıkılığı mükemmeliyetçi aşırı denetimci moda aittir. Yoğun televizyon ve alkol tüketimi kendini uyaran mod olarak kavramsallaştırılır.

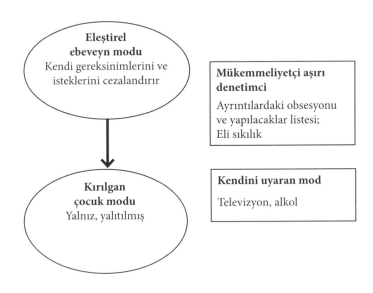

Şekil 2.7 Peter'in mod modeli

2.3.7 Paranoid kişilik bozukluğu

Paranoid kişilik bozukluğu olan kişilerde aşağıdaki modlar yaygın olarak görülür:

- *Terk edilmiş/kötüye kullanılmış çocuk modu* genellikle hasta tarafından terapinin başlarında kabul edilmez.
- Hiddetli çocuk modu.
- Cezalandırıcı ebeveyn modu.
- Paranoid yaşantıları ve davranışları yansıtan *paranoid aşırı denetimci mod*.
- Paranoid bozukluğu olan kişilerde yaygın görülen sosyal kaçınma ve alkol sorunlarını yansıtan ek *kaçıngan korungan başa çıkma modu*.

Vaka örneği: paranoid kişilik bozukluğu

54 yaşında ve boyacı olan Eric alkol tüketimi hakkında pratisyen hekime (PH) danışmak üzere karısı tarafından zorlanmaktadır. Eric, onaylamıyormuş gibi görünür ve sürekli olarak, en azından gizli bir şekilde, saldırganlık gösterir. Karısı, özellikle Eric içki içtiğinde, komşularıyla sık sık anlaşmazlık yaşadıklarını belirtir. Bu sırada, Eric'in birkaç komşusu ile yaşadığı küçük anlaşmazlıklar sonucu başlayan ve devam eden çeşitli davaları vardır. Söz konusu kişiler tamamıyla tarafsız davranmalarına karşın herkesin kendisi hakkında kötü düşündüğüne ve ona zarar vermeye çalıştıklarına inanmaktadır.

Eric şiddet dolu bir ailede yetişmiştir. Beş yaşındayken alkolik babası evi terk edene kadar kendisini sözel ve fiziksel olarak kötüye kullanmıştır. Eric çocukluk ve gençliği boyunca birkaç yetimhanede ve koruyucu ailede kalmıştır. Buralarda daha da fazla kötüye kullanılmıştır. Alkol sorunları ve iyi huylu insanlar ile yaşadığı anlaşmazlıklar onun yaşamının uzun süredir devam eden sorunlarıdır. Hiç arkadaşı yoktur çünkü kimseye güvenmez. Onun bu güvensizliği hekim tarafından hissedilen saldırganlık ile ilişkilidir.

Mod modeli açısından (Şekil 2.8), çocukluk çağı kötüye kullanım yaşantıları güçlü cezalandırıcı ebeveyn modu ile yansıtılır. Kırılgan çocuk modu

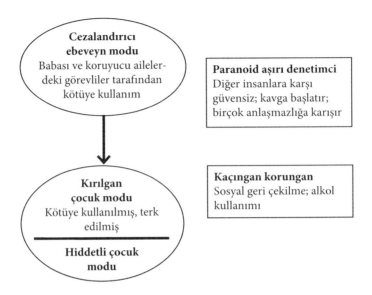

Şekil 2.8 Eric'in mod modeli

güvensizlik, tehdit ve terk edilmeyi kapsar çünkü çocukluğunda hem kötüye kullanım hem de terk edilme yaşamıştır. Onun diğerlerine karşı bu şüpheci ve saldırgan tutumu (dava açma eğilimi de dahil) paranoid aşırı denetimci mod olarak kavramsallaştırılır. Sosyal izolasyon ve alkol kullanımı kaçıngan korungan mod olarak değerlendirilebilir.

2.3.8 Adli hastalar

Adli hastalar için oluşturulan mod modeli, farklı B kümesi kişilik bozuklukları olan hastalar için uygundur. Ancak, bu aslında belirli psikiyatrik bozukluğu betimlemez, aksine suç davranışlarıyla ilgili örüntüleri gösterir çünkü tüm adli tedavilerin temel amacı bu gibi davranışları anlamak ve azaltmaktır. Aşağıdaki modlar adli hastalar için tanımlanmıştır:

- *Kırılgan ve hiddetli çocuk modları* (diğer kişilik bozukluklarına benzer olarak).
- *İşlevsel olmayan ebeveyn modları* (diğer kişilik bozukluklarına benzer olarak).

- Belirli bir adli aşırı telafici başa çıkma modu olan ve hastaların kendi gereksinimlerini başarıyla tamamlamak ya da kendi ilgilerini karşılamak için planlı bir biçimde saldırganca hareket ettikleri *zorba ve saldırgan mod*.
- Yalan söyleme ya da hileli davranış örüntülerini içeren aşırı telafici *entrikacı mod*. Bu modda hastalar, diğerlerini iyi davranışlar içinde olduklarına inandırmaya çalışırlar. Diğerleri –hastane ya da cezaevi görevlileri- ya da herhangi bir kandırılmış kişi de öyle zanneder. Bununla birlikte, bu moddaki hastalar dürüst değildir—yalan söylerler ya da yaptırımlardan kaçınmak ya da gereksinimlerini karşılamak için (örneğin, para almak için) önemli bilgileri saklarlar.
- Hastaların soğukkanlılıkla ve önceden planlanmış bir biçimde sevmedikleri birinden kurtulmak ya da kendi isteklerinin peşinden gitmek için birilerine ciddi bir biçimde zarar verdiği, hatta öldürdüğü mod olan *kurnaz avcı mod*.

Adli hastalar genellikle ciddi kişilik bozuklukları da gösterirler, sıklıkla da antisosyal ve/veya SKB. Bu yüzden, bireysel vaka kavramsallaştırmasında, ilgili kişilik bozukluklarının mod modeli adli modlarla birleştirilmelidir.

Vaka örneği: adli hasta

31 yaşındaki Nicole, sınır kişilik bozukluğu ve antisosyal kişilik bozukluğu ölçütlerini karşılamaktadır. Yıllardır uyuşturucu ve suç olaylarında yer alır; 12 yaşından beri seks işçiliği yapar; zehir ticaretine bulaşmış ve kendini pazarlayan kişiler ile saldırganca çatışmıştır.

Çocukluğu boyunca aşırı fiziksel ve cinsel şiddete maruz kalmıştı, çocukluğunda her iki ebeveyni de sabıkalı uyuşturucu bağımlıydılar. Çok kırılgan, terk edilmiş ve kötüye kullanılmış çocuk modunu, güçlü hiddetli çocuk modunu ve cezalandırıcı ebeveyn modunu kapsayan tüm SKB modeline sahiptir. Seks işçiliği yaptığı mesleğiyle ve cinsel olarak kötüye kullanan erkek arkadaşıyla baş etmek için uyuşturucu kullanır. Uyuşturucu kullanımı kopuk korungan mod olarak kavramsallaştırılır. Temel suçları, hem onu pazarlayanlar ile olan kavga bağlamında hem de kişisel çatışmalarında fiziksel ve sözel şiddettir.

76 *Vaka Kavramsallaştırması*

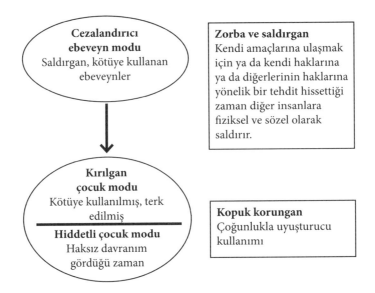

Şekil 2.9 Nicole'nin mod modeli

İnsanlara şantaj yapar ve kavgalara karışır, hatta bazen silah kullanır. Onun bu yanı zorba ve saldırgan mod olarak kavramsallaştırılır (Şekil 2.9).

2.3.9 Süregiden eksen-I bozuklukları

Kişilik bozuklukları şema mod modeli kullanılarak kavramsallaştırılabilir ve iyi bir biçimde tedavi edilebilir. Bununla birlikte, mod modeli süregiden eksen-I bozuklukları gibi diğer süregiden psikolojik koşullara sahip kişiler için de kullanılabilir. Arntz (2008) yeme bozukluğu olan bir çok hastanın belirtilen modlar ile tanımlanabileceği hipotezini ortaya atmıştır: (1) kırılgan çocuk modu (hasta sevgiye, kabul edilmeye ve özerkliğe gereksinim duyar; fakat reddedilmiş, kötüye kullanılmış ve eleştirilmiş hisseder); (2) talepkâr ve/veya cezalandırıcı ebeveyn modu (içselleştirilmiş ebeveyne ait eleştiriler/yüksek standartlar; genellikle yemeyle ya da vücut biçimiyle ilişkili ama kesinlikle bu alanlarla sınırlı değildir); (3) kopuk korungan mod (aşırı zor olan duygularını uzaklaştırmak için aşırı yemeyi ya da açlık çekmeyi kullanır); ve (4) aşırı denetimci mod (hastalar besin alımını, vücut biçimlerini aşırı bir biçimde denetlemeyi denerler; aynı zamanda da hastaların ebeveynlerinin bakımı ve iktidarı – ama bu gerçek bir bakım ve özerklik sağlamaz, bunun yerine endişeye ve hastalarda denetleyici davranışlara neden olur, böylece denetim ve özerklik üzerindeki güç savaşı başlar).

Burada tırnak içinde "Ana'nın modlarından* söz edilecektir, bunlar sözde pro-anoreksiya internet sitelerinden[1] ulaşılabilir durumdadır. Parantez içlerinde kolaylıkla bağlantı kurabildiğimiz modları yer almaktadır.

- "Yaşayan en aşağılık, değersiz ve işe yaramaz insanın ben olduğuma inanıyorum." (cezalandırıcı ebeveyn)
- "Suçluluk hissetmeden yemek yemem." (cezalandırıcı ebeveyn)
- "Yaşamım" olarak adlandırılan kaos içinde düzen oluşturmak için yeterli güce sahip olan tek şeyin denetim olduğuna inanırım." (aşırı denetimci mod)

Şema terapinin önerildiği diğer bir alan süregiden depresyondur (örneğin, tekrarlayan depresyon, distimi, iyileşmeyen depresyon: Renner ve ark. 2012). Ancak, şema mod modeline dayalı olan yaklaşım şu anki yazarlarca bilinmemektedir. Yine de C-kümesi kişilik bozukluklarında yaygın görülen modların (Bamelis ve ark., 2011) süregiden depresyonda da büyük olasılıkla önemli olacağı tahmin edilmektedir (terk edilmiş çocuk ve diğer kırılgan çocuk modları; cezalandırıcı/talepkâr ebeveyn; kopuk korungan). Yaşantısal kaçınmanın süregiden depresyonun sürdürülmesinde önemli bir rol oynadığı ileri sürülmüştür (örneğin, Hayes ve ark., 2005) ve herhangi biri kopuk korungan başa çıkma modu ile olan kavramsal örtüşmeyi kolaylıkla görebilir. İki uçlu duygudurum bozukluğunun risk etkenleri üzerine yapılan çalışmalardan ve bazı kuramlardan, iki uçlu duygudurum bozukluğunun şema modeli hipotezi oluşturulabilir. Bu modelde, büyüklenmeci başa çıkma modu (belki de kendini uyuşturan moda ek olarak), talepkâr ebeveyn modu ve hem denetimsiz çocuk modu hem de kırılgan çocuk modu önemli rol oynarlar (Hawke ve ark., 2011).

OKB hastalarını şema mod modeli ile kavramsallaştırma üzerine bazı değerlendirmeler Gross ve ark. (2012) tarafından geliştirilmiştir. OKB hastaları genel olarak kırılgan çocuk moduna, talepkâr ebeveyn moduna, kopuk korungan moda ve aşırı denetimci moda sahiptirler. OKB belirtileri farklı modlarla ilişkili olabilir: hastalar mükemmel olmayı ve davranışları denetleme yoluyla

---

* Yayınlandığı sırada, özgün internet sitesine artık erişilemiyordu. Ancak, hâlâ pek çok sözde "pro-ana" sitesi mevcut. En çok listelenen "10 ince emir'den "ceza olmaksızın yemeyeceksin" en yaygın olanıdır. Norris ve ark. (2006) bu gibi internet sitelerinin nitel analizini sağlar. Bk. Wikipedia: http://en.wikipedia.org/wiki/Pro-ana, erişim tarihi 15 Mart , 2012.

yüksek standartları karşılamayı denediklerinde, OKB belirtileri genelde talepkâr ebeveyn modu ile ilişkilidir. Ancak, OKB belirtileri hoşa gitmeyen duyguları azaltma (kopuk korungan mod) ya da diğer insanları denetleme (aşırı denetimci mod) etkisine de sahip olabilir.

Vaka örneği: OKB hastalarının mod modeli

52 yaşında bir sekreter olan Evelyn (bk. Konu 2.1.3) OKB belirtilerinden dolayı 10 yıl önce emekli olmuştur. 20 yaşından beri ciddi kompülsiyonlardan ve obsesyonlardan yakınmaktadır. Yıkama ve denetleme kompülsiyonları zamanla değişmektedir; bazen her iki kompülsiyon eş zamanlı olarak görülür. Hem yıkama hem de denetleme kompülsiyonları en çok hastalık ve zehir bulaşma kaygısı ile ilişkilidir; denetim kompülsiyonları evdeki olası yangın gibi felaketler ile de ilişkilidir.

Çocukluğunda, Evelyn'in yaşam koşulları çok değişkendi. Babası iki uçlu duygudurum bozukluğundan yakınmaktaydı ve alkol bağımlısıydı. Manik dönemler ve alkol zehirlenmeleri zaman zaman beklenmedik saldırganlık patlamalarına yol açardı. Bu yüzden Evelyn çocukken devamlı bu gibi ani patlamalardan, kendine ve annesine vereceği zarardan korkuyordu. Annesi genelde rahatsızdı, bu da aile ortamını bu kadar gerilimli hâle getiren bir diğer etkendir. Evelyn annesinin "tüm bu sorunlara dayanamayacağından" korkuyordu. Sonuç olarak, Evelyn ebeveynlerinden herhangi birini sinirlendirmekten kaçınmayı istediğinden dolayı oldukça sakin ve sosyal olarak geri çekilmiş bir çocuktu çünkü diğer türlüsü "tehlikeli" durumlara neden olurdu. Daha sonrasında sağlıklı bir sosyal etkileşim biçimi geliştiremedi; korkmadan diğer insanlara nasıl yaklaşacağını ya da kişiler arası ilişkilerde kendi gereksinimlerini nasıl ifade edeceğini öğrenemedi. Yaşam öyküsü bilgileri ışığında, annesinin babasına yaptığı gibi Evelyn'in de boyun eğdiği baskın ve saldırgan alkoliklerle tekrar tekrar yakın ilişkiler yaşaması şaşırtıcı değildir. Terapistler ve diğer sağlık hizmetleri çalışanları dışında, Evelyn'in arkadaşça ve destekleyici olarak algıladığı kimseyle iletişimi yoktur.

Terapi ortamında, Evelyn arkadaşça, açık ve her türlü desteğe minnettardır. OKB hastası olduğundan beri çeşitli ayaktan ve yatılı psikoterapi tedavilerinden geçmiştir. Her terapide, obsesyonlarını ve kompülsiyonlarını oldukça azaltmayı başarmıştır, bununla birlikte terapi biter bitmez durumu yeniden eski hâline dönmüştür. Benzer şekilde, Evelyn şu anki tedavisinde alışılmış yıkama ritüellerini kullanmadan mutfaktaki bir şeye dokunma gibi hoşa gitmeyen ve zor alıştırmaları kapsayan maruz bırakma tedavisini sürdürmektedir. Yatarak gördüğü tedavi sırasında, kendisi ve diğer hastalar için yemek pişirmeyi ve servisteki diğer hastalarla etkinliklere katılmayı bile becermektedir. Ancak, evine girer girmez tekrar eski hâline döner. Evelyn bu duruma bireysel terapi görüşmesinde tüm detaylarıyla hazırlanmış olmasına karşın, hasta grubu içinde kendi düşüncelerini ve gereksinimlerini dile getirmeyi becerememiştir.

Obsesyon ve kompülsiyonlarının gündelik yaşamındaki işlevi göz önüne alındığında, kompülsiyonlar Evelyn'in kendisi ve diğerleri ile özellikle de şuan birlikte olduğu kişi ile arasına bir mesafe koymasına yardımcı olmaktadır. Güçlü kompülsiyonları olduğunda, birlikte olduğu kişiye evinde ya da yatağında uyumamasını söyleyebilir; koltuğuna oturmasına izin vermez. Birlikte olduğu kişi Evelyn'e karşı sözel ve fiziksel olarak saldırgandır ve Evelyn bu tür davranışlara ne sınır koyabilir ne de sağlıklı etkileşim yolları uygulayabilir. Kompülsiyonlar onun birlikte olduğu şiddet uygulayan kişi ile kendisi arasına bir mesafe koymasına oldukça yardımcı olur. Maruz bırakma terapisi görüşmeleri boyunca, yoğun üzüntü, umutsuzluk ve yalnızlık duyguları yaşamaktadır. Geçen yıl ölen ablası gibi kendisine yakın olan bir insanın ölümünün kompülsiyonlarının artışına neden olduğunu belirtmektedir. Belki de kompülsiyonlarının koruması olmadan, özellikle de yaşamında diğer olumlu ilişkiler olmadığından dolayı, üzüntü duygusuyla baş edemeyeceğini söylemektedir.

Evelyn'in mod modeli (Şekil 2.10), eş tanıları da olan bağımlı ve kaçıngan kişilik bozukluğu ile büyük oranda örtüşmektedir. Yalnızlık ve değersizlik duyguları kırılgan çocuk modu ile ilişkilidir. Kendi gereksinimlerini dile getirmesine izin vermeyişi talepkâr/cezalandırıcı ebeveyn modu ile ilgilidir. Diğerlerine boyun eğmek ve kendi gereksinimlerini onların gerisine koymak söz dinleyen teslimci mod olarak kavramsallaştırılır. Bir yandan kompülsiyonlar kopuk korungan mod ile bağlantılıdır çünkü olumsuz duygularını kompülsiyonlar aracılığıyla azaltabilmektedir. Buna ek olarak, kompülsiyonlar,

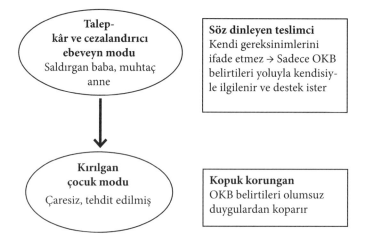

Şekil 2.10 Evelyn'in mod modeli

özellikle de birlikte olduğu kişi tarafından şiddet görmeme gereksinimi olmak üzere, kendi gereksinimlerini ifade etmesine yardımcı olur ve bu kompülsiyonlar psikiyatrik sağlık hizmetleri sisteminden destek istemesini sağlarlar. Sağlık çalışanları Evelyn'in yaşamında yanlarında kendini güvende hissettiği tek insanlardır.

Süreğen eksen-I bozuklukları olan hastalar için mod modelini ele alırken, ilk olarak ilgili hastanın ek kişilik patolojisini anlamayı amaçlarız. Bu, onların sorunlarını bağlantılı kişilik sorunlarının mod modeli ile kavramsallaştırmak anlamına gelmektedir; sonrasında obsesif-kompülsif ya da depresif belirtiler gibi eksen-I belirtileri her bir hasta için hizmet ettiği işleve göre mod modeline yerleştirilir.

Eksen-I bozuklukları için, şimdiye kadar belirli bir mod modeli test edilmemiştir. Genellikle eş tanısı olan bir eksen-II patolojisine en iyi uyan model hastanın temel modeli olarak kullanılır. Sonrasında eksen-I belirtileri, kişilik bozukluğu olan hastaların sorunlarında olduğu gibi modelin içine katılır.

Bazı eksen-I belirtilerinin genelde belirli mod modelleriyle ilişkili olduğu dikkate alınmalıdır. Örneğin, alkol kötüye kullanımının çoğu kez olumsuz duygulardan koparabilme işlevi vardır ve bu yüzden genellikle kopuk korungan modla bağlantılı gibi görülebilir. Ancak, diğer eksen-I belirtileri oldukça farklı şekillerde mod modeliyle ilişkili olabilir. Depresif belirtiler kırılgan çocuk modunun parçası olabilir, üzüntünün aşırı biçimleri olarak düşünülür. Bununla birlikte, hastalar yüksek düzeyde kaçınma gösterdiklerinde, depresif isteksizlik aslında kaçıngan korungan modun bir parçası olabilir ya da depresyon kaçınmanın bir sonucu olarak kabul edilebilir çünkü kaçınma pekiştireç eksikliğine neden olur.

> Bireysel mod modeli terapinin başındaki birkaç görüşme içinde genellikle kavramsallaştırılabilir. Kendini bildirim ölçekleri ve diğer kendini bildirim araçları, terapi görüşmelerindeki terapistin gözlemleri, önceki terapistten ya da aile üyelerinden alınan bilgi, yaşam öyküsü bilgisi ve buna benzer pek çok bilgi kaynağı kullanılabilir. Mod modelinin her zaman hasta ile birlikte tartışıldığı unutulmamalıdır (bk. Bölüm 3).

2.3.10 Ek bölüm: mod modelindeki cinsel sorunlar

Terapilerde, cinsellik sorunlarına ya da genellikle yakın ilişkilerdeki sorunlara, hastalarla çok fazla bağlantılı olabilmesine karşın, yeterli bir biçimde dikkat verilmez. Şema terapi bağlamında, cinsel davranışlar ya da cinsel sorunlar, davranış ya da sorunun işlevine bağlı olarak, farklı şema modlarıyla bağlantılı olabilirler.

Kırılgan çocuk modları: Sezgisel olarak, kişi cinsel davranışları ile çocuk modları arasında bağlantı kurmaz çünkü cinsel davranışın sadece yetişkin yaşamının bir parçası olduğunu düşünürüz. Ancak, sorunlu cinsel davranış örüntüsü kırılgan çocuk modu ile ilişkili olabilir. Hastaların cinsel bir birlikteliğe başladıkları durum, biriyle cinsel olarak ilgilendikleri için olmayabilir. Bu onların kişiler arası sıcaklık ve yakınlık yaşantılamalarının tek yoludur. Genellikle bu hastalar ilişki, bağlanma ve fiziksel temas yaşantılamak için isteksizce cinselliğe katlandıklarını söylerler. Örneğin, Susan (bk. Konu 1.1) eski erkek arkadaşıyla onunla birlikte olmak için tanışmadığını hatta tam aksine cinsel temastan iğrendiğini söylemiştir. Onunla birlikte olmuştur çünkü temas "olumlu bir şekilde" olacaktır ve bazen ona iyi davranan ve onu kollarının arasında saran tek kişi odur. Bu, kırılgan çocuk modu ile ilişkilidir ("Her şey en azından bir parça fiziksel temas yaşantılamak için"). İstememesine ya da cinsel olarak ondan tatmin olmamasına karşın birlikte olduğu kişinin cinsel gereksinimlerini karşılamak, söz dinleyen teslimci başa çıkma modu ile ilişkilidir.

Aşırı telafi: Oldukça sık bir şekilde, sorunlu cinsel davranışlar aşırı telafici başa çıkma modu ile ilgilidir. Bu durumda, hastalar kendilerinin güçlü ve baskın hissetmeleri için diğerlerini baştan çıkarmak isterler. Örneğin, Nicole (bk. Konu 2.3.8) "Herhangi bir erkeği baştan çıkarabilirim ve sonrasında onu bir mendil gibi fırlatabilirim. Benim için hiç önemli olmadıkları hâlde onları baştan çıkardığımda kendimi güçlü ve kuvvetli hissederim." der.

Kaçıngan başa çıkma modları: Sorun yakınlık ve cinsellik yokluğunu içerdiğinde, kaçıngan başa çıkma modları önemli bir rol oynuyor olabilir. Bu hastalar ya karmaşık duygularına temas etmekten kaçınmak için cinsel etkileşimlerden kaçınıyor olabilirler ya da -kaçıngan örüntülerinin bir parçası olarak- (yakın) ilişkileri önemsiz görüyor olabilirler.

Kaçıngan modun diğer bir türü, yani kendini uyaran mod, cinselliğin yoğun bir kendini uyarma işlevi olduğunda ön plandadır. Bu vakalarda, hastalar kendilerini uyarmak ve can sıkıntılarından ya da yaşantılayabilecekleri aşırı karmaşık duygularından uzaklaşmak için seks işçisi kullanımı, pornografik malzemelerin kullanımı, aşırı mastürbasyon ve bunun gibi cinsel davranışlarda bulunurlar. Bu hastalar asıl ilişkilerine zarar vermesine karşın gönül maceraları yaşayabilirler çünkü onunla ilişkili uyarılmayı ve heyecanı severler; ya da işlevselliklerini bozmasına karşın (çünkü bunu yapmak için çok fazla zaman harcarlar, ya da maddi olarak karşılayamayabilirler), engellenmişlik hislerinden kaçınmak için çok fazla pornografik malzemeyi veya internet cinsel nitelikli sohbet odalarını kullanırlar.

Cezalandırıcı ebeveyn modu: Hastalar cinsel etkinlikleri nedeniyle cezalandırıldıklarında, cinsel sorunlu davranış cezalandırıcı ebeveyn modu ile ilişkilidir. En yaygın örnek, hastanın sık sık kendisini iğrenç ve pis bulduğu ilişkilere başlamasıdır, " Öyle kirliyim ki iyi olan hiçbir şeyi hak etmiyorum." Diğer hastalar açık bir biçimde mazoşistik tercihleri olmamasına karşın, fiziksel olarak oldukça acı veren mazoşistik cinsel davranışlarda bulunduklarını söyleyebilirler. Bunun yerine, "Çünkü kötü bir biçimde davranılmaya gereksinim duyarım ve başka bir şeyi hak etmem." gibi uygulamaları kabul ederler. Bu hastalar uygulamaları hakkında konuşmak için internet sohbet odalarını ve forumları yoğun bir biçimde kullanırlar. "Olağan" mazoşistik tercih vurgusu ile aralarındaki en temel fark, mazoşistik tercihi olan kişilerin mazoşizm ile bağlantılı cinsel heyecan duyduklarını belirtmeleridir. Mazoşistik davranışlar ya da hayaller cinsel uyarılma için gereklidir. Bu kişilerde, ergenlik öncesinde bile, mazoşistik hayaller genellikle cinsellik ve cinsel uyarılma ile bağlantılıdır.

> Sapkın cinsel davranışların tümü patolojik olmak zorunda değildir. Ancak, sorunlu cinsel davranış örüntüleri tüm modlarla ilişkili olabilir. Terapist bu meseleyi dikkatle, ama açık ve net bir biçimde de, araştırmalıdır.

Hastaların ele alınan cinsel sorunlarını ya da sorunlu davranış örüntülerini kendiliklerinden nadiren bildirdikleri unutulmamalıdır çünkü sıklıkla cinsel davranışlarıyla ilgili utanç duyguları yaşarlar. Hatta sapkın ve sorunlu cinsel davranışları hakkında konuşmak hâlâ bir tabudur. Özellikle de söz konusu davranış seks işçisi ile ve mazoşistik çevrimiçi flörtler gibi sosyal olarak onaylanan bir davranış olmadığında bu durum daha da geçerlidir. Ancak, bazen hastanın şu anki cinsel davranışlarını, hatta olası aşırı porno kullanımını veya aşırı cinsel hayallerini bilmeden hastanın sorunlarını yeterince anlamak mümkün değildir. Bu yüzden, terapistin tabuları yıkması ve bu meseleleri araştırması önemlidir.

Bu konular ele alınırken hastaya yardımcı olmak için, bu araştırma sırasındaki şeyleri normalleştirmek işe yarar. " Az önce çok fazla video izlediğini ve çevrimiçi kumar oynadığını söyledin. Bu gibi alışkanlıkları olan insanlar bazen çok fazla pornografik malzeme de izleyip pornografik sitelerde de dolaşabilirler. Bu davranış aslında çok yaygın olmasına karşın genelde bu konu hakkında konuşmazlar. Bildiğin gibi, Google'da en çok "cinsellik"in aratıldığı söyleniyor... Sen de yapıyor musun bunu?", "Az önce kısaca bazen çevrimiçi bir ortamda yeni insanlarla tanıştığından bahsettin. Pek çok insan bana bu biçimde başka insanlarla tanıştıklarını ve bazen çok hızlı bir biçimde cinsel birliktelik yaşadıklarını anlatırlar. Bazen hastalar sadece birileriyle cinsel bir birliktelik yaşamak için çevrimiçi olarak başkalarıyla tanışırlar. Bu durum senin söz ettiğin arkadaşlığa benziyor mu?"

Bu gibi bilgileri almak için doğrudan sormak öncelikle vaka kavramsallaştırmasını tamamlamak için oldukça önemlidir. Yaşamında büyük bir sorun olabilecek bu gibi tabu meseleler hakkında konuşmak için de hastaya model sunar. Ek olarak, cinsel sorunlu davranışlar riskli ve tehlikeli olabilir. Hastalar sadece asıl ilişkilerini riske atmazlar, aynı zamanda cinsel yolla bulaşan hastalıklar ya da seks işçiliği, cinsel şiddet ve benzeri meselelerle ilgili de tehlike altında olabilirler. Tüm bu nedenlerle, terapist bu meseleye en azından belirli bir düzeyde dikkat etmelidir.

2.4 SSS

(1) Mod modelinin tamamlandığını nasıl anlarsınız?

Bir şema modelinin son hâlini aldığına %100 kesinlikte emin olamazsınız. En önemli nokta, temel sorunlarını, tüm önemli belirtilerini ve hastanın herhangi bir olağan olmayan ve sorunlu kişiler arası davranışlarını kapsamaktır. Hasta tarafından terapiye gelme nedenleri olarak sunulan tüm sorunların mod modelinde gösterilmesi çok büyük bir öneme sahiptir. Eğer hasta çok fazla sorundan söz ediyorsa (örneğin, bazı alanlarda işlevsellikleri aslında yeterli görünmesine karşın, yaşamlarının tüm alanlarında aşırı fazla sorunları olduğunu söyler) ya da geniş çeşitlilik alanı gösteren şeyler hakkında durmak bilmeden yakınıyorsa (örneğin, ilgi bekleyen mod gibi), mod modelinde bundan da söz edilmelidir. Hasta dile getirmese ya da farkında olmasa bile, mod modelinin terapi görüşmesinde dikkat çeken sorunlu kişiler arası davranışları içermesi unutulmamalıdır. Ancak, hassas dengeyi korumak için, mod modelinde her sorunun yer almasına gerek yoktur. Eğer açıkça işlevsel olmayan özelliği yoksa sorun modelin dışında tutulabilir. Genelde, mod modelin ilk taslağı bir ve beş görüşme içinde tamamlanır. Fakat terapi süreci boyunca sonradan mod modeline dahil edilmesi gereken ek bilgiler edinebiliriz.

(2) Terapinin başında önemli bilgileri gözden kaçırmak mümkün müdür?

Bazen hastalar, kendilerinin anlaşılması ve mod modelinin tamamlanması için çok önemli olduğunu bilmelerine karşın tabu meselelere değinmezler. Bu yüzden, bu gibi meseleleri doğrudan ve empatik bir biçimde sormak kesinlikle önerilir (bk. Konu 2.3.10). Yaşantılarımıza dayanarak, aşağıdaki meselelere genelde pek fazla dikkat edilmez çünkü kendiliğinden bildirilmezler: Hiddet, utanç, cinsellik, ilaç ve madde kötüye kullanımı, yeme sorunları, (internet) porno kullanımı ve büyüklenmeci hayaller. Tabii ki, porno videoları izleme otomatik olarak patolojik değildir; sadece sorun yarattıklarında hastanın mod modeliyle ilişkili olurlar, örneğin aşırı porno kullanımı kişisel işlevleri bozuyorsa ve ilişkileri engelliyorsa.

Güçlü bir aşırı telafici modları olan hastalar genellikle kırılgan çocuk modunu yaşantılamaz ve kabul etmezler. Aslında aşırı telafici modların temel işlevi kırılgan çocuk modlarını farkındalık dışında tutmaktır. Bu mod ne kadar güçlü olursa, hasta modeldeki kırılgan çocuk moduyla ilgili hipoteze o kadar karşı çıkar.

*(3) Sorunlar ve belirtiler ile modlar arasında
nasıl bağlantı kurarız?*

Temelde, belirtiler, sorunlar ya da hastanın etkileşim örüntüleri ile belirli bir mod arasındaki bağlantı, sorunla ilişkili duygulanıma göre kurulur. Temel sorular her zaman "Hasta nasıl hissediyor?" ve "Terapist nasıl hissediyor?" dur. Yoğun olumsuz duygular çocuk modlarıyla ilgilidir; baskı ve kendinden nefret etme ebeveyn modları ile ilişkilidir; duyguların yokluğu ya da bazen yetersiz olumlu duyguların varlığı başa çıkma modları ile ilgilidir. Terapiste hissettiklerini sormak özellikle tehdit edilmiş, baskı altına alınmış ve hasta tarafından denetlenmiş hissettiğinde kendini gösterebilecek aşırı telafici modları tanımak açısından yararlıdır. Bazen hastanın henüz farkında olmadığı modlarını açığa çıkarmak için terapistler kendi duygularını kullanabilirler.

*(4) Mod modelini oluşturmaya ne zaman başlayabiliriz?
Bitirmek ne kadar sürer?*

Şema terapide, terapist ilk görüşmeden itibaren hastanın modlarına dikkat eder. Bazen ilk görüşmede edinilen bir bilgi model taslağını oluşturmanıza olanak verir. Ortalama beş görüşmeden sonra, ilişkili bilgiler konuşulmuş ve birleştirilmiş olacaktır ve mod modeli hasta ile birlikte ele alınabilir hâle gelecektir. Tüm terapi boyunca mod modelinin her zaman "devam eden bir süreç" olduğu unutulmamalıdır; herhangi bir zamanda herhangi bir bilgi modele eklenebilir. Örneğin, belirtilerdeki değişimlerin bazen aynı modun farklı çeşitlemeleri olduğu anlaşılabilir. Örneğin, Jane (bk. Konu 2.1.3) terapinin bir noktasında ilaç kullanımını ve dissosiyatif yaşantılarını azaltmayı becerdi, ancak aynı zamanda aslında anoreksik belirtilerin ölçütünü karşılayan çok güçlü bir diyete başladı; anoreksiya ilaç kullanımı ile aynı işleve sahipti çünkü aç kalmak genel olarak tüm duygusal yaşantılarını azalttı ve böylelikle onun kopmasına yardımcı oldu. Bu nedenle, kopuk korungan modun parçaları olan dissosiyasyon ve ilaç kullanımı neredeyse anoreksik davranışla yer değiştirdi.

(5) Hastayla mod kavramı tam olarak nasıl ele alınmalıdır?

Bu konu 3. Bölüm'de ayrıntılı olarak ele alınacaktır.

(6) Modlarla ya da modlarla ilişkili sorunlar ve belirtilerle ilgili nasıl doğrudan soru sorarsınız? Özellikle utanç veren meseleler söz konusu olduğunda, hastanın terapide onlardan rahatça söz etmesi için kendini yeteri kadar rahat hissetmesini beklemek gerekmez mi?

Bu tür bilgileri doğrudan sormalısınız. Madde kullanımı ya da cinsel anormallikler gibi hastayı ve modlarını anlamak için önemli olan ama hastaların kendilerini çok mahcup hissedecekleri için anlatmama eğilimi gösterdikleri utançla ilişkili meseleleri doğrudan sormak da yardımcı olur. Terapinin oldukça erken aşamalarında hastaya mod kavramının ana fikrini anlatmanız (bk. Bölüm 3) ve tabu olan meseleler hakkında konuşmanın önemini vurgulamanız iyi olacaktır. Bu, hastanın karmaşık meselelerle ilgili soruları anlamasına yardımcı olur. Yaşantılarımıza göre, hastalar utanç verici meseleleri zaman geçtikçe kendiliklerinden anlatmazlar; hatta uzun süredir bu önemli bilgileri sakladıkları için aslında kendilerini daha da fazla mahcup hissedebilirler...

(7) Hasta hiçbir biçimde olumsuz duygu belirtmediğinde nasıl tepki verirsiniz?

Biz hastanın hiçbir soruna sahip olmaksızın terapiye gelmeyeceğini varsayarız. İlk görüşmelerde kırılgan çocuk modları açısından olumsuz duyguları hakkında konuşmaya isteksiz olduklarında bile, depresif belirtiler veya kaygı belirtileri gibi yakınmalarla terapiye geldiklerini biliriz. Bu yüzden, bu bilgiyi en azından duygusal modların kavramsallaştırılması için kullanırız ve bunu hasta ile birlikte doğrudan konuşuruz. "Kırılgan çocuk modları kavramını anlattığımda, çok fazla kırılgan duygular yaşamadığını söyledin. Ancak, randevu aldın çünkü sosyal kaygın ile ilgili yardım istiyorsun. Bana bu kaygıyı biraz daha anlatabilir misin? Çünkü büyük olasılıkla kırılgan çocuk modu ile bir bağlantı kurabiliriz."

Ancak bazen hastalar herhangi bir olumsuz duygularını anlatmakta başarısız olurlar-örneğin, bir başkasının, özellikle de eşlerinin, terapiye göndermiş olduğu narsistik hastalar. Bu vakalarda, "narsistik başa çıkmanın altındaki" olumsuz duyguların önemini kabul ederiz ve buna uygun olarak hastanın katmanlarını araştırırız. Bazı hastalar eşinin kendisini terapiye göndermesine neden olan uyuşmazlıkla ilgili duyguları dışında, hâlâ herhangi bir olumsuz duygu belirtmeyeceklerdir. Bu vakalarda, hasta kendi olumsuz duygularıyla ilişki kurabilir hâle gelmeden önce (terapide yeteri kadar uzun kalacağını varsayarsak), ilk olarak derinlemesine bir biçimde başa çıkma moduyla çalışmak gerekebilir (bk. Bölüm 5).

Vaka örneği: terapinin başında hiçbir olumsuz duygu belirtmeyen hasta

48 yaşındaki Mark bir ortaokulda müdür yardımcısıdır. Mark işine devam etmeyi kesinlikle istese de müdürü onun emekli olmasını istediği için psikoterapiye gelmektedir. Müdürünün "tuhaf emeklilik fikri" dışında kendisinin "hiçbir sorunu yoktur". Terapist, Mark'ın saldırgan ve baskın etkileşim örüntüsü karşısında zorlanmaktadır. Oldukça zeki olan hasta iş arkadaşları ve özellikle de patronu hakkında çok değersizleştirici biçimde konuşmaktadır. İş arkadaşlarının "aptallıklarının" tersine kendi çalışmalarının kusursuzluğunu dile getirmektedir. Kendisi bundan yakınmasa da, hastanın iş yerinde bir başına kaldığı açıkça görülmektedir (" O salaklarla yakın olmak istediğimi mi düşünüyorsunuz?"). Terapist hastanın kişiler arası örüntüsünü belirgin bir şekilde narsistik büyüklenmeci başa çıkma modu olarak kavramsallaştırarak bu modun onun yaşamının diğer alanlarını ne denli kötü etkilediğini anlamak için hastanın diğer ilişkilerini incelemeye başlar. Bunların çoğu da bu mod dolayısıyla olumsuz etkilenmiş görünmektedir. Hasta eşinin kendisini iki yıl

önce "saçma suçlamalar" ile terk ettiğini; dahası, arkadaşlıklarının Mark veya şimdi artık eskilerde kalan arkadaşları tarafından sona erdiğini belirtmektedir. Hasta eski arkadaşlarının pek çoğu hakkında değersizleştirici biçimde konuşmaktadır. Terapist, terapinin ilk görüşmelerinde, bir miktar tartışmadan sonra "Süpermen" olarak adlandırdıkları aşırı telafici modu, hastayla kesin bir biçimde yüzleştirir. Hasta ilk başta duyguyla alakalı herhangi bir işi yapmaya dirençli olsa da, hastanın "Süpermen" ve diğer parçaları arasında sandalye diyaloğu yapılır. Ancak, bu sandalye diyaloglarında, hastanın kimsesiz olduğu sosyal durumuna ilişkin yalnızlığı ve çaresizliği adım adım açığa çıkar. Gitgide duyguları hakkında konuşabilir hâle gelir.

(8) Olumlu modlar da var mı?

Şema mod modeli, olumlu modlar olarak işlevsel ve neşeli davranışlarla/yaşantılarla ilişkili olan sağlıklı yetişkin ve mutlu çocuk modunu içerir. Ancak, şema mod modeli temelde çok açık bir modeldir ve ileride olumlu modlar ve hastanın önemli kaynaklarını içeren modlar kolaylıkla modele eklenebilir.

(9) Başa çıkma modları da önemli kaynaklardan sayılabilir mi?

Açıkçası, başa çıkma modları belli zamanlarda çok işlevsel olabilirler. Hastanın geçmişinde, özellikle çocukluğu sırasında, başa çıkma yolu genellikle doğru "hayatta kalma" yoludur. Belli bir dereceye kadar başa çıkma düzeneği her sağlıklı insanda önemlidir. Bu konular Bölüm 5'teki başa çıkma modlarıyla çalışma bağlamında ele alınacaktır.

(10) Öfke ile ilişkili farklı modları birbirlerinden nasıl ayırt edebiliriz?

Birtakım modlar öfkenin ifadesi ile ilişkilidir: öfkeli ve hiddetli çocuk modu, zorba ve saldırgan mod ve öfkeli korungan mod. Bazen bu modları birbirlerinden ayırt edebilmek zor ve karmaşıktır, örneğin hastaların zorba ve saldırgan modu genellikle öfkeli çocuk modu tarafından tetiklenir. Ancak, öfkenin farklı özelliklerini ayrıştırabilmek mümkündür: Hastanın öfkesi yoğunsa ve bir çocuğun öfkesine benziyorsa; hasta açık bir biçimde öfkesini denetleyemiyorsa; öfkenin ifadesi dürtüsel bir patlama özelliği gösteriyorsa, orada öfkeli ya da hiddetli çocuk modları vardır. Tam tersine, zorba ve saldırgan modda hasta denetimli olarak başkalarını tehdit eder biçimde öfkesini ifade eder. Bu ayrım hastayla doğrudan tartışılmalıdır.

Bununla birlikte, bir hasta öfkeli korungan moddayken terapist çoğunlukla bu öfke tarafından uzakta tutulduğunu hisseder. Terapistin izlenimi, öfkenin hastaya öfkenin kendisi dışında diğer tüm olumsuz duygulardan ya da terapistle daha yakın bir ilişkiye girmesinden kaçınmasına yarayacağı biçiminde olabilir. Terapist karşı aktarım yoluyla öfkenin kendisi ve hastası arasında adeta kalın bir duvar gibi durduğu izlenimi edinebilir. Bu gibi vakalarda öfkenin ifadesi genellikle çok yoğun değildir ancak süreğendir.

(11) Sağlıklı yetişkin modunu kopuk korungan moddan nasıl ayırt edebiliriz?

Bu ayrıştırma aslında bazen zor olabilir çünkü hastalar her iki modda da oldukça "mantıklı" görünürler. Gereksinimlere odaklanmak yardımcı olur. Sağlıklı yetişkin modunda, hasta duygularını ve gereksinimlerini anlayabilir ve ifade edebilir ve yeterli bir biçimde onlara göre davranabilir. Ancak, kopuk korungan modda, görünüşte sağlıklı yetişkin davranışları gösterseler de, hastalar şu anki duygularını ve gereksinimlerini açıkça hissetmezler ve onlarla yeterince ilişki kuramazlar.

(12) Oldukça mükemmeliyetçi ebeveynlerde, talepkar ebeveyn modu mükemmeliyetçi aşırı denetimci moddan nasıl ayırt edilebilir?

Bu ayrım bazen kolay değildir çünkü yüksek talepler her iki modda da önemlidir. Temel unsur farklı modlarla ilişkili olan duygulanımdır. Hasta aşırı baskı ve talep hissettiği için sürekli olarak endişelendiğinde bu durum çoğunlukla talepkâr ebeveyn modu ile ilişkili olacaktır. Sürekli çalışma ve mükemmeliyetçilik, hastanın kendisini olumsuz duygularından uzak tutmasına ya da talepkâr/cezalandırıcı ebeveyn modlarının harekete geçmesine -ki bu hastaya kendini kötü ve başarısız hissettirir (kırılgan çocuk modu)- engel olmasına yardımcı olduğunda, bu aşırı telafi modu olarak kabul edilebilir. Bu yüzden, mükemmeliyetçi aşırı telafici, kırılgan çocuk modunun harekete geçmesini tam tersini yaparak engeller. Son vakada, terapist yaygın olarak hastanın çetin bir savaşın içinde olduğu ve bu savaş bitecek gibi olursa dağılma tehlikesi taşıdığı izlenimine kapılır.

(13) Şema kavramı nasıl şema mod kavramına uyum sağlar? Şemaları ve şema modlarını ayırt edebilir miyiz?

Birçok vakada, şemalar açık bir biçimde şema modlarıyla ilişkilidir. Örneğin, ilişkili ana alan-I şemalar ile şema bağlantılı duygular neredeyse her zaman, madalyonun iki yüzü gibi, kırılgan çocuk modları ve işlevsel olmayan ebeveyn modlarıyla ilişkilidir. Söz dinleyen teslimci mod ve boyun eğme şeması ya da büyüklenmeci mod ve haklılık şeması gibi bazı başa çıkma modları belirli şemalarla örtüşür. Bu gibi vakalarda, eğer terapist ve hasta tarafından yardımcı olacağı düşünülürse, şemalardan da mod kavramında söz edilebilir. Yine de, terapist bazı şeyleri kolaylaştırmak için sadece şema modları ile çalışmayı da seçebilir.

(14) Şema mod kavramı varken hâlâ şema kavramına gereksinim duyar mıyız?

Birçok vakada, şema mod kavramı şema kavramından daha basittir. Hastanın belli durumları ve sorunları temel duygulanıma göre, genellikle oldukça açık bir biçimde bir mod ile ilişkili olabilir. Ancak sadece şema kavramını kullandığımızda, bazen bazı şeyler karmaşık hâle gelebilir çünkü bir davranış farklı şemalarla bağlantılı olabilir ya da belli bir örüntünün tek başına bir şema olup olmadığı (örneğin, boyun eğicilik şeması) veya şema başa çıkması olup olmadığı (örneğin, terk edilme şemasının teslimci başa çıkması) açık olmayabilir.

Bununla birlikte, bazen tam tersi bir durum olur ve şema kavramı hastanın durumunu mod kavramından daha basit adlandırmalarla tanımlar. Bu, özellikle, temel (hatta belki tek) şemasının hastalık ve zarar karşısında kırılganlık ya da iç içe geçme şeması olduğu durumlarda doğrudur. Bu hastalar genelde cezalandırıcı veya talepkâr ebeveynler tasarımına kesinlikle uymayan aşırı derecede tedbirli, koruyucu veya iç içe geçmiş ebeveyn şekilleri hakkında konuşurlar. Eğer bu şemalara ek olarak başka duygusal sorunlar göstermezlerse, özgün şema modeliyle karşılaştırıldığında, şema mod kavramının kullanımı modeli basitleştirmez.

3

Hastayı Mod Kavramıyla Tanıştırmak

Şema terapinin ilk aşamasında, mod modeli ve modelin tedavi için doğurguları hasta ile doğrudan ele alınır. Bu süreç, BDT yaklaşımı ile benzerdir. Terapi, aynı zamanda hasta ile açıkça konuşulan ayrıntılı bir davranış ve sorun alanı incelemesi ile başlar.

> ### Vaka Örneği: Philip ile mod modelinin ele alma
>
> Phillip, ilk iki seansımızın ardından sen ve sorunların hakkında seninle konuşmak istiyorum. Şema terapide herkesin birkaç farklı yanı ya da yönü olduğunu varsayarız. Psikolojik sorunlar, sıklıkla kişinin farklı yanlarının çatışmasıyla ilişkilidir. Sorunların hakkında daha iyi bir anlayış kazanmak için bunu aklında tutman önemli. Farklı yanlardan bahsederken, senin şizofreni ya da çoklu kişilik bozukluğu gibi bir sorununun olduğunu söylemek istemiyorum. Aksine, bu herkesin farklı durumlarda oldukça farklı hissedebileceği ve davranabileceği gerçeğine işaret eder.
>
> Birçok psikolojik sorunda, kişinin bir yanı çok kırılgan ya da zayıf hisseder. Çoğu hasta bize içten içe küçük bir çocuk gibi hissettiklerini anlatır. Bunu genellikle kişinin "içindeki çocuk" ya da "çocuk kendiliği"* olarak adlandı-

rırız. Ben senin de böyle bir yanının olduğunu düşünüyorum. Bu senin, özellikle kaygılı hissettiğin zamanlarda ortaya çıkan ve akran grubun tarafından zorbalığa maruz kaldığın zamanlar olan çocukluğun ve ergenliğinle duygusal olarak ilişkili olan yanın. Bununla ilgili ne düşünüyorsun? (Terapist geri bildirim için bekler.) Biz senin bu yanını nasıl adlandırabiliriz? Belki "Utanmış Küçük Phillip?" [Terapist geri bildirim için bekler.]

Sana adaletsiz bir biçimde davranıldığını düşündüğünde bir diğer yanın çok kızgın olmakta. Dışarıdan bir gözle bakıldığında ortada çok da fazla bir şey olmamışsa olsa bile, bu oldukça kolay gerçekleşir. [Terapist geri bildirim için bekler.] Bu yanını nasıl adlandırabiliriz? "Hiddetli Phillip?" [Terapist geri bildirim için bekler.]*

Diğer bir yanın, büyük olasılıkla sınıf arkadaşlarının tarafından yapılan zorbalığın doğrudan bir sonucu olarak oluştu. Kötüye kullanıma ya da zorbalığa maruz kalan insanlar, yaygın olarak kendilerini küçümseyen ve kendilerinin değersiz ya da gülünç olduğunu düşünen bir yana sahiptir. Bilişsel düzeyde kesinlikle iyi olduğunu bilmene karşın kendini çoğu zaman aşırı derecede çirkin hissettiğini söylemiştin. Kendi içindeki bu eleştirel, cezalandırıcı yan tanımlamasına ne dersin? [Terapist geri bildirim için bekler.]

Terapist, kağıdın ya da kağıt tahtasının sol tarafına Phillip'in cezalandırıcı ve zorbalık yapan akran grubunun temsil ettiği cezalandırıcı modu ve kırılgan çocuk modunu daireler içine yazar (bk. Şekil 2.1). Sonra devam eder:

Bu çocuk ya da cezalandırıcı yanların harekete geçtiğinde oluşan şiddetli duygusal gerginlikle yaşamak zorunda olduğunda, bazı başa çıkma davranışlarına gereksinim duyarsın. Gerilimli duygularla başa çıkmanın bir yolu da onları bastırmaktır. Benim izlenimime göre bu davranış örüntüsünü gösterdiğinde senin yaptığın da bu, ben bunları ilk buluşmamızda aşırı telafi olarak adlandırmıştım. Hatırlıyor musun? [Terapist geri bildirim için bekler.] Aşırı telafinin, ebeveyn ve cezalandırıcı çocuk modlarının neden olduğu acının üstesinden gelmek için bir başa çıkma yolu olabileceğini anlayabiliyor musun? [Terapist geri bildirim için bekler.] Bu başa çıkma yanını nasıl adlandırabiliriz? Belki "Büyük Patron"? Ya da doğrudan "Aşırı telafici"? [Terapist geri bildirim için bekler.]

---

*Çeviri Editörünün Notu: Çocuk kendilik; hastanın çocuk yanını kendi ismi ile adlandırması, çocuk Phillip gibi.

> Bununla birlikte, sende epey gerginlik yaratan birçok durumdan ya da ilişkiden de geri çekildiğini anlattın. Bunu kaçınmacı bir davranış olarak adlandırabiliriz ve mod modelimize kaçıngan korunan başa çıkma modu ekleyebiliriz. [Terapist geri bildirim için bekler.] Elbette sen yalnızca sorunlu modlardan oluşmuyorsun. Aynı zamanda sağlıklı bir biçimde yaşamana yardım eden sağlıklı bir yanın da var. Bunu da senin "sağlıklı yetişkin mod"un olarak adlandıralım.

Birçok vakada, mod modeline kırılgan çocuk modlarını ve ardından cezalandırıcı ya da talepkâr ebeveyn modlarını anlatarak başlamak yararlıdır. Bu sıra, hasta henüz terapide dile getiremediyse bile olumsuz duygularının onaylandığını hissettirir. Bu onaylama, hastanın başa çıkma modlarıyla yüzleştirileceği bir sonraki adım için genellikle iyi bir temel oluşturur. Bu yüzleşme, genellikle hasta için de terapist için de çok rahat değildir, çünkü hastanın çok olumlu ya da çok işlevsel olmayan yanlarıyla ilgili oldukça açık bir tartışmayı gerektirir. Psikolojik sıkıntıları öncesinde kapsamlı bir şekilde onaylandığı için, hastaların mod modelinin bu yanlarını kabul etmesi daha kolay olur. Son olarak, hastaya işlevsel bir yanının da olduğunun kabul edildiğini gösteren sağlıklı yetişkin mod aktarılır.

> Şema terapinin başında, mod modeli hasta ile ayrıntılı bir şekilde ele alınır. Öncelikle, kırılgan çocuk modlarını ve işlevsel olmayan ebeveyn modlarını, ardından başa çıkma modlarını ve sağlıklı yetişkin modu tanıtırız. Hastanın ve terapistin görüşleri modları anlamlandırmada farklılaşırsa, bunlar konuşulmalı ve açıklığa kavuşturulmalıdır.

Mod modelinin ele alınması sırasında terapistin hastanın tüm önemli modlarını göz önünde bulundurması ve hepsine değinmesi oldukça önemlidir. Diğer yandan, hastaya bir modelin dayatılmaması da gerekir. Bu nedenle, hastanın mod modeli ile ilgili tüm geri bildirimlerini açık ve içten bir biçimde karşılamalısınız. Dahası, terapist ve hasta, hastanın sorunlarıyla ilgili görüşlerinde farklılaştığında, her iki tarafı da tatmin edecek bir çözüme ulaşmak için açık bir irdeleme gereklidir. Deneyimlerimize göre, hastalar genellikle kırılgan çocuk ve işlevsel olmayan ebeveyn modları fikrini oldukça kolay kabul ederler, ancak başa çıkma modları ile ilgili anlaşmaya varmak daha zordur. Çözüm yollarından biri, ortak bir noktaya varamadığınız modların hangileri olduğu konusunda anlaşmak ve bu konuya tedavinin sonraki zamanlarında geri dönmek üzere uzlaşmanızdır.

Terapinin başında hastaların, özellikle de ebeveynleri çocukluklarındaki en karmaşık kişilerse, ebeveyn modlarının ardalanında yer alan yaşam öykülerini ayırt etmekte zorlanabilecekleri akılda tutulmalıdır. Bu genellikle sadakat ile ilgili bir durumdur. Hastalar, ebeveynlerini kendi psikolojik sorunlarının kaynağı olarak tanımlamaktan dolayı suçluluk duyarlar. Bu durum, özellikle ebeveynlerden birinin ya da ikisinin depresyonu olduğunda ya da mağdur rolü aldıklarında ve çocuğa suçluluk hissi aşıladıklarında daha zor bir hâle gelir. Hastalar, sorunlarının, hatta ebeveynlerinin sorunlarının gelişiminde bile ebeveynleri yerine kendilerinin sorumlu olduğu fikrine tutunurlar. Böyle vakalarda, mod modelinde yer alan işlevsel olmayan ebeveyn modlarının genellikle hastanın gerçek ebeveynlerinin kusursuz bir aynası olmadığını vurgulamak önemlidir. Bunun yerine bu modlar, hastaların ebeveynleriyle olan yaşantıları sonucunda gelişen, "içe yansıtma" ya da "iz" olarak adlandırılan durumların bir yansımasıdır. Bazen terapinin başında, hastaların bu izlerin nedenlerini belirlemeyi denemek yerine kendilerine baskı uyguladıkları ya da kendilerini değersizleştirdiklerini belirtmek yararlı olur. Hastanın gerçek ebeveynlerinin şu anki sorunların gelişimindeki sorumluluklarını ele almak terapinin ilerleyen aşamalarında yapılabilir. Son olarak, işlevsel olmayan ebeveyn modlarının gerçek ebeveynlerden çok sınıf arkadaşları, işlevsel olmayan otoriteler ya da diğer insanların etkisiyle tetiklenmiş ve gelişmiş olabileceğini de akılda tutmak önemlidir.

Hastalar ve terapistler, özellikle terapinin başlarında başa çıkma modlarıyla ilgili çok farklı görüşlere sahip olabilirler. Bu özellikle aşırı telafi başa çıkma modunda görülür. Terapist yorumundan çok emin olsa bile, hasta belli davranış örüntülerini başa çıkma modu olarak yorumlamayı reddediyorsa, terapist her ikisinin de görüşlerini açıkça dile getirebilecekleri bir tartışmaya açık olmalıdır. Ve tabii ki bu tartışmanın önceden belirlenmiş bir sonucu olmamalıdır. Bir hastanın terapi bağlamında işlevsizmiş gibi bir izlenim bırakan belli davranış örüntüleri bazen diğer yaşam durumlarında (örneğin mesleki durumlarda) çok daha işlevsel olabilmektedir. Bu özellikle, iş dünyası ya da tıp gibi yüksek düzeyde aşırı telafi ile kendini gösteren alanlarda çalışan hastalar için geçerlidir. Terapi seanslarında ya da başka durumlarda çok yetersiz görünen baskın ya da saldırgan davranış örüntüleri hastanın işyerinde işlevsel

> ### Vaka Örneği: Phillip ile başa çıkma modunu ele alma
>
> Çocuk ve ebeveyn modları ile ilgili açıklamalarımı anlayabildiğini söylüyorsun. Ancak narsisistik ve aşırı telafici bir yanının olmadığını düşünüyorsun. Bana oldukça dikkat çekici görünen baskın etkileşim örüntülerinle ilgili senin fikirlerin neler? [Phillip baskı altına alıcı etkileşim örüntüsünün tamamen normal olduğunu açıklamaya devam eder. Böyle baskın davranmasa, kimse hiçbir biçimde ona aldırış etmezdi.]
>
> Phillip, bu bana çok ilginç geldi. Aslında, bu benim yorumumla çelişmiyor, çünkü ben de aşırı telafinin dikkat çekmek için oldukça etkili bir yol olduğunu düşünüyorum. Aynı zamanda bu örüntüyü geliştirmenin geçmişte tam da bu nedenden dolayı senin için önemli olduğunu sanıyorum. Ama lütfen bu örüntünün işlevsel olduğu hâlde yine de neden aşırı telafi olduğunu düşündüğümü daha ayrıntılı açıklamama izin ver: Öncelikle, sen bu şekilde konuştuğunda seni durdurmak benim için çok zor oluyor. Senin tarafından denetim altına alınıyormuşum gibi hissetmeye başlıyorum. Benim de kendi görüşlerimi açıklamaya iznim olduğunu kabul ediyor gibi görünmüyorsun. Ne demek istediğimi anlıyor musun? Diğer insanlar hiç çok baskın ve denetimci olduğunu söylediler mi? [Phillip, bunu doğrular. Eski karısı onu sıklıkla baskın ve kibirli olduğu için suçlamıştır, ancak onun da farklı şeyler için karısını suçlayabileceğini belirtme şansını kaçırmaz.] Phillip, evliliğinizin çok zor olduğundan hiç şüphem yok ve yüksek olasılıkla bunda ikinizin de payı vardı. Senin aşırı telafi modunun diğerleriyle yaşadığın tüm sorunlardan sorumlu olduğunu söylemek istemiyorum. Yine de diğer insanların da baskı altına alıcı davranış örüntülerinle ilgili benzer geri bildirim vermesini ilginç buluyorum. Bunu nasıl açıklarsın? [Phillip, bu geri bildirimi anlamadığını, bunun için bir açıklaması olmadığını söyler.] Phillip, belki de bu şekilde davrandığını söyle-

> diklerinde insanların ne demek istediğini tam olarak anlamıyorsun. Terapide bunu daha ayrıntılı bir biçimde ele almak senin için ilginç olmaz mı? Seanslarımızın görsel kaydını da alabilirim ve onları birlikte izleyebiliriz. Sonra sana bu örüntüyle ilgili neyi dikkat çekici bulduğumu daha anlaşılır biçimde açıklayabilirim. Bazen senin için başka bir bakış açısından bakmak çok zor olabilir ama kendini böyle davranırken izlemek, diğerlerinin hakkında konuştukları şeyi anlamana yardımcı olabilir. Ne dersin?

olabilir. Yine de, böyle modlar uygun olmayan durumlarda kullanıldığında işlevsiz olarak kalmaya devam ederler.

Hasta ilk oluşturulan mod modelinin bir kısmını kabul etmediğinde, bunun nedeni tamamen "savunuculuk" olmak zorunda değildir. İlk mod modeli oluşturulurken terapist, hastanın şimdiki sorunları ve belirtileri ile yaşam öyküsü arasındaki ilişkiye dair birçok hipotez geliştirir. Bunu yapmak önemlidir ve terapist bu fikirleri hasta ile paylaşmaktan çekinmemelidir. Ancak bu fikirlerden bazıları yanlış olabilir. Bu nedenle, tüm model hasta ile ayrıntılı bir şekilde ele alınmalıdır. Bizim deneyimlerimize göre örneğin, psikoterapistler sıklıkla hastaların yakın ilişkileri ile ilgili yanlış sonuçlara varırlar. Terapist, bir hastanın kendisinden yaşça büyük ya da küçük kişilerle olan beraberliklerini dikkat çekici buluyor olabilir. Ancak bu ilişkiler iyi gittiyse ve hasta bunlarla ilgili gerçekten iyi hissediyorsa, o zaman bu durum mod modeliyle hiçbir biçimde ilişkili olmayabilir. Bu nedenle, mod modelini oluştururken terapistin tekrar tekrar hastanın geri bildirimini sorması, yanlış anlamalardan kaçınabilmesi için çok gereklidir.

Hastanın mod modeline geri bildirimi ve bakış açısı çok önemlidir. Hastaların mod modeli ile ilgilenmesini isteriz, böylece kendileri için farklı modların kişisel anlamlarını belirgin bir biçimde hissedebilirler. Terapide keşfe yönelik her modelde olduğu gibi, şema mod modeli de hastanın kendisini duygusal olarak daha iyi tanımlayabildiği ölçüde yararlıdır. Bu nedenle hastalardan her modu kendi bakış açılarına uygun olarak betimlemelerini ve terapiste modların gelişimi ve ardalanı ile ilgili daha çok açıklama yapmalarını isteriz. Örneğin, terapist cezalandırıcı ebeveyn modunu tanıttığında hastaların çocukluklarındaki cezalandırıcı ve eleştirel yaşantılardan konuşmaya başlamaları çok olumlu karşılanır. Terapist tüm dikkatini böyle bilgilere odaklamalı ve bunları mod modeline aktarmalıdır, örneğin farklı modlarla ilişkili notlar biçiminde. Farklı modlarla ilgili kapsamlı tartışmalar ve öğrenilen yaşam öyküsel ardalan, sandalye diyalogları ya da imgeleme yoluyla yeniden senaryolaştırma gibi sonraki müdahaleler için gerekli olan bilgileri toplamaya da yardımcı olabilir.

3.1. Mod Modeli ile Tedaviyi Planlama

Hasta ile mod modelini ele aldıktan ve ortak bir bakış açısı oluşturduktan sonra, bu modeli izleyen bir tedavi yaklaşımının temel özellikleri üzerinde de durulmalıdır. Burada, kırılgan çocuk modunu yatıştırma ve güçlendirmenin terapinin temel hedefi olduğu, öfkeli çocuk modunun öfkesini uygun yollarla dile getirmesine yardım etmenin önemli olduğu ve cezalandırıcı ebeveyn modunun hastanın hayatındaki etkisini azaltmak için terapide de azaltılacağı bilgileri verilmelidir. İşlevsel olmayan başa çıkma modları terapi süresince daha esnek bir hâle gelmeli ve terapi hastaya örüntüleriyle etkileşime geçmek için daha esnek ve sağlıklı seçenekleri öğrenmesinde yardımcı olmalıdır: sağlıklı yetişkin modunu güçlendirmek gibi. Bu farklı hedeflerle ilgili müdahaleler kısaca açıklanmalıdır.

Mod modelinin ve ilişkili tedavi yollarının ele alındığı ilk an, aynı zamanda modların işlevselliği ya da pekiştirme dengesini de yansıtmak açısından iyi bir zamandır. Şımarık ya da denetimsiz çocuk modları olan ve denetimsizlikleri ebeveynleri ya da birlikte oldukları kişiler tarafından telafi edilen hastalar, bu modlarla çalışmayı ve yaşamları için sorumluluk almayı ya da doyumlarını erteleme becerilerini geliştirmeyi çok ödüllendirici bulmayabilirler. Bu durum, yüksek düzey gerginlik ve bu nedenle pekiştireç kaybıyla ilişkilenebilir. Bu tür konular hasta ile olanaklı olduğu kadar erken ve açık bir biçimde ele alınmalıdır. Ancak bazen, terapinin başlarında bu meseleler o kadar belirgin değildir. Sıklıkla terapi ilerledikçe, çok sayıda olumlu pekiştireci kaybedebileceklerinden dolayı, hastalar işlevsel olmayan modlarını değiştirmeye istekli görünmediklerinde ortaya çıkar. Bu mesele belirginleştiğinde, terapist hasta ile bunu açıkça ele almaktan çekinmemelidir.

3.2 SSS

(1) Yalnızca birkaç görüşmeden sonra hastaların şu anki işlevselliği ile ilgili tam bir model sunmak mümkün müdür?

Deneyimlerimize göre, -üç, beş kere gibi- az sayıda görüşmeden sonra hastaya ilk mod modelini tanıtmak mümkündür. Elbette bu model hemen o sırada tüm ilişkili ayrıntıları kapsamayacaktır. Ancak, modların keşfine ve açıklamalarına odaklanırsanız, yüksek olasılıkla en önemli temel özelliklerini ve merkezinde yer alan yaşam öyküsel meseleleri farkedeceksinizdir.

(2) Bu model oldukça etki altında bırakıcı, yönlendirici görünüyor; hastalara onları tam yansıtmayan bir şey dayatmış olmuyor muyuz?

Mod modelini kavramsallaştırma ve ele alma süreci aksine çok yapılandırılmıştır ve terapist etkin bir biçimde hastanın sorunları ve modları arasındaki bağlantılara ilişkin açıklamalar önerir. Bu nedenle hasta ile her ayrıntıyı tartışmak ve her zaman hastanın geri bildirimini almak özellikle üzerinde durulan önemli bir noktadır. Öncesinde kapsamlı biçimde karşılıklı olarak ele almadan mod modelini hastaya öylece sunmak anlamlı olmaz.

(3) Terapinin başında hastanın bir başa çıkma modu çok güçlü olduğunda, örneğin hasta çok denetimci ya da narsisistik örüntülerine bağlı olarak mod modeline karşı çıktığında ne yapabilirsiniz?

Çok yoğun yakınmaları (öfkeli korungan mod ya da ilgi arama modu) olan hastalarda, mod modeli oluşturduğu için terapisti değersizleştiren narsistik hastalarda ya da güçlü bir ilgi arama modu olan dramatik hastalarda bu bir sorun olabilir. Bazen, yukarıdaki vaka örneğinde olduğu gibi mod modelini konuşmak için ısrarcı olmak yararlı olur. Hastanın daha önce diğer insanlardan benzer bir geri bildirim (çok yakınır, narsist gibi davranır, dramatik davranışlarda bulunur) alıp almadığı sorusu, hastanın dikkatini mod modeline vermesine yardım edebilir. Aşırı telafiden ya da öfkeli korungan moddan yakınan bireyler, genellikle terapiye gelmeden önce de bu davranışlarından dolayı diğerleri tarafından eleştirilmiştir. Bu, terapistin görüşlerinin bu durumlarla olan ilişkisini görmeleri konusunda yardımcı olabilir. Terapistin kısa bir rol oynama ile hastadaki bir başa çıkma modunu aynalaması ve örnekle açıklaması da işe yarayabilir. Özellikle, çok öfkeli ya da saldırgan başa çıkma modu olan hastalarda bu yardımcı olabilir. Ancak bazı durumlarda hastalar neredeyse tamamen başa çıkma modlarında "sıkışıp kalmışlardır" ve kendilerini farklı yanlarla tanımlayamazlar. Böyle vakalarda, terapide ilk önemli adım olarak bu başa çıkma modu ile çalışmayı düşünmelisiniz. Hastalar başa çıkma modlarını daha derin bir biçimde düşünebilene ve kendi örüntülerini dışarıdan bir bakış açısı ile görebilene kadar tüm mod modelinin ele alınması ertelenebilir. Bu yaklaşım 5. Bölüm'de daha ayrıntılı bir biçimde açıklanmaktadır.

II
TEDAVİ

4
Tedaviye Genel Bakış

Tedavide ilk adım olarak hasta ile mod kavramı ele alınır. Hastanın mod modeli, asıl sorunları, belirtileri, etkileşim örüntülerini özetlemeli ve hem hasta hem de terapist için akla yatkın ve makul olmalıdır. Aşağıda aktarılan tedavide, her bir mod belirli müdahale amaçları ile ilişkilidir (bk. Şekil 4.1). Tedavi unsurlarının birleşimi ve farklı tedavi tekniklerinin görece önemi kadar özel belirtilerin ve kişilik belirtilerinin tedavisinde müdahaleler arasındaki denge de bireysel duruma uyarlanmak zorundadır.

4.1 Modlar İçin Tedavi Hedefleri

4.1.1 Kırılgan çocuk modu

Şema terapinin kırılgan çocuk moduna ilişkin temel amacı, hastalara, kendi gereksinimlerini daha iyi karşılayabilmelerinde yardımcı olmaktır. Hastalar kendi gereksinimlerine güçlü biçimde odaklanmalıdır. Temel duygusal ve sosyal gereksinimleri karşılayacak etkinlikler oluşturmalı ya da var olanları güçlendirmelidirler. Kırılgan çocuk modunu tedavi ederken terapistin asıl görevi onaylamak, yatıştırmak, istismar ve diğer olumsuz yaşantılarda yardımcı olmaktır. Bu yüzden terapist kırılgan çocuk yönleri (ve genel olarak kendi bakımı ile) ile ilgilenen bir model önerir.

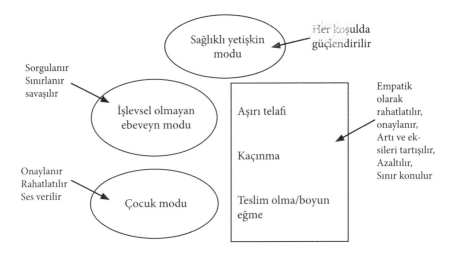

Şekil 4.1 Tedaviye genel bakış

4.1.2 Öfkeli çocuk modu

Bu modlar terapide ortaya çıkabilmelidir. Hastalar öfkeyi yaşantılamaları ve ifade edebilmeleri konusunda cesaretlendirilirler. Hasta gereksinimleriyle ilgili incinme yaşadığında öfke ortaya çıkar, bu yüzden de öfke önemli bir duygu olarak ele alınır. Bu duygu ile ilişkili gereksinimler onaylanır ve kabul edilir. Ancak hasta bu gereksinimleri ifade edebilmek için daha uygun yollar öğrenmelidir.

4.1.3 Dürtüsel çocuk modu

Öfkeli çocuk modu gibi dürtüsel ve denetimsiz çocuk modunun altında yatan gereksinimler de kabul edilmeli ve onaylanmalıdır. Ancak bu modlar gereksinimleri abartılı bir yoldan ifade etmektedir. Bundan dolayı bu modlara sınır koymak ve hastaya bu modlarla ilişkili beklentilerinde daha gerçekçi olması konusunda yardımcı olmak önemlidir. Bunun yanı sıra, bu modları olan bir hastaya disiplin verilmeli ve hayal kırıklığına hoşgörü ile yaklaşması öğretilmelidir.

4.1.4. İşlevsel olmayan ebeveyn modları

Bu modalara yönelik asıl hedef onları zayıflatmaktır. İşlevsel olmayan ebeveyn modları sorgulanmalı, sınırlanmalı ya da gerekirse onlarla savaşılmalıdır. Terapist bu modlarla eşleşen oldukça yüksek düzeydeki beklentileri ve kendini değersizleştirme eğilimini azaltmak konusunda hastaya yardımcı olmalıdır.

4.1.5 İşlevsel olmayan başa çıkma modları

Hastalar öncelikle bu modlarla empatik olarak yüzleştirilmelidir. Bu modların hastanın çocukluğunda neden önemli olduğu ve bu süreç boyunca nasıl koruyucu oldukları ele alınmalıdır. Aynı zamanda bu modların olumsuz sonuçlarına değinilmelidir. Hastanın gerginlik yaratan durumlar karşısında daha esnek biçimde davranabilmesini ve uygun biçimde tepki verebilmesini sağlamak için bu modların etkisi azaltılmalıdır. İşlevsel olmayan başa çıkma modları tedavinin seyrine engel olduğunda açık sınırlar konulmalıdır.

4.1.6 Mutlu çocuk ve sağlıklı yetişkin modu

Bu modlar genel olarak güçlendirilmeli ve terapide pekiştirilmelidir. Bu modların yoğunlukları ve etkin hâle gelme sıklıkları artırılmalıdır.

4.2 Tedavi Yöntemleri

Şema terapi bilişsel, duygu odaklı ve davranışsal müdahaleyi bütünleştirir.

4.2.1 Bilişsel müdahale

Bilişsel müdahaleler (Şekil 4.2), şemalar ve modların geçerliğini ve "doğruluğunu" test etmek için artılarını ve eksilerini değerlendirme yoluyla kullanılır.

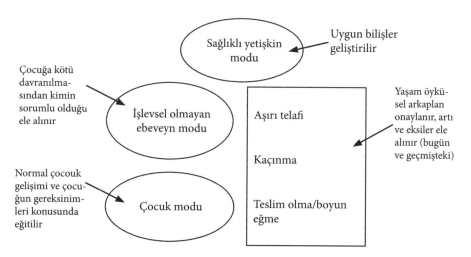

Şekil 4.2 Bilişsel tedavi müdahaleleri

Bilişsel yeniden yapılandırma tekniği ile "bir şema ya da şema modunun kanıtları sırayla açıklanır. Tüm bilişsel müdahaleler kullanılabilir. Örneğin, terapist hastasıyla süpermarket kasasındaki kadının neden "merhaba" demediğini tartışabilir. Hasta kendiliğinden bunun belirli bir şema ile bağlantısını kurabilir ve bunun reddedilmenin bir göstergesi olduğunu kabul edebilir. Bilişsel teknikler, bu hastanın farklı bir bakış açısı kazanmasına ve daha işlevsel yorumları benimsemesine yardımcı olabilir. Benzer biçimde şema uyumlu anlamlandırma hataları ve başa çıkma yöntemlerinin artıları ve eksileri tartışılır. Psikoeğitim de önemli bir rol oynar. Hastalar çocukların doğal gereksinimleri, duyguları, davranış örüntüleri ve sağlıklı, normal çocukluk gelişimi ile kendi çocuklukları arasındaki farklar konusunda bilgilendirilirler.

> Bilişsel müdahale, yeniden bir çerçeveye oturtmak, akıl yürütme hatalarının ele alınması ve artılar ve eksiler listesinin kullanılması gibi tüm BDT tekniklerini içerir.

Çocuk modları: İnsan olmanın getirdiği doğal gereksinimler hakkındaki psikoeğitim önemli bir bilişsel tekniktir. Özellikle ağır kişilik bozukluğu olanlar, çocukluklarında kendilerine nasıl davranılması gerektiği konusunda net ve gerçekçi bir fikre sahip değildir (Bu hastaların çoğu diğer insanlar kadar çocuklara -ya da kendi çocuklarına- nasıl davranılması gerektiğini çok iyi bilseler de).

İşlevsel olmayan ebeveyn modları: Bilişsel müdahalenin asıl hedefi, hastanın çocukluğundaki suçluluğun ve ebeveynlerin davranışlarının yeterliliğini ele almaktır. Hastalar genellikle çocuk gibi davranmanın kendi hataları olduğunu hisseder. Bu yanlış anlamalar bilişsel teknikler kullanılarak yeniden yapılandırılmalıdır. Dışardan bir bakış açısı kazanmak önemli bir tekniktir: "Eğer o başka bir çocuk olsaydı ya da senin yerinde kendi çocuğun olduğunu hayal etseydin onu bu davranışından dolayı suçlu ve sorumlu görür müydün?" Bazı hastalar kendilerinin oldukça karmaşık bir kişilik özelliği olduğunu ya da bir biçimde zor bir çocuk olduklarını söylerler. Bu doğru olsa bile hastaya, ebeveynlerinin kişiliklerinden dolayı bu çocuğu suçlamasının doğru olmadığı (çocuk bu kişiliği kendisi seçmemiştir) ve ebeveynlerin çocuğun kişiliğine uygun biçimde onunla ilgilenmekten sorumlu olduğu söylenmelidir. Belirtilmesi gereken önemli bir konu da bilişsel yöntemlerin şunları içerdiğidir: (1) "Şansın kötü gitmesi"nden bağımsız olarak gerçekten sorumlu olduğunuzda (kötü şans, genellikle işlevsel olmayan ebeveyn modları ile ilişkili olmayan bir kavramdır); (2) Yanlış yapmak konusundaki temel gerçek, yeni şeyler öğrenebilmek için hata yapmanın gerekli olduğudur. (3) Çocukların temel hak ve gereksinimleri (bu siteyi önerebilirsiniz: BM çocuk hakları beyannamesi: http://www.un.org/cyberschoolbus/humanrights/resources/child.asp).

Başa çıkma modları: Öncelikle çocukluk dönemi boyunca başa çıkma modlarının koruyucu işlevinin önemi onaylanmalıdır. Başa çıkma modlarının artı ve eksileri, hastanın hem çocukluk dönemindeki koşulları hem de şimdiki koşulları dikkate alındıktan sonra ele alınır. Başa çıkma modlarını azaltmak için atılacak adımlar öncelikle terapötik süreçte keşfedilir, sonra hastanın terapi dışındaki yaşamında gerçekleştirilir.

Bilişsel çalışmalar duygu odaklı müdahaleler içinde yer alır. Örneğin, suçluluğun duruma uygunluğu işlevsel olmayan ebeveyn ve sağlıklı yetişkin modları arasındaki sandalye çalışmasıyla belirlenebilir. Şema terapideki daha açık bilişsel müdahale şema günlüklerini, şema başa çıkma kartlarını (Bölüm 6), başa çıkma yöntemlerini ya da şemalara ilişkin artı ve eskiler listesini (Bölüm 5) içerir.

4.2.2 Duygu odaklı müdahaleler

Duygu odaklı müdahalelerin (Şekil 4.3) hastaya üzüntü ve öfkesini ifade etmesinde yardımcı olması gerekir. Bu duyguları hissetmek ve sürdürmek hastalara kendi gereksinimlerine ve amaçlarına daha iyi odaklanma olanağı verir. Bu yüzden bu yaşantıların kendisi daha önemli, olumlu ve daha anlamlıdır. Sorunlu duygular duygu odaklı teknikler kullanılarak etkin bir biçimde değiştirilebilir.

Şema terapideki temel duygu odaklı teknik imgeleme uygulaması ve "sandalye çalışması" olarak adlandırılan uygulamadır.

İmgeleme uygulamaları: İmgeleme uygulamalarında, şimdiki duyguların derinleştirilmesi ve onlara bağlı yaşam öyküsel anılarla bağlantılandırılmasıyla şema ve modlar etkin hâle getirilir. Çocukluk dönemi (travmatik) anılarına "imgelemeyle yeniden senaryolaştırma" yoluyla müdahale edilebilir. İmgeleme uygulamalarında, travmatik ve zorlu durumlar, travmatize olmuş veya kötü davranıma uğramış çocuğun gereksinimlerini karşılayacak biçimde değiştirilir.

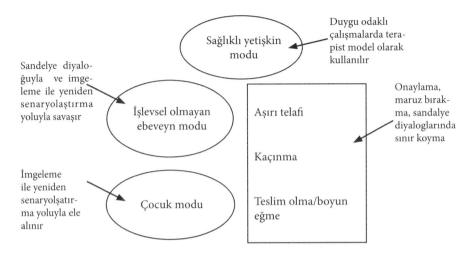

Şekil 4.3 Duygu odaklı müdahale

Örneğin, çocuğu o durumun dışına çıkararak ve onunla ilgilenerek, şiddeti ya da kötüye kullanan suçluyu durdurmak anlamına gelebilir. İmgeleme tekniklerinin kullanımı çocukluk anılarının tedavisi ile sınırlandırılamaz. İmgeleme uygulamaları aynı zamanda sonraki yaşam travmalarının yeniden senaryolaştırılmasında ya da hastaları gelecekteki durumlara hazırlamada kullanılabilir (ayrıntılı bilgi için, bk. Hackman ve ark., 2011). İmgeleme uygulamaları Bölüm 6'da daha detaylı olarak açıklanmaktadır.

> İmgeleme yoluyla yeniden senaryolaştırma uygulamaları ve diğer duygu odaklı müdahaleler, cezalandırıcı ebeveyn moduna öfke ya da kırılgan çocuğa karşı empati duyabilme gibi duygularını yaşantılaması yoluyla hastaya gereksinimlerinin karşılanması-açısından yardımcı olur.

Sandalye çalışması: Sandalye çalışmasında (bk. Kellog, 2004), farklı modlar ya da şemalar ve hastanın sağlıklı tarafı arasında karşılıklı konuşmalar yürütülür. Hastanın farklı yönleri farklı sandalyelerle temsil edilir. Sandalye çalışmaları hastanın farklı modlarıyla ilişkili duygularını ifade etmesine yardımcı olur. Hastanın hiddetli çocuk modu sandalyeye oturtularak, öfkeyi ya da hiddeti yaşaması konusunda desteklenir. Aşırı cezalandırıcı ebeveyn modlarına karşı, diğer sandalyede oturan sağlıklı yetişkin moduyla, uygun duygusal-bilişsel-davranışsal yanıtlar geliştirmesi teşvik edilir. Sandalye konuşmaları, özellikle hasta ikircikli duygular hissettiği ya da gereksinimlerini netleştiremediği, içsel çatışmalar yaşadığı durumda yardımcı olabilir. Sandalye çalışmalarına yönelik daha genel bir bakış ve daha ayrıntılı bilgi Bölüm 8'de sunulacaktır.

Mod modelleri söz konusu olduğunda (bk. Şekil 4.3), imgeleme ile yeniden senaryolaştırma uygulamaları kırılgan çocuk modunun tedavisinde oldukça önemlidir. İşlevsel olmayan ebeveyn modları da, işlevsel olmayan ebeveyn modlarının (=imgelemdeki hayali suçlunun) durdurulduğu ve yok edildiği imgeleme uygulamaları için bir hedef olabilir. İşlevsel olmayan ebeveyn modu zayıflatılabilir ya da sandalye diyaloglarıyla onunla savaşılabilir. Sandalye diyalogları baskın başa çıkma modlarına sınırlar koymada da kullanılabilir, özellikle fazlasıyla karşımıza çıkan başa çıkma modlarında işe yarayabilir. Bu müdahaleler onaylanma, anlaşılma ve işlevsel olmayan modlarla yüzleşmede yardımcı olabilir.

4.2.3 Davranışsal müdahaleler

Davranışsal örüntü kırmanın ve belirtilerin tedavisinin temelinde tüm davranışsal terapi teknikleri kullanılabilir. Bunlar rol yapma, ev ödevlerinin düzenlenmesi, yüzleştirme, beceri eğitimleri ve rahatlama tekniklerini içerir.

Davranışsal müdahaleler, başa çıkma kartlarıyla da diğer anı hatırlatan nesneler gibi şema terapiye özgü müdahalelerle birleştirilebilir. Bunlar esas olarak bir belirtiyle ya da şema moduyla ilişkili davranışsal sorunlar ile bağlantılıdır. Sosyal beceri eğitimi, mükemmeliyetçiliğin azaltılması, olumlu etkinliklerin arttırılması, düzenli faaliyetlerin oluşturulması, hastanın kendi gereksinimlerini açık bir biçimde ifade edebilmesi gibi BDT tedavi teknikleri sıklıkla kullanılır.

Bu modele göre (Şekil 4.4), çocuk modlarına ilişkin önemli davranışsal teknikler, hastalara sağlıklı kişiler arası yakınlık yaşantılamaları, yardımsever ve destekleyici insanlarla ilişkilerini yoğunlaştırmaları konusunda yardım eden sosyal becerilerinin geliştirilmesini içerir. Hastalar, örneğin mükemmeliyetçiliği azaltma, yanılgı ve hatalarını kabul etme ve kişisel başarı yaşantılayabileceği etkinliklere katılma (başaramayacağı aşırı yüksek standartları karşılamak için çalışmak yerine) yoluyla davranışsal düzeyde işlevsel olmayan ebeveyn moduna karşı savaşmayı öğrenmelidir. Davranışsal müdahalelerin başa çıkma modu kapsamına girmeyen bir davranışsal örüntü oluşturması gerekir- ki hastalar işlevsel olmayan başa çıkma modlarıyla daha az zaman harcasın.

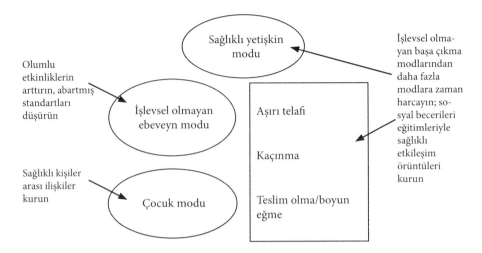

Şekil 4.4 Davranışsal müdahaleler

Bu genel anlamda sosyal etkinlikler ya da boş zaman etkinlikleri ve sporu içeren sağlıklı yetişkinin etkinliklerinin ve etkileşimlerinin yürütülmesine bağlıdır.

4.3 Terapötik İlişki

Terapötik ilişkide terapist, hasta ile olan ilişkisini hastanın şema ve modlarıyla eşlemelidir (şekil 4.5). Örneğin, duygusal olarak oldukça çökkün hastalara özellikle sıcak, candan davranılır ve duygusal özen gösterilir. Ancak güçlü bağımlılığı olan hastaların daha özerk hareket etmesi desteklenir. Terapist hastalarıyla yaptığının yararlı olup olmadığını ya da bağımlı ilişkiler örüntüsünü tekrarlayıp tekrarlamadığını onlarla ele alır- bunu, onları kızdırmak ya da kışkırtmak amacı olmaksızın, daha özerk davranmalarına yardımcı olmak amacıyla yapar.

4.3.1 Empatik yüzleştirme

Empatik yüzleştirme, terapötik ilişkide hastanın kendi kişiler arası süreçleriyle açık bir biçimde yüzleştirildiği önemli bir tekniktir. Bu yüzleştirme "empatik"tir, çünkü terapist hastanın etkileşim örüntülerinin yaşam öyküsündeki arka planını

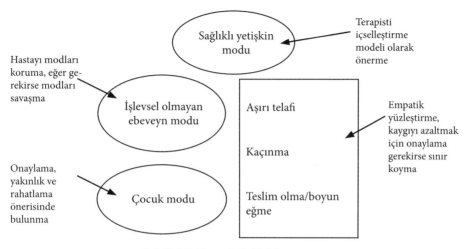

Şekil 4.5 Terapötik ilişki

açıklar ve onaylar, onları hastanın gereksinimlerini karşılamada işlevsel olmayan bir yol olarak yorumlar. Daha sonra hastalar gereksinimlerini açık bir biçimde ifade etmenin daha sağlıklı yollarını öğrenmesi konusunda desteklenir.

> **Vaka örneği: terapi seansında başa çıkma modlarıyla empatik yüzleştirme**
>
> Phillip (bk. Konu 1.4) sık sık terapide aşırı telafi modu sergilemektedir. Bu mod ön planda olduğunda çok konuşmakta, yetenek ve yaşantıları ile ilgili gösteriş yapmaktadır. Terapi sırasında bu mod etkin olduğunda, yapıcı bir biçimde onun kaygılarını gidermek mümkün değildir. Terapist ikinci görüşmede bu etkileşim örüntüsünü ele alır: "Phillip görüşmemizde tam da şu anda ne hissettiğim konusunda sana geri bildirim vermek istiyorum. Kaygını güçlükle hissedebiliyorum, çünkü birçok farklı şey hakkında akıllıca konuşuyorsun. Görüşmemize katkıda bulunmakta zorlanıyorum çünkü seni bölmek oldukça zor. Senin için bu odanın patronu olmanın çok önemli olduğu izlenimini edindim. Çocukluğun hakkında ve nasıl

zorbalığa uğradığını düşündüğüm zaman olasılıkla acizlik ve terk edilmişlik hissinden korunmak için bunun bir çeşit aşırı telafi olabileceğini düşünüyorum. Sen ne düşünüyorsun?"

Phillip aşırı telafi kullandığı ve bu örüntüsünün inatçı bir kişilik özelliği olduğu konusunda aynı fikirde oldu. Terapist aşırı telafinin yaşam öyküsündeki arka planını baştan sona açıkladı ve bunun Phillip'in yaşamına nasıl uygulandığını ele aldı. Konuşma boyunca terapist Phillip'le yakın kişiler arası temas hâlinde kalmaya çalıştı; Philip yeniden aşırı telafi moduna dönmeye çalıştığında terapist hemen onu durdurdu ve mod sıçramasına işaret etti. Birkaç dakika sonra terapist işlevsel olmayan örüntüyü işaret etmeye başlayarak: "Bu bir biçimde çelişkili. Bu örüntü çocukluğunda oldukça önemli ve koruyucu iken, sana durumu denetim altında tutma hissi veriyorken, şimdi senin yaşadığın sorunların önemli bir bileşeni. Eğer her zaman bu modda olursan, gerçeği yaşantılaman ve benimle sahici ve olumlu bir insani ilişki kurman imkansız. Bu kesinlikle diğer ilişkilerin için de geçerli, öyle değil mi? Bu durum gerçekten senin terk edilme duygularını arttırabilir. Katılıyor musun?"

4.3.2 Sınırlı yeniden ebeveynlik

Şema terapideki terapötik ilişki "sınırlı yeniden ebeveynlik" olarak kavramlaştırılır. Terapist –sınırlı düzeyde de olsa- hastanın çocukluğu ve ergenliği boyunca ebeveynleri ya da ebeveyn gibi algılanan önemli kişiler tarafından karşılanmayan gereksinimleriyle tanışır. Örneğin, sınır kişilik bozukluğu hastaları için oldukça önemli olan özellikle terapinin başlarında imgeleme ile yeniden senaryolaştırma yönteminde, terapist travmatik anıya sağlıklı yetişkin olarak girer. Terapistler, en azından terapinin ilk aşamalarında, SKB gibi ciddi duygusal bozukluğu olan hastalarının bağlanacak kişi olarak kendilerine gereksinim duyduğunu kabul etmek zorundadırlar. İlgili bir ebeveyn olmak için terapistler terapide kendilerini "gerçek bir kişi" olarak sunmalıdır. Bu durum psikoanalitik süreçteki klasik tarafsız terapötik ilişkiden büyük bir farklılıktır. Aynı zamanda, terapistin Sokratik rol oynadığı, bilişsel terapilerdeki ilişki modellerinden de daha sıcak ve ilgili olmasıyla farklılaşır. Yeniden ebeveynlik aslında hastanın kırılgan çocuk moduna hitap eder. Bu hasta için açık hâle getirilmeli ve elbette ki mesleki sınırlar kesinlikle gözetilmelidir.

4.3.3 Sınır koyma

Ebeveyn bakımı sınır koymayı kapsar. Şema terapide sınır koyma hastanın tedavisi için çoğunlukla gereklidir. Örneğin, terapist şımarık, disiplinsiz ya da uygun olmayan davranış örüntülerine sınır koymalıdır. Diğer tüm müdahalelerde de olduğu gibi eğer gerekli ise terapist, terapötik ilişkinin bu yönünü açıklamalıdır. Terapistin sınırlar koymasının nedenini hastanın anlaması önemlidir.

> Terapötik ilişkide "Sınırlı yeniden ebeveynlik" terapistin hastaya sıcak ve ilgili olmasıdır. Ancak terapist aynı zamanda hastanın işlevsel olmayan davranışlarına her sağlıklı ebeveynin yaptığı gibi sınırlamalar getirir.

Terapist farklı modlar açısından terapötik ilişkide aşağıda belirtilenleri dikkate almalıdır.

4.3.4 Çocuk modları

Bir hasta kırılgan çocuk modundayken onaylanma, rahatlama ve yatıştırılmaya gereksinim duyar. Bu kırılgan çocuk moduna kendiliğinden geçişleri – terapist oldukça yumuşak ve gözeten bir biçimde yaklaşmalıdır- ve duygu odaklı teknikleri içerir: imgeleme ile yeniden senaryolaştırmada, terapist hastanın içsel çocuğunu yatıştırmalı ve ona bakım vermelidir; sandalye diyoloğunda, terapist kırılgan çocuk sandalyesiyle sıcak ve bakım veren bir biçimde konuşmalıdır.

4.3.5. İşlevsel olmayan ebeveyn modu

Hastalar terapötik ilişki içerisinde işlevsel olmayan ebeveyn modlarına karşı korunmalıdır. Terapist, kendiliğinden ortaya çıkabilecek hâle gelene kadar, hastanın imgeleme uygulamaları ya da sandalye diyalogları süresince işlevsel olmayan ebeveyn modlarıyla olan savaşımını desteklemelidir. Bu uygulama hem duygu odaklı müdahalelerde hem de kendiliğinden olan durumlarda geçerlidir.

> **Vaka örneği: terapi sırasından cezalandırıcı ebeveyn moduna karşı gelme**
>
> Nicole (bk. Konu 1.3.3) iş görüşmesine gitmeyi planlamış ancak son anda iptal etmiştir. Bu kaçıncı davranışı nedeniyle kendini değersizleştirmiş ve son derece başarısız bulmuştur. Terapistin buna dönüşü: "Nicole iş görüşmesine gitmemen çok yazık. Ancak bu kendini değersizleştiren ve kendinden nefret eden duyguların, cezalandırıcı ebeveyn moduna ait. Burada cezalandırıcı ebeveyn modu olmamalıydı, bu mod senin daha da kötü hissetmene neden olurken gelecekte benzer durumlarla karşılaştığında çözüm bulmak için daha iyi yollar bulmana engel olacak." biçiminde olmuştur.

4.3.6 Başa çıkma modları

İşlevsel olmayan başa çıkma modlarına karşı empatik yüzleştirme terapist için önemli bir görevdir. Bu yüzleştirmeyle fazla onaylama ve bakım verme biçimindeki terapötik tutumlar arasında denge sağlanmalıdır. Hasta terapötik ilişkiyi güvenli ve ilgili, güçlü başa çıkmaların artık gerekli olmadığı bir yer olarak yaşantıladığı zaman başa çıkma modlarını durdurmanın daha iyi olabileceğini düşünebilir. Ancak eğer olanaklı ise daha mizaha ve oyuna dayalı biçimde, oldukça baskın olan aşırı telafi modlarına karşı terapistin daha açık sınırlar koyması gerekebilir. Eğer terapist oldukça katı ve sert sınırlar koyarsa, hasta terapistin kontrolü kaybetmekten korktuğunu ya da güç savaşına girdiğini düşünebilir.

> **Vaka örneği: aşırı telafi moduna net sınırlar koyma**
>
> Terapinin başında Nicole sürekli zorba ve saldırgan modundaydı. Terapist için onunla gerçek bir etkileşim içinde olabilmek oldukça zordu. Birkaç seanstan sonra terapist net sınırlar koydu. "Nicole, lütfen bir an için konuşmanı sonlandır. Bizim aramızdaki etkileşimin bir parçası olmak benim için de önemli. Tedavinin sana iyi geleceğinden emin olmak istiyorum. Bu yüzden bazen senin konuşmana müdahale etmem ve bu modu durdurmam gerekli. İkimiz arasında ortaklaşa bir görüşme yürütmeyi istiyorum. Bu senin için de uygun mu?"

4.4 SSS

(1) Özellikle duygu odaklı terapilerde ve terapötik ilişkide tedavi planı hasta ile ne ölçüde konuşulmalıdır?

Temelde, şema terapisti çok açıktır. Bu açıklık terapötik ilişkiyi ve duygu odaklı müdahaleleri hasta ile birlikte açıkça konuşmayı içerir.

(2) Şema terapi tekniklerinin (duygu odaklı teknikler, sınırlı yeniden ebeveynlik ve diğerleri) uygulanması ne zaman başlar?

Birçok vakada, psikolojik tedavi başından itibaren şema terapi olarak yürütülmektedir. Bu vakalarda, hastanın sorunları ve belirtileri kavramlaştırılmalı, açıklanmalı ve tedavinin başlangıcından itibaren mod modeli kullanılarak yürütülmelidir. Tercihen ilk üç görüşme en az bir tanısal imgeleme uygulamasını ve ilk olarak (olasılıkla ilk) hastanın mod modelinin ele alınmasını içerir.

Bazen terapist terapinin ilerleyen bölümlerinde şema terapiyi bir çıkış yolu olarak önermeye karar verebilir. Hastaya önce BDT ile tedaviye alınması ve belirtilerin azalmasının ardından kişilik patolojileri ortaya çıkmaya başladığı zaman tedavi yöntemi değiştirme yoluyla yardımcı olunabilir. Bu yaklaşım (önce BDT ile başlayıp şema terapi ile devam etme) aslında olanaklıdır ancak bu konu hasta ile birlikte değerlendirilmelidir.

(3) Şema terapi unsurları uygulamada nasıl harekete geçirilir?

BDT'de olduğu gibi, terapist hasta ile birlikte bir vaka formulasyonu oluşturur. Tedavi planı, hastanın temel tedavi hedefleri ve terapistin uzman görüşü temel alınarak birlikte yapılır. Daha sonra hasta ve terapist tedavi planını izler. BDT'deki gibi tedavi planı ve hastanın o gün terapi görüşmesinde konuşmak istediği konu arasındaki dengeyi bulmak önemlidir. Genel anlamda, güncel konular mod modeli ile ilişkilidir ve tedavi planında adlandırılan şema terapi teknikleriyle tedavi edilir.

5
Başa Çıkma Modlarının Üstesinden Gelmek

Başa çıkma modlarıyla çalışırken temel hedefler hastaları modlarıyla yüzleştirmek, onlara modları tanımlamalarında yardımcı olmak, modların temel işleyişini ve neden geliştiklerinin anlamaları ve mod kullanımını azaltıp daha sağlıklı başa çıkma biçimleri ile yer değiştirmelerini sağlamaktır. Birçok hasta için çocuklukları boyunca zor bir çevreye tepki olarak aşırı telafi ya da kaçıngan başa çıkma modunu geliştirmiş olduklarını anlamak önemlidir. Bu konular ele alınırken modların şimdiki yaşamlarına yansıyan artıları ve eksileri üzerinde de durulur. Başa çıkma modları genellikle çocukluk ya da ergenlik süresince uyumlu bir biçimde yaşantılanırken, yetişkinlik sürecinde aynı modlar önemli kişiler arası sorunlara yol açar. Uzun vadede hasta başa çıkma modlarını daha az kullanabilmeli ve sağlıklı yetişkin madunda daha fazla kalabilmelidir.

5.1 Terapötik İlişki

Bir başa çıkma modu etkin olduğunda terapist oldukça içten ve ilgili olmalıdır. Başa çıkma modu bir savunma düzeneğidir. Terapistin içten tavrı hastanın sakinleşmesine yardımcı olur ve sonunda savunmalara duyulan gereksinimi azaltır. Hasta terapist ile birlikteyken olabildiğince güvende hissetmeli ve mümkün olduğunda kendini açması konusunda desteklenmelidir. Bu empatik bir terapötik ilişkinin, savunmaları azaltması ve sorunlu duygulara erişimine yardımcı olması yolundaki genel psikoterapötik görüşle uyumludur.

Bununla birlikte bazen, bir başa çıkma moduna doğrudan dikkat çekmek, bu modu durdurmak ve bu modun kişiler arası etkisiyle hastayı yüzleştirmek önemlidir. Şema terapide "empatik yüzleştirme" açık bir yüzleştirme ve bakım vermenin bir bileşimidir. Terapist hastanın iyilik hâli ile oldukça ilgili, asla hastayı tehdit etmek istemeyen fakat günlük yaşamında kendi gereksinimlerini daha iyi karşılayabilmesine konusunda kendisine yardım etmek isteyen kişidir. "Oldukça uzak olduğunu ve duygularını ya da gereksinimlerini hissetme konusunda gerçekten zorlandığını hissediyorum. Gözlemlerime göre kendini duygusal olarak kopmaktan koruyorsun. Yaşamının erken dönemlerinde bu korumaya neden gereksinim duyduğunu ve şu anda hâlâ neden buna gereksinimin olduğunu bilmeyi gerçekten isterdim." Bu dikkat çekme ve içten yüzleştirme hastanın güçlü kaçıngan başa çıkma modları karşısında yardımcı olabilir- Bu hastalar oldukça sessiz ve geriye çekilmiş ya da terapistle oldukça yüzeysel ilişkiler kuran hastalardır.

5.1.1 Aşırı telafi modu

Hasta güçlü bir biçimde aşırı telafi modu sergilediği zaman bu modu açıkça adlandırmak ve terapötik ilişki içinde sınır koymak gerekebilir. Böyle durumlarda içten ve bakım veren tutumunu bir an için durdurmak anlamına gelse bile terapist sınırlar koymalıdır. Sınır koyma, bir ebeveynin çocuklarına koyduğu sınırda olduğu gibi, şema terapide de yeniden ebeveynliğin bir parçası olabilir. Güçlü aşırı telafi modları kullanan hastalara sınırların tekrarlı ve tutarlı bir biçimde uygulanmasına dikkat edilmelidir. Çocuklarda olduğu gibi, yoğun aşırı telafi kullanan bir hastaya bir kere sınır koymak yeterli değildir.

> **Vaka örneği: Nicole'ün zorba ve saldırgan moduna sınır koyma**
>
> Nicole zorba ve saldırgan modunda olduğu zamanlarda hayatındaki farklı kişileri kötü isimlerle anarak (ezik ve yaşlı esrarkeşler), bağırarak, yüksek bir ses tonuyla ve bağırış çağırışla onlar hakkında kötüleyici biçimde konuşmaktadır. Terapist onun tarafından denetim altında tutulduğu ve onunla duygusal bir bağ kuramadığını hisseder. Terapist için Nicole'ün sözünü kesmek ve kendileri hakkında konuşmak bile oldukça zordur. Bu durum genellikle güçlü aşırı telafi modunda görülür. Terapistin bir adım atması ve sınır koyması gerekmektedir: "Nicole lütfen birkaç dakikalığına beni dinle (Terapist hastanın tepkisini ölçmek için bekler. Nicole kısa bir süreliğine susar ve kuşkulu bir biçimde terapisti izler). Nicole seninle ilgili nasıl hissettiğimi konuşmak

istiyorum. Çok konuşkansın, etkili ve güzel sözler söylüyorsun ve genellikle yönlendiricisin. Birçok konuda öfkeli olduğunu ve çevredeki insanlarla sorunlar yaşadığını seziyorum. (Nicole terapistin sözünü kesmeye başlar). Hayır Nicole, lütfen konuşmam için bana da birkaç dakika ver. Eğer seni durdurmazsam tüm görüşme senin diğer insanlara karşı olan öfke atağınla geçecek. Seni gerçekten tanıyamayacağım ve yalnız kaldığında seni rahatsız eden olumsuz duygularınla ilgili terapide iyi gelecek biçimde bir şey öğrenemeyeceğim. Bu biçimde devam etmek istemiyorum çünkü seni önemsiyorum ve sana yardım etmek istiyorum. Ancak senin hakkında bir şeyler öğrenmek istiyorum. Hakkında bir şeyler öğrenmeme izin vermeni isteğim kadar ilişkimizde bir alana gereksinim duyuyorum. Senin kadar iddialı ve hızlı hareket edemediğim zamanlarda bile..."

Terapist başa çıkma modunu sınır koyarak engeller. Hatta terapist, terapötik ilişkide her iki tarafında herhangi bir kişiler arası ilişki içinde, kendi gereksinimlerini karşılama hakkı olduğu konusunda model olur. Böylece hasta, ilişkiler içinde kendi gereksinimlerine eğilebileceği ve onları karşılayabileceği bir sağlıklı model yaşantılayabilir. Bu modun kullanımını azaltmak da önemlidir çünkü hasta bu modayken duygusal öğrenme gerçekleşemez.

5.2. Bilişsel Teknikler

Bilişsel düzeyde başa çıkma modunu tanımlamak, etiketlemek ve hastaya günlük yaşamında onu tanımasına yardımcı olmak önemlidir. Modun yaşam öyküsüne dayalı gelişimi ve hastanın hem çocukluğundaki hem de bu günkü yaşamındaki işlevi ele alınmalıdır. Son olarak hastanın şimdiki yaşam olayların üzerindeki artıları ve eksileri üzerinde durulmalıdır. Hasta modu tanımayı öğrenmeli ve diğer insanlar üzerindeki etkisini anlamalıdır. Diğer davranış örüntülerinin kazandırılması da önem taşımaktadır (bk. Konu 5.4).

5.2.1 Modu belirlemek ve adlandırmak

Hastalar belirli bir bozukluk için belirli bir terapiye (araştırmaya) ya da grup terapisine katıldığında, ilgili bozukluğun bilinen modları genellikle önceden tanımlanan hâliyle adlandırılır. Örneğin, SKB tedavisi yürütülen bir şema terapi grubunda "cezalandırıcı ebeveyn modu", "terk edilmiş/kötüye kullanılmış çocuk modu", "kopuk korungan mod" ve diğer modlara ilişkin terimler SKB'de şema terapi modeli içerisinde kullanılır. Ancak bireysel terapilerde terapist ve hasta tarafından her mod için kişisel isimlendirmeler de yapılabilir. Bu da hastanın mod modeli ile daha çok tanımlayabilmesine olanak sağlar. Örneğin kopuk korungan mod için genel isimler "kepenk", "aldatıcı görünüm", "maske", "havalı yanım" verilebilir. Narsistik aşırı telafi mod "çekici", "süpermen", "süper kahraman" olarak isimlendirilebilir. Önemli olan her modun işlevini yansıtan bir isim alması ve hem hasta hem de terapist tarafından bu ismin kabul görmesidir.

Bir modu ele alırken hastanın onu nasıl tanıyabileceği ve terapi dışındayken bu modda olduklarını nasıl fark edebilecekleri üzerinde de dururuz. Modlar hakkında daha fazla şey öğrenebilmek için onu diğerleri üzerinde gözlemlemek faydalı olabilir. Terapist hastayı modu tanımlaması için desteklemek amacıyla terapi sırasında mod ortaya çıktığı zamanlarda buna dikkat çekebilir: "Şimdi fark ettim ki kepenklerini tekrar kapattın. Sen de fark ettin mi? Neden böyle olduğunu biliyor musun?" buna ek olarak hastanın modu nasıl yaşantıladığı da ele alınabilir- fiziksel duyumlarla, hırsla, öfke ve sıkıntı hissiyle, hiçbir şey hissetmeyerek ya da başka biçimlerde. Bilişsel çalışmanın bir kısmı da hastanın kendi (başa çıkma) modlarını algılamasında yardımcı olur.

5.2.2 Başa çıkma modlarının biyolojik arka planı

Terapist hasta ile hayatı boyunca hangi başa çıkma modlarını geliştirdiğini etraflıca konuşmalıdır. Hastanın yaşam öyküsünde modların işlevi, aile içindeki benzer modlar ya da hasta çocukken etrafında bulunan diğerlerinin modlarına ilişkin benzerlikleri gibi önemli konular ele alınır (bunu araştırırken faydası olabilecek sorular için bakınız 5.1 kutusu). Hastalar genellikle sosyal öğrenme yoluyla bir ebeveyni ile benzer bir modu sergilediğini ifade eder (hâlâ sergiliyor olabilir). Dolaylı öğrenme başa çıkma modlarını kazanma yöntemi olarak oldukça güçlüdür. Belki baba asabi ya da sinirli olduğu zamanlarda anne daha kaçıngan/çekingen ve babaya göre daha uyumlu olabilir. Bundan dolayı hasta (kızı) babası için yapılabilecek hiçbir şey olmadığını ve onu durdurmanın mümkün olmadığını öğrenir. Güçlü narsistik aşırı telafi kullanan hastaların genellikle rol modelleri vardır (örneğin babaları). Bu rol modeller de onların sosyal ilişkilerde siyah-beyaz algısını oluşturur. Onların bakış açısına göre, ya kazanan ya kaybeden olunabilirdi ve önemli olan her zaman kazanan olabilmektir. Bazı durumlarda, hastalar çocukluğunda bu modun "kurbanı" olmuş

> ### 5.1 Başa çıkma modlarıyla çalışırken sorulabilecek sorular
>
> "Bu modun ne kadar zamandır var?
> "Çocukken bu mod niçin senin için önemliydi?"
> "Çocukluğun boyunca bu mod sana ne tür yararlar sağladı?"
> "Sen bu modayken diğerleri sana nasıl davrandı? Farklı davrandığın zaman nasıl davrandılar?"
> "Çevrendeki diğer insanların sana benzer başa çıkma modları var mı?"
> "Annenin de benzer biçimde davrandığını söylemiştin- bu davranış örüntüsünü ondan öğrenmiş olman mümkün olabilir mi?"

ve kaybeden rolünde olmaya mahkum olmuş olabilir. Ancak bazı hastalar da herhangi karşı bir rolde yer almaksızın dünyayı narsistik modun bakış açısıyla benimsemiş olabilir.

Ayrıca, başa çıkma modlarının hastanın çocuk ve ergenliğinde önemli bir işlevi vardır. Hastanın bu güne kıyasla çocukluğunda başa çıkma modlarının bir biçimde daha uyumlu olduğunu varsayarız. Örneğin, hasta güçlü bir kopuk korungan moda sahipse böyle olmayı genç yaştayken öğrenmiştir. "Annem bana korkunç bir biçimde bağırdığında donakalmış gibi olurdum. Sonrasında bu duruma katlanmak daha kolay olurdu".

Modun yaşam öyküsüne dayalı temelleri araştırılırken modun uyumsal değeri vurgulanır. Terapist hasta ile bir çocuk olarak bu başa çıkma yöntemlerini uygulamak ne kadar önemliydi konusunu ele almalıdır. Sosyal öğrenmeler modun gelişiminde rol oynadığı zaman terapist sosyal öğrenmenin işleyişini hasta ile konuşmalıdır: çocuklar kişiler arası ilişkilerdeki işlevsel olan ve olmayan davranış örüntülerini model aldıkları kişilerden öğrenir.

5.2.3 Artı ve eksilerin ele alınması

Başa çıkma modlarının artı ve eksileri bilişsel müdahale seviyesinde ele alınmalı ve geliştirilen ayrıntılı liste tartışılmalıdır.

> **Vaka örneği: kopuk korungan modun artıları ve eksileri**
>
> Susie panik bozukluk ve dissosiyatif belirtiler sergilemekteydi. Ancak dış görünüşünü ve sosyal davranışları belirtilerine uymuyordu. Oldukça "sakin" ve kendine güvenli gibi duruyordu, konuşkandı, insanlarla kısa sohbetler yapıyordu ve çok fazla endişeli görünmüyordu. Ancak hem Susie hem de terapisti bu davranışın yüzeysel olduğunu hissediyordu. Susie aslında nasıl hissettiğini hiçbir zaman gösteremeyeceğini söylüyordu. Bu mod kopuk korungan mod olarak kavramlaştırıldı. Susie bu modu "görünen yüzü" olarak adlandırdı. Hayatı boyunca karşılaştığı birçok durumda bu mod ona yardımcı olmuştu. Görünen yüzüyle birlikte Susie her çeşit sosyal etkileşim karşısında kendini hazırlıklı hissediyordu. Ancak görünen yüzü Susie'nin kendisiyle olan temasını engelliyordu. Genellikle aslında neye gereksinimi olduğunu, kendi başınayken ne yapacağını bilmiyordu ve eğlenmek için ya da boş zamanlarını değerlendirmek için neler yapabileceği konusunda hiçbir fikri yoktu. Diğerleriyle olan bağı azalmıştı- duyguları ya da diğer kişisel konularda konuşmakta zorluk yaşıyordu. Terapi görüşmelerinde, bunun artılar ve eksiler listesi yapılarak özetlendi (bk. Tablo 5.1)

Tablo 5.1. Susie'nin kopuk korungan modunun artı ve eksileri

Görünen yüzün artıları	Görünen yüzün eksileri
Yetkin ve kendine güvenli biri gibi görünüyorum.	Kendi duygularımı hissetmiyorum.
Diğerleri sorunlarım olduğunu fark etmiyor.	Başkalarına, kendi duygularımı açamıyorum.
İş yerindeki çalışmalarım genellikle iyi.	Onlar beni sevse ya da ben onları sevsem de her zaman diğerlerinden kopuk hissediyorum.
"Psikopat" gibi görünmüyorum.	Çok sık yalnız ve mutsuz hissediyorum.
Çatışmalardan uzak durabiliyorum, diğerleri tarafından saldırıya uğramıyorum.	Sosyal kaygımı ve güvensizlik hissimi azaltamıyorum çünkü güvenli kişiler arası yakınlık hissedemiyorum.
İşimde ve çalışmalarımda doğru yaptığım izlenimi vermeme yardımcı oluyor.	

> **Vaka örneği: Nicole'ün zorba ve saldırgan modunun artı ve eksileri**
>
> Nicole zorba ve saldırgan modayken kendi isteklerini ve yakın arkadaşlarının isteklerini ön planda tutar. Diğerlerinin gözünü korkutur ve içinde bulunduğu her durumu denetler. Onunla olumlu ilişki içine girebilmek oldukça zordur. Polisle, mağaza çalışanlarıyla, bu moddayken herhangi biriyle sıklıkla ciddi tartışmalar içine girebilir. Bu modun artı ve eksileri terapide listelenmiştir (bk. Tablo 5.2).

Bu müdahale terapistin sunduğu yapı ve hastanın onu kişisel olarak anlamlandırması arasında dengelenmelidir. Yapıya göre terapistin başa çıkma modlarının artı ve eksilerini toplama amacını sıkı bir biçimde takip etmesi gerekir. Hastanın bunu ele almaktan kaçınmasına izin vermemelidir (unutmayın bu sık sık olur, özellikle başa çıkma modu güçlü ve dikkati bir yandan öbür yana çeviriyorsa). Ancak kişisel yaşantılamalara, düşüncelere, duygulara ve hastanın yorumlarına dikkat etmek de önemlidir. Hastalar kendi kişisel konularının tartışmanın merkezi olduğunu hissettiğinde, artı ve eksiler listesi onlara ilgi çekici gelecektir: "Zorba ve saldırgan modunu benimle birlikte ele almak istediğini duyduğum için çok

Tablo 5.2 Nicole'ün zorba ve saldırgan modunun artı ve eksileri

Zorba ve saldırgan modun artıları	Zorba ve saldırgan modun eksileri
Diğerleri benden korktuğu için bana saygı duyuyor.	Olumlu ilişkiler geliştirmek benim için neredeyse imkansız
Durumu istediğim biçimde yönlendirebiliyorum.	Diğerleri benden korkuyor bu yüzden de beni sevmiyorlar.
Durumu denetim altına aldığımda çok daha iyi hissediyorum.	Tekrarlı bir biçimde yasalar, polis vs. ile başım belaya giriyor.
Güçlü hissediyorum: Kimse bana zarar veremez.	Barışçıl, güvenli ve arkadaşça ilişkiler kuramıyorum.
Eminim ki zorbalık ve zarar görme benim başıma tekrar gelmeyecek	Beni bu modayken tanıyan biri ciddiye almayabilir.
Benden daha zayıf olan diğer insanları koruyabilirim.	Aslında bu moddan gerçekten hoşlanmıyorum, annem aynı moda sahipti ve bundan hep nefret ederdim.

memnunum. Bu modun senin hayatındaki artı ve eksilerine bakmak istiyorum. Bu konuda içinden geçen düşünce nedir?" Genellikle hastalar modun işleyişindeki olumlu şeyleri ve modun artılarını ilişkilendirebilir. Bu zaten istenen bir şeydir ve terapist tarafından da desteklenmelidir. Çünkü mod böylece dışardan doğrulanmış olur: "Önemli bazı konulardan daha önce söz etmiştin. Örneğin, bu mod sana içinde bulunduğun durumu denetlemende ve istediğin gibi yönlendirmende yardımcı oluyor. Bu moda dair başka artı özellikler düşünebilir misin?" ancak artı yönü detaylı bir biçimde tartışıldıktan sonra eksi yönlerine dikkatle yaklaşılmalıdır. Hasta bu modun zarar veren yönlerini konuşmaya başladığında anlattıkları yazı tahtasına ya da bir parça kağıda not edilmelidir. Ancak bunların ele alınması tüm artı yönlerin ele alınması bitene kadar ertelenmelidir. Modun olumlu yönleri onaylandıktan sonra hasta için modun olumsuz yönlerine bakabilmek daha kolay hâle gelir. Psikodinamik bakış açısıyla, onaylama savunmaları zayıflatır ve bu durum da hastanın zor duygular ve kişiler arası durumlar hakkında daha açıkça konuşabilmesine olanak sağlar: "Bu moda ilişkin oldukça uzun olumlu özellikleri sıralayan bir liste oluşturduk. Konuşmamızın başlangıcında açıkça aynı moda sahip olan anneni hatırlattığı için bu moddan hoşlanmadığından söz etmiştin. Zorba ve saldırgan modun diğer başka zarar veren özellikleri var mı?"

Bu gibi başa çıkma modları genellikle hastanın erken dönem yaşantılarıyla oluşan kalıcı bir davranış örüntüsüne sahiptir. Hasta yıllardır bunlara alışmıştır. Bu modların yalnız başına ele alınmasının yeterli olmayacağı mutlaka göz önünde bulundurulmalıdır. Hastanın modun yetişkinlik dönemindeki işlevsel olmayan doğasına ilişkin sabit bir görüş kazanması biraz zaman alır. Bu yüzden başa çıkma moduna ilişkin artılar ve eksiler listesine terapi devam ettiği sürece dönmek her zaman önemlidir.

> Başa çıkma modunun artı ve eksilerinin ele alınması önemli bir bilişsel bir müdahaledir. Modu doğrulamak için mümkün oldüğunca, her zaman artılar ile başlamalısınız.

5.3 Duygusal Teknikler

Başa çıkma modlarının tedavisinde genellikle bilişsel ve davranışçı yöntemler ön plandadır. Ancak, bazı durumlarda duygu odaklı yöntemlerin kullanılması da önemlidir.

5.3.1. Çift sandalye tekniği

Çift sandalye diyalogları çoğunlukla başa çıkma moduna ilişkin artılar ve eksiler listesinin ele alınması ile aynı amaca hizmet eder. Hasta artılar ve eksiler listesinin ele alınmasından endişelendiği durumda sandalye diyalogları önerilir. Modu ele almaya ilişkin kaygı, şema terapinin içindeki farklı modlarla ilişkili çeşitli biçimlerde görülebilir. Bazen hastalar doğrudan kaygılarından söz edebilir. Bu gibi durumlarda kaygı açıkça kabul edilmeli ve kırılgan çocuk modu olarak isimlendirilmelidir.

Çift sandalyede başa çıkma modu ve dışsal bakış açısı arasında karşılıklı konuşma yürütülür. Bu konuşmalarda, başa çıkma modu ile modun gelişimi ve hastanın hayatındaki işlevi hakkında "görüşülür."

Bazen hastalar başa çıkma modunun artışıyla birlikte çift sandalye tekniğini uygulama önerisine karşı tepki gösterebilirler. Narsistik bir hastanın narsistik örüntüsü artabilir "Oh, evet, daha önce bunu duymuştum. Tüm terapistler aynı fikirde: evet bu benim, korkunç bir narsist. Tebrikler, bunu anlaman yalnızca bir görüşme aldı! Yani süper egomu tedavi etmek için uzman görüşün nedir?" Güçlü bir kopuk korungan bir moddayken ayrışmanın artması ve kişiler arası kaçınma yoluyla tepki yaratabilir. Bu gibi durumlarda, özellikle çift sandalye tekniği önerilir. Ancak terapistin bunu başlatabilmesi biraz çaba gerektirebilir. Bu müdahale oldukça etkili bir biçimde başa çıkma modunu böler ve böylece hastanın bunun üzerinde derinlemesine düşünmeye başlamasına yardım eder.

> Çift sandalye tekniği özellikle hasta için terapi görüşmesinde baskın mod hakkında konuşmak zor olduğunda, bunu modla yüzleşmek için kullanılabilir.

Çift sandalye tekniğinde, hastanın "tamamıyla modun bakış açısı içinde olabilmesi" sorgulanır ve terapistle bu modun bakış açısıyla konuşması istenir. Terapist sanki hastanın yalnızca bu parçasıyla konuşuyorlarmış gibi hastaya başa çıkma modunu adlandırdığı biçimde hitap eder. Bu yöntem genellikle onaylanan, farklılaşmış ve önemli tartışmalarda iyi bir başlama noktası olan modun önemini

Vaka örneği: başa çıkma moduyla yüzleşmek için çift sandalye konuşması

Terapist:	Sabine, sana biraz tuhaf gelebilecek bir uygulama önermek istiyorum. Eğer bunu benimle denemek istersen gerçekten memnun olurum.
Sabine:	Evet?
T:	Diğer insanlarla birlikteyken genellikle arkasına saklandığın şu "duvar" hakkında daha yeni konuşmaya başladık. Bu duvar senin için çok önemli ve ben de onun hakkında daha çok şey öğrenmek istiyorum.
S:	Hmm?
T:	(iki sandalye alır ve onları karşılıklı olarak yerleştirir) senden bu sandalyelerden birine oturmanı ve tamamen Duvar'ın bakış açısını almanı istiyorum. Senden adeta "duvar olman" ve ben de duvarla konuşmayı istiyorum. Ne kastettiğimi anlatabildim mi?
S:	Evet, sanırım anladım.
T:	Harika. (Sabine Duvar'ı temsil eden sandalyeye ve terapist de diğer sandalyeye oturur) Seninle konuşurken sana "duvar" olarak seslenmem senin için sorun olur mu? Bununla ilgili olarak her şey tamam mı?
S:	(Başıyla onaylar)
T:	Teşekkürler, o zaman senden söz ederken duvar diye seslenmek istiyorum. Yani duvar ve ben Sabine hakkında konuşacağız ve neden Duvara gereksinimi olduğu hakkında… Bununla ilgili olarak her şey tamam mı?
S:	(Yine başıyla onaylar)
T:	Mükemmel. O zaman başlayalım (bir nefes alır ve duvara yönelik konuşmaya başlar). Merhaba Duvar. Belli ki sen Sabine için oldukça önemlisin. Sabine'nin sana neden gereksinimi olduğunu nasıl açıklayabilirsin?
S:	Evet, hımmm Sabine biraz sessizliğe ve huzura gereksinim duyduğu için ben varım.

T:	Tam olarak ne demek istiyorsun? Sabine'yi kimden ya da neden koruyorsun? Neden Sabine'nin biraz sessizlik ve huzura gereksinimi var?
S:	Diğerleri onunla ilgilenmiyor. Tehdit edilmeyecek ya da saldırıya uğramayacak ve kendini bu kadar kötü hissetmeyecek.
T:	Seni doğru mu anlıyorum: Sabine'yi diğer insanların tehdit ve saldırılarından koruyorsun? Ayrıca sosyal ortamlardayken yaşadığı olumsuz duygulardan da koruyorsun?
S:	(Başıyla onaylar) Evet, bu doğru.
T:	Sabine için oldukça önemliymişsin gibi görünüyor. Sabine'nin hayatında bu rolü ne zaman oynamaya başladığını biliyor musun?
S:	Oh, evet çok uzun zaman önceydi. Sabine'nin ben olmadan yaşadığı bir dönem var mı bilmiyorum.
T:	Yani yaşamının erken dönemlerinden beri Sabine'yi olumsuz duygulara ve saldırılara karşı koruyorsun?
S:	Evet, tam olarak öyle ve gerçekten çok önemliydi.
T:	Oh, evet, tahmin edebiliyorum. Bana çocukluğundan, babası tarafından ne kadar tehdit edildiğinden ve babasının ne kadar öfkeli olduğundan söz etti. Babası ile başa çıkabilmesi için de önemli miydin?
S:	Evet. Ben olmadan babasıyla başa çıkamazdı.
T:	Kesinlikle sana inanıyorum. O zamanlarda Sabine'ye yardım etmek için nasıl davrandığını hatırlıyor musun?
S:	Babası ona bağırmaya başladığı zaman bağırmaları bana çarpar geri dönerdi. Sonrasında Sabine güvende, sakin hisseder ve babası ona bağırmaktan yorulana kadar beklerdim.
T:	Senin küçük Sabine için ne kadar önemli olduğunu gerçekten anlıyorum. Senin ve onun için işler nasıl devam etti?
S:	Büyüdüğünde işler Sabine için daha iyi olmadı. Sınıf arkadaşları her zaman ona zorbaca davrandı. Bu yüzden de bana sahip olmak onun için oldukça iyiydi.
T:	Evet, anlayabiliyorum. Peki şimdi nasıl?

S:	Şimdilerde hâlâ Sabine ile ilgileniyorum. Ona böyle şeyler bir daha asla olmayacak- Bu biçimde incinemez.
T:	Evet, bu da anlaşılabilir. Bu günlerde Sabine'yi kimden ya da neden koruyorsun?
S:	Aslında onu koruyup koruyamadığıma tam olarak emin değilim. En basiti buradayım ve hiçbir şey olmuyor.
T:	ve sen oradayken Sabine nasıl hissediyor?
S:	Şey, güvende ama bazen biraz da yalnız.
T:	Diğerleriyle çok az etkileşimi olduğu için yalnız hissediyor olabilir mi? Belki de bazen onu biraz aşırı koruma eğiliminde olabilir misin?
S:	Şey, bazen durum böyle olabiliyor.

vurgular. Modun işlevinin değerini anlamak ve hastayı sürekli olarak müdahalenin bir parçası olmaya zorlamak çok önemlidir.

Bu uygulamada, hasta başa çıkma moduyla onaylayıcı bir biçimde yüzleştirilir. Bu durum genellikle hastanın düşünmeye başlamasına ve başa çıkma modunun olumsuz tarafını konuşmasına yardım eder. Vaka örneğinde betimlendiği gibi normal konuşmada bir değişiklik olduğunda terapist başa çıkma modunu kabul edip hastanın yan tarafına boş bir sandalye koyar. Daha sonra terapist bu sandalyenin "Küçük Sabine"ye ait olduğunu söyler ve Duvardan ona nasıl hissettiğini sormasını ister. Bu müdahale bağlamında hastalar genellikle başa çıkma modu kişiler arası yakınlığı engellediği için kırılgan çocuk modunun yalnız hissettiğini fark edebilir.

Terapist hastaya davranışsal bir yaşantılamaya ve terapi esnasında kopuk korungan modu azaltmaya istekli olup olmadığını sorarak bu uygulamayı sonlandırabilir. Bu sorular terapist ve hasta ortaklaşa bu sorun üzerine yoğunlaştığında sandalye diyaloğu sırasında getirilebilir ya da uygulamanın sonunda gelebilir. Terapist kırılgan çocuğa yardım etmek için birlikte her şeyi yapabileceklerinin ve onu incitmemek için çok çaba sarf edeceklerinin güvencesini verip hastanın şüphelerini ve endişelerini giderir. Birlikte gelecek seanslarda da Duvar'a karşı tetikte olurlar ve birden ortaya çıktığı zamanlarda terapist hastaya bu tepkiye niçin gereksinim duyduğunu sormayı dener.

Bu tür ikili sandalye teknikleri zorba ve saldırgan mod ya da narsistik büyüklenmeci mod gibi aşırı telafi modlarıyla da yürütülebilir. Bu gibi vakalarda kırılgan çocuk modu için bir sandalye eklemek genellikle çok yardımcı olur. Bu sandalye boş kalabilir ancak terapist hastaya kırılgan çocuğun aşırı telafi moduyla ilgili nasıl hissettiğini sorarak onu çalışmaya dahil edebilir. Hasta uygulama boyunca bu sandalyede oturabilir ve kırılgan çocuk modunun hisleri hakkında konuşabilir. Bu konuşmaların temel amacı aşırı telafi modunun zarar veren kişiler arası sonuçları ile hastayı yüzleştirmektir. Kırılgan çocuk modunun yalnızlığının aydınlatılması bu süreçte önemli bir rol oynar. Sıradaki vaka örneği bu yolu izlemektedir. Fazlaca

---

Vaka örneği: Philip'in narsistik büyüklenmeci modu ile çift sandalye diyaloğu

Terapist:	Sandalye diyaloğu yapmak ve Süper Philip olarak adlandırdığımız aşırı telafi modunla konuşmak istiyorum. Senin için uygun mu?
Philip:	(başını sallayarak onaylar)
T:	Sonrasında seninle konuşurken tam anlamıyla aşırı telafi modunun bakış açısına geçebildin mi diye sormak istiyorum. Sana Süper Philip olarak hitap edeceğim ve burada (terapist Philip'in yanına boş bir sandalye koyar) küçük Philip var. Tamam mı?
P:	(başını sallayarak onaylar)
T:	Süper Philip senin için en önemli iş nedir?
P:	Çok net olarak diyebilirim ki olağan üstü olmak, kontrol sahibi olmak ve kırılgan olmamak.
T:	Ve bu özelliklerinle küçük Philip için ne yapabilirsin?
P:	Sanırım onu koruyabilirim.
T:	Eğer onu bu yolla koruyamazsan ne olur?
P:	Evet, eğer kırılganlık gösterirse diğerleri ona karşı fayda sağlar. Kimsenin onu incitmeyeceğinden emin olmalıyım!
T:	Hmm evet, görüyorum. Küçük Philip'in senin hakkında nasıl hissettiğini düşünüyorsun?
P:	Evet, bence bana sahip olduğu için memnun.
T:	(Küçük Philip'in sandalyesini işaret eder) Lütfen bu sandalyeye otur ve küçük Philip gibi hissetmeye çalış.

P:	(Küçük Philip'in sandalyesine oturur)
T:	Küçük Philip aşırı telafi modu herkes üzerinde tam bir denetim sahibi olduğunda nasıl hissediyorsun?
P:	Yani, oldukça yalnız hissediyorum.
Y:	Evet, görebiliyorum. (Terapist hasta hâlâ küçük Philip'in yerindeyken süper Philip'i işaret ederek) Süper Philip sanırım sen buradayken ve herkesi yönetmeye çalışırken aslında küçük Philip'in iyi hissetmediğini anlaman çok önemli. Küçük Philip onları yönetmeye çalıştığın için diğerleri seni reddettiğinde, oldukça yalnız ve reddedilmiş hissediyor. Küçük Philip'in diğerleriyle yakın ve sıcak ilişkiler yaşantılamasına izin vermen önemli. (Küçük Philip'e dönerek) Bu sana nasıl geldi?
P:	Bana iyi geldi.

aşırı telafi kullanan hastalardaki kırılgan çocuk modunun ele alınmasının biraz zaman alabileceğini unutmayın.

Oyuncak ve kuklalarla değişim bazı hastalar başa çıkma modlarının "tutsağı" gibidir. Başa çıkma modu basitçe alıştırmanın bir parçası olamadığı ve tamamıyla ayrıştığı için çift sandalye diyalogları aracılığıyla da engellenemeyebilir. Ayrışma, özellikle ağır ve süreğen SKB hastalarında olduğu gibi, hastanın güçlü bir kopuk korungan modu olduğunda görülür. Bu vakalarda, alıştırma sandalye tekniğinden başlamadan, önce daha küçük malzemelerle aşamalı bir biçimde sunulabilir. Bu malzemeler arasında oyuncak figürler, lego ve benzeri başka şeyler olabilir. Eğer hasta birkaç dakikadır sessizce oturuyorsa ve güçlü bir kopuk korungan modu olduğu açıksa, terapist uygun oyuncak figürler aracılığıyla hastanın duygularıyla temas kurabilir. Terapist, hastanın şu andaki şema mod aktivasyonunu yansıtan biçimde hastanın çocuk yanının yanına (kırılgan çocuğu temsil eden) oturur ya da daha büyük ayakta duran yanının (ayrışmış/kopuk korungan modu temsil eden) arkasına yatar. Bu arada terapist üçüncü yanı temsil ederken kopuk korungan modun karşısında ve onun arkasında duran küçük çocuk moduyla ilişki kuramaz biçimde durur. Terapist bu düzenlemesinin mantığını şöyle açıklar: "Şu anda ikimiz arasındaki ilişkinin bana nasıl hissettirdiğini açıklamak istiyorum. Bir tarafının korkunç derecede acı çektiğini, muhtaç olduğunu ve olasılıkla umutsuz (çocuk oyuncağı işaret ederek) hissettiğini anlayabiliyorum. Ancak kırılgan yanının önünde duran başka bir tarafın var. Bu yüzden de kırılgan yanınla ilişki kuramıyorum (ayakta duranı işaret ederek). Bu diğer taraf benimle bir duvar ya da bir kepenk gibi iletişim içinde. Neden söz ettiğimi anlayabiliyor musun? (terapist hastanın geri bildirimi için bir süre bekler). Şu anda burada neden bu moda gereksinim duyduğunu biraz daha anlamış oldum". Duran figür tarafından temsil edilen kopuk korunan modun işlevi, yaşam öyküsel gelişimi ve özelliği sonra keşfedilebilir. Birçok hasta için duygusal yaşantılarını ele almak sandalye diyaloğu yerine böyle bir yolla daha az tehdit edicidir. Ancak, öncelikle bu şema modeli ile duygu odaklı çalışmayı başlatmak için önerilmelidir. Uzun vadede, terapist her zaman hastasını gerçek sandalye ile diyalog konusunda da istekli hâle getirmelidir. "Gerçek sandalye" şekli asıl duygusal değişimler için temel olan çok daha yoğun duyguları harekete geçirir.

Başa çıkma modlarının da dahil olduğu ebeveyn ve çocuk modlarıyla birlikte, sandalye diyalogları yukarıda tanımlanan sandalye diyaloğu şeklinden bağımsız olarak, başa çıkma modları cezalandırıcı ebeveyn modu ya da kırılgan çocuk modunu rahatlatan sağlıklı yetişkinin sandalye diyaloğu gibi diğer sandalye diyaloglarını da içerebilir. Bu diyaloglar güçlü duyguların ortaya çıkmasına neden olduğunda hastalar genellikle kopuk korunan mod durumuna geçebilir. Daha sonra "Aslında tüm bunlar benim için çok fazla ve neden bunu yapmak zorunda olduğumuza dair hiçbir fikrim yok" ya da "Gerçekten şu anda odayı terk etmek istiyorum" şeklinde kaçınma modunu yaşantılayabilirler. Bu gibi durumlarda duygusal süreç bozulmadığında terapist kısaca onları onaylamalıdır: "Oldukça gerginlik yaratan bir uygulama, biliyorum. Çok iyi bir iş çıkardın!"

Bununla birlikte, bu mod yoğun olarak ortaya çıktığında ve duygu akışını engellediğinde, kopuk korunan başa çıkma modunun etkin olduğu düşünülmelidir. Genellikle, başa çıkma modları terapist tarafından onaylanmalı ve değerlendirilmelidir. Bu, sandalye diyaloğunun içeriğinde etkin hâle gelmiş başa çıkma modunun eklenmesiyle kolaylıkla yapılabilir. Bu sandalye, başa çıkma modunun bakış açısını temsil eder ve hastadan oraya oturması ve bakış açısını yansıtması istenir. Genellikle kaçıngan başa çıkma modu yoğun olumsuz duygulardan sakınma niyetindedir. Ebeveyn ve/veya çocuk modlarını ele almayı hedefleyen bir sandalye diyaloğunda terapist başa çıkma moduna sese vererek onaylamalıdır ama hemen sonrasında duygu odaklı bir çalışmayı yapmaya çabalamalıdır. Bazı vakalarda, başa çıkma modu açık bir biçimde onaylandıktan sonra çocuk ve ebeveyn modları arasındaki diyaloğa basitçe devam etmek kolay olmayabilir. Bu vakalarda artı ve eksileri tekrar tartışmak ya da başa çıkma

---

Vaka örneği: bir başa çıkma modunu doğrudan atlamak

Birkaç seanstan sonra, Philip ve terapisti daha yakın bir ilişki geliştirdi. Philip şema mod modeli ile çok daha iyi anlatıldığını hissetmeye başladı. Genellikle sorunlarının bu yaklaşımla çok iyi kavramsallaştırıldığını hissediyordu. Ancak son görüşmelerden birinde bir kez daha oldukça güçlü bir aşırı telafi sergiledi. Görüşmeye klinik yönetimini eleştirerek başladı ve sorunu nasıl çözdüğünü uzun uzadıya açıkladı. Terapist başa çıkma moduna doğrudan müdahale etmeye karar verdi: "Philip görüyorum ki aşırı telafi modun bu gün oldukça güçlü. Geçen görüşmede ele aldığımız narsistik durumdasın. Sen ne dersin?" Philip kısa bir süreliğine başını salladı ve devam etmeye çalıştı. Terapist yeniden sözünü kesti: "Neden bu modun bu gün tetiklendiğini biliyor musun? Senin için gerginlik yaratan bir şey mi oldu? Bu modun arkasında bir takım duygusal meseleler olduğunu düşünüyorum". Bu müdahale hastaya bu modun dışına çıkması için yardımcı olur. Hasta mesleki terapi görüşmesinde diğer bir hastanın kendisini aşırı kontrolcü davranışları nedeniyle eleştirdiğini açıkladı. Philip kırılgan hissetmişti; köşeye sıkışmış, çaresiz gibiydi.

Terapist bu durumdayken açıkça tetiklenen kırılgan çocuk moduyla direk olarak çalışmayı önerir: "Bu küçük Philip için oldukça zor olmalı, öyle mi? Küçükken olduğu gibi zorbalık edilmiş ve utandırılmış olduğunu düşünüyorum?" Philip bunu onaylar. "Bu duygularla ilgili imgeleme çalışması yapmamızı öneriyorum. Uygun mu?" takip eden imgeleme ile yeniden senaryolaştırma uygulamasında (bk. Konu 6.3), "Küçük Philip"in duyguları değişti. Böylece artık grubun bir üyesi olarak utanmış ve yalıtılmış hissetmedi.

modu ve sağlıklı yetişkin modu arasında çift sandalye diyaloğu yürütebilmek için bir kez daha başa çıkma moduna odaklanmak gerekebilir.

Yüzleştirmeye karşı başa çıkma modunun "doğrudan devre dışı bırakılması"
Başa çıkma modu terapide beklenmediği anda orta çıktığı zaman terapistin bunu nasıl çalışacağına dair genellikle iki temel seçeneği vardır. Birincisi, terapist hastayı başa çıkma moduyla yüzleştirir ve bu bölümde söz edilen yöntemlerden birini kullanarak ona maruz bırakır. Bu müdahaleler ile başa çıkma modunun işlevi tartışılır ve hasta bu modu aşamalı bir biçimde azaltma konusunda güdülenebilir. Özellikle terapinin erken aşamalarında başa çıkma modunu bu yolla ele almak oldukça kullanışlıdır çünkü terapötik ilişki henüz o kadar da yakın değildir.

Psikodinamik süreçte öncelikle savunma düzeneklerini ele almak gereklidir. Ancak iyi bir terapötik ilişki kurulduğunda ve hasta terapi seansındaki kırılgan çocuk modunun duygularını açığa çıkardığında, terapist ikinci olarak başa çıkma modunun doğrudan devre dışı bırakılması seçeneğine sahiptir. Doğrudan devre dışı bırakılmanın anlamı hemen kırılgan çocuk moduna ya da başa çıkma modunun arkasındaki cezalandırıcı ebeveyn moduna odaklanmaktır. Psikodinamik süreçte terapist hastanın içsel duygusal yaşantılarına aşina olduğunda savunma düzeneklerini kırabilir. Terapist başa çıkma modlarını yalnızca doğrudan devre dışı bırakarak işaret edebilir ve ardından daha duygusal konulardan ilerleyebilir: "Geçen gece hakkında konuşmaya başladığında kopuk korungan moda sıçradın. Neden? Geçen gece, tam da şu anda bu moda geçmeni tetikleyecek ne oldu?" Her zaman başa çıkma modunun duygusal bir gerginlik kaynağı tarafından tetiklendiğini varsayarız. Uzun vadede en önemli ve etkili olacak şey, bu gerginlik yaratan duyguların imgeleme ile yeniden senaryolaştırma alıştırması gibi duygu odaklı teknikler yardımıyla azaltılmasıdır. Bundan dolayı hasta başa çıkma modlarını ve onlarla ilişkili duygusal tetikleyicileri devre dışı bırakabildiği zaman, mümkün olduğunca doğrudan, olumsuz duygularla ilişkili işlevsel olmayan ebeveyn ve çocuk modlarına odaklanıyoruz.

5.4 Davranışsal Yöntemler

Davranışsal düzeyde; hastanın sağlıklı modunu ortaya çıkarmak, sağlıklı davranış örüntüsünü etkin hâle getirmek ve işlevsel olmayan modu azaltmak için yardım etmek temel hedeftir. Bu da önemli gereksinimlerin hissedilmesini ve ifade edilmesini içerir. Hastanın asıl belirtilerine bağlı olarak, belirtilere ilişkin müdahale teknikleri önemli bir rol oynar. Örneğin, OKB belirtilerinin ya da kendini yaralamanın hastayı olumsuz duygulardan koparıp uzaklaştırması söz konusu olduğunda (kopuk korungan mod),terapist hastaya bu belirtilerle başa çıkabilmesi için davranışsal yöntemler önerebilir. (OKB ritüellerini azaltmak için uyaran ortamında maruz bırakma ve tepki önleme ya da kendine zarar verme davranışlarını beceri eğitimi ile yeni davranışlar ile yer değiştirmek yöntemleri gibi). Eğer işlevsel olmayan başa çıkma modu otomatik (veya yarı otomatik) bir biçimde tetiklenirse ya da hasta bu davranışlar üzerinde denetim kaybı hissederse bu özellikle önemlidir (örneğin eğer bir hasta işlevsel olmayan başa çıkma modunun otomatik olarak tetiklendiğini rapor ederse, bağımlı ve zorlantılı bir özelliği varsa). Ancak, eğer olumsuz duyguların ele alınmasına ilişkin sağlıklı bir yol geliştirilemediyse davranışsal tekniklerin tek başına kullanımı fayda sağlamaz. Bu yüzden başa çıkma modlarını işaret eden davranışsal yöntemlerin uygulanmasıyla, işlevsel olmayan başa çıkma modlarının duygusal olarak tetiklenmesini ele alan sağlıklı yolların gelişmesi birlikte yürütülmelidir.

5.4.1 Sağlıklı modların arttırılması ve işlevsel olmayan modların azaltılması

Güçlü kopuk korungan moda sahip, sosyal olarak içe çekilmiş hastalar davranışsal düzeyde sosyal olarak daha etkin olmalıdır. Kendilerini diğerlerine yakın ve ilişki içinde hissettirecek etkinlikleri attırmalıdırlar ve diğerlerine hislerini nasıl ifade edeceklerini öğrenmelidirler. Elbette ki hastaların sürekli bir sosyal ilişki içinde olmasını ve yoğun duygusal davranışlar sergilemesini beklemiyoruz. Bazen hastalar "duygularını daha fazla göstermenin" kırılgan duyguların ifadesi olduğuna inanır. Bu tür hastalara diğerleri ile birlikte etkinliklere katılmanın olumsuz duygulardansa yakınlık, ilişkisellik ve olumlu duygularla ilişkili hisleri beslediğini açıklamak yardımcı olabilir. Bunlar spor yapmak, yemek pişirmek, birlikte çalışmak, diğerlerine yardım etmek gibi günlük etkinlikler olabilir. Aslında, BDT'de depresyon hastalarına olumlu etkinlikler için önerilen her şey uygundur. Hastaya özgü olumlu etkinlikler listesi gibi malzemeler de kullanılabilir.

Hastanın güçlü bir kaçıngan korungan modu olduğunda artan kaçıngan davranışlar en önemli öncelik olmalıdır. Genel anlamda davranışsal teknikler ev ödevlerinin değerlendirilmesi ve yüzleştirme teknikleri gibi BDT teknikleridir. Kaçınmaların üstesinden gelmeyi başardıklarında terapistler hastalarına karşı olumlayıcı ve sözel olarak güçlendirici olmalıdır. Şunu unutmayın ki çok kaçıngan insanlar yalnızca sosyal etkinliklerden kaçınmaz, baharatlı yemekler, duygusal kitaplar ve filmler gibi her çeşit yoğun uyarandan kaçınırlar (Taylor ve ark., 2004). Davranışsal ev ödevlerinin değerlendirilmesi de bu türden konulara işaret eder.

5.4.2 Hastalara kendi gereksinimlerini daha açık biçimde ifade etmeyi öğretmek

Başa çıkma modundayken genellikle hastalar kendi gereksinimlerini açık biçimde ifade edemezler. Kopuk ya da kaçıngan başa çıkma modundayken ifade etmek bir yana, insanların gereksinimlerini fark etmesi bile zordur. Bu hastalar için gereksinimlerinden fazlasını ifade etmeyi öğrenmek önemlidir. Ev ödevlerinin verilirken ailesi ve arkadaşlarıyla geçireceği en çok sevdiği boş zaman etkinlikleri ya da işte veya evde yardım istemesi önerisinde bulunabiliriz.

Öte yandan güçlü aşırı telafi modu olan hastalar gereksinimlerini abartarak, çarpıtarak, öfkeli ya da aşırı derecede baskın bir yolla ifade ederler. Çelişkili bir biçimde bu tutum gereksinimlerin daha az doyurulmasına neden olur. Çünkü bu mod diğer insanlara itici gelir; hasta ile ilgilenmek ya da ona destek vermek istemezler. Sosyal beceri eğitimleri ile bu hastalara daha samimi ve gereksinimlerini daha açık biçimde ifade edebilmeleri konusunda yardımcı olunurken, bu sorunlar artılar-eksiler listesi gibi bilişsel yöntemlerle ele alınmalıdır. Video geri bildirimleri de yardımcı olabilir.

5.4.3 Gereksinimlerin terapi görüşmesinde ifade edilmesi çalışması

Terapötik ilişki, hasta için gereksinimlerin daha açık biçimde ifade edilmesini çalışabilmek adına iyi bir ortamdır. Terapist hastayı aşağıda ifade edilen düzenlemelerin kullanılması konuda açıkça desteklemelidir: "Diğer insanların senin onlardan ne istediğini anlayabilecekleri biçimde gereksinimlerini ifade etmeyi öğrenirsen bu senin için çok iyi olacaktır. Aynı zamanda senin diğerlerine karşı anlayışlı olman da önemli çünkü sonrasında onlar sana yardım etme ve destek olma konusunda çok daha fazla istekli olacaklardır. Bu meseleler bir süredir senin için oldukça karmaşık. Zaten sıklıkla gereksinimlerini ifade edemiyorsun. Ancak bunu yaptığında da aşırı telafi modunda oluyorsun. Bu mod diğer insanları senden uzaklaştırıyor ve geri çekilmelerine neden oluyor. Bu da seni kırılgan yapıyor, kendinden uzaklaştırıyor ve kendi gereksinimlerin hakkında hiçbir şey söylemez hâle getiriyor. Doğru mu? Eğer terapi görüşmelerimizi gereksinimlerini açıkça ifade edebilmek adına bir fırsat olarak kullanmaya karar verirsen çok memnun olurum. Her zaman gereksinimlerin konusunda dikkatli olmaya çabaladım ancak her ikimiz de gereksinimlerini açıkça ifade edebilmen için fırsatlar aramalıyız". Hasta terapötik ilişki içerisinde gereksinimlerini daha açık bir biçimde ifade edebilmeyi başardığı zaman terapist sözel olarak bunları güçlendirmelidir. "Az önce ne istediğini çok güzel bir yolla bana ifade edebildiğini fark ettin mi? Bu harika!".

Hasta gereksinimlerini terapötik ilişki içerisinde ifade edebilmeyi başardığında öznel yaşantıları üzerinden yansıtılmalıdır. Şunu unutmayın, gereksinimlerin ifade edilmesi birçok anlamda yaşantıların tatmin edilmesini sağlar. Ancak belli bir dereceye kadar hayal kırıklığıyla ilgili de olabilir çünkü terapist (ya da hastanın hayatındaki diğer insan) sınırlarının üzerinde olması nedeniyle hastanın gereksinimlerini tamamen karşılayamaz. Hastayla gerçekçi sınırları ele almak önemli olabilir: Biz hemen hemen hiç bir gereksinimimizi mükemmel bir biçimde karşılayamayız. Bununla birlikte psikolojik sağlıklılık için de tüm gereksinimlerimizin mükemmel biçimde karşılanmasına gerek yoktur. Aksine, gereksinimlerimizin tatmin edici miktarda karşılanması önemlidir, ancak bir miktar hayal kırıklığı da gereklidir.

5.4.4 Belirli belirtilere ilişkin davranışsal yöntemler

Başa çıkma modlarıyla ilişkili ciddi belirtiler genellikle belirti-bağlantılı ya da belirtiye-özgü BDT teknikleriyle davranışsal düzeyde tedavi edilir. Örneğin, tıkanırcasına yeme atağı kopuk korungan ya da kopuk kendini yatıştırıcı modun bir parçası olabilir. Bazı vakalarda, kırılgan çocuğa ulaşmayı hedefleyen duygu odaklı müdahaleler belirtileri azaltabilir. Ancak birçok vakada da

---

Vaka örneği: OKB'de kopuk korungan modu azaltmak için davranışsal müdahaleler

OKB hastası olan 29 yaşındaki Lucy bulaşma kaygısıyla ilgili denetim zorlantıları yaşamaktadır. Bu belirtiler Lucy 13 yaşındayken annesinin ölümünden sonra başlamıştır. Annesinin görüntüsü ve anılarıyla yüzleştiği zamanlarda, kendini sakinleştirmek için zorlantı törenlerini (kopuk korungan modun bir parçası olarak OKB) kullanmaktadır. Tepki önleme çalışmalarındaki yüzleştirmede Lucy yoğun bir hüzün ve mutsuzluk hissetti. Terapist zorlantı törenlerini hüzün ve mutsuzlukla ilişkili çocukluk dönemi anılarını çalışarak yüzleştirme ve imgeleme ile yeniden senaryolaştırma tekniklerini birleştirmeyi önerdi.

davranışsal tekniklere gereksinim duyarız. Şunu unutmayın, belirti-bağlantılı yöntemler tıpkı duygu odaklı ve bilişsel teknikler gibi mod modeli ile ilişkilendirilmelidir.

Örneğin, OKB belirtileri aşırı telafi ve yoğun duygulardan kaçınma işleviyle başa çıkma düzeneklerinin- mükemmeliyetçi aşırı denetimciler ya da kopuk korunganlarda olduğu gibi- bir parçası olabilir. Bazı vakalarda kırılgan çocuğun yalnızlığına ulaşmayı hedefleyen imgeleme ile yeniden senaryolaştırma çalışması sırasında OKB belirtileri gelişebilir. Ancak birçok vakada davranışsal tekniklerin (tepki önleme ile yüzleştirme gibi) kullanımı gerekli olabilir. İlk olarak kırılgan çocuk modunu hissetmeden önce zaten erişilmiş olur. Kırılgan çocuk modunun hisleri maruz bırakmaya ek olarak uygun yöntemlerle tedavi edilebilir. Takip eden iki vaka çalışması buna örnek olacaktır.

Benzer biçimde, özellikle madde bağımlılığı ile tekrarlı yüzleştirmenin işe yaramadığı zaman, başa çıkma moduyla ilişkili madde bağımlılığı belirli davranışsal tekniklerle tedavi edilebilir. Hasta kopuk korungan modun bir parçası olarak kendini yaralama davranışları ve dissosiyatif belirtiler gösterdiği zaman diyalektik davranış terapi (DDT) becerileri kopuk korungan modla çalışmanın bir parçası olarak geçici süreçle sorun davranışların yeniden ele alınmasında kullanılabilir. Bununla birlikte, son derece yapılandırılmış ve rehber hâline getirilmiş DDT becerisi eğitimlerinin aksine (Linehan, 1993) her hastaya ayrı ayrı daha uygun olabilecek beceriler aramayı tercih ediyoruz. Bunu sağlıklı mod duygular ve gerginlikle sağ-

> **Vaka örneği: OKB için temel bir müdahale olarak imgeleme ile yeniden senaryolaştırma**
>
> 35 yaşında olan Maria'nın sosyal ortamlarda güvensiz hissettiği zamanlarda artan sıralama ile ilgili takıntıları vardır. Duygusal olarak genellikle yalnız, kopuk ve okuldayken zorbalığa maruz kaldığı ve dışlanma yaşantılarından dolayı gruplara ait değilmiş gibi hisseder. Terapi dışlanma ve zorbalığa ilişkin bir dizi imgeleme çalışması yapar. Daha sonrasında Maria'nın takıntıları takıntılara ilişkin doğrudan bir müdahale yapılmaksızın dikkat çekici derecede azalma gösterir.

lıklı bir yola başa çıkabilecek kadar güçlenene kadar geçici bir süre sürdürüyoruz. Şunu unutmayın, şema terapi modeli bakış açısı ile, bu becerilerden bazıları, kendine zarar verme davranışına görece daha az işlevsiz gibi olsalar da hâlâ korungan baş etme özelliği taşır. Her ne kadar kopuk korungan olmak bazı durumlarda kullanışlı olabilirse de, biz aynı zamanda duygular ve gerginlikle ile başka yollarla da başa çıkabilmenin gelişmesini isteriz.

5.5 SSS

(1) Şema terapinin bir parçası olarak yüzleştirme oldukça doğrudan yapılan bir uygulama gibi görünüyor. Bu yaklaşım bazen biraz sert gelmez mi?

Aslında şema terapide özelikle aşırı telafi modu ile yüzleştirme yaptığımız zamanlarda doğrudan ve net olmak gerekir. Hastalarıyla, sadece nazik, dostça ve bakım veren yönleriyle ilgili bir kendilik imgesine sahip terapistler için bu alışıldık olmayan bir durum gibi hissettirebilir. Ancak şunu unutmamak lazım ki sorunlu başa çıkma modelleri hastalar için genellikle büyük bir meseledir: ilişkilerine zarar verir- en sonunda tahrip eder. Terapistin görevi hastasının en zarar verici etkileşim örüntüsünü anlamasında hastalarına yardım etmektir. Eğer en zarar verici örüntü aşırı telafi moduysa, terapist hastasını bununla yüzleştirmekten çekinmemelidir.

Bazen terapistler yüzleştirme tekniğini kullandıklarında biraz kötü hissedebilirler. Terapistin kendi modları, özellikle suçluluk- cezalandırıcı ebeveyn modunu içeren, onları hastaları için önemli olan konularda yüzleştirmelerini engelleyebilir. Terapistin cezalandırıcı ebeveyn modu şöyle mesajlar içeriyor olabilir: "her zaman diğerlerine iyi gelecek biçimde davranmalısın" ya da "hastaların görüşmelerde her zaman iyi hissetmeliler". Genellikle bir terapistin bu modlarının yaşam öyküsel arka planında psikolojik sorunları olan bir ebeveyn vardır. Örneğin bu terapistin bir çocuk olarak sorumluluk hissettiği depresif bir anne olabilir. Eğer durum böyleyse terapistler hastalarını daha rahat bir biçimde yüzleştirebilmek için kendisindeki bu örüntüyü daha iyi anlamalıdır. Ayrıca şunu da unutmamak gerekir ki şema terapide yüzleştirme aşağılayıcı, öfkeli ya da aşırı eleştirel değildir. Oyuna, mizaha dayalı (ör: narsistik hastalar) ya da empatik olmalıdır.

(2) Başa çıkma modu güçlü bir biçimde zorladığında neler yapabiliriz?

Başa çıkma modları hastalar için oldukça ödüllendirici olabilir, özellikle aşırı telafi, uyarıcı ya da ilgi arama olduğunda. Bunlar uyarılma, ilgi çekme ya da denetim ve güç hissi ile ilişkilidir, denetimsiz ve dürtüsel çocuk modunun bir parçası olarak, sıklıkla zorunlu işleri yapmadaki yakınmalar konusunda zayıf disiplin ve oyalanmanın birleşimi olarak kendini gösterirler. Kopuk ve kaçınan modlar, doğrudan kaygı azaltıcı etkileri nedeniyle, ödüllendirici olabilir ve alışkanlık yapabilir. Şunu unutmayın ki hastalar bu modların yarar sağlamayan yönlerini görseler ya da etik olarak sorgulasalar bile hâlâ ödüllendirici bulabilirler. Bu modun güçlü biçimde pekiştirilmesi ile değiştirme isteği azalır.

"Klasik" BDT'de belirtilerin ve modların olumlu ve olumsuz pekiştireçlerini düşünmek ve de hasta ile ele almak önemlidir. Bu, Konu 5.2'de bilişsel artılar-eksilerin ayrıntılı olarak ele alınmasının bir parçasıdır. Bu müdahale hastayı başa çıkma modlarını azaltması konusunda yüreklendirmek anlamına gelir, fakat bu mod güçlü bir biçimde pekiştirilirse ve artılar güçlüyse hasta bu modları azaltmaya yanaşmayabilir. Terapistin bu gibi vakalarda güdüsel yönü yeniden ele almasını kuvvetle öneririz. Yine de eğer hasta kararlıysa, terapist bunu kabul etmelidir. Bazen başa çıkma modunu azaltmanın karşısında bir karar almış olmak aynı zamanda terapiye de karşı bir karar almış olmaktır. Bu vakalarda terapist, eğer kararını değiştirmek isterse diye hastaya dönme seçeneği önermeli ama onları terapide kalma konusunda zorlamaya çalışmamalıdır.

Elbette ki terapist kendi sınırlarını da bilmelidir. Hasta yasa dışı ya da kendine zarar veren etkinliklerde bulunduğunu ama bunları değiştirmek istemediğini ifade ettiği zaman, terapist hasta bu örüntüyü değiştirme konusunda istekli olana kadar herhangi bir biçimde terapiye devam etmeme konusunda hemen karar almalıdır: "Az önce fuhuş ve alkol kullanımını bırakma konusunda bir şey yapamaya gerek görmediği söylemiştin. Hayatındaki bu alanlar hakkında değişiklik yapmaksızın duygusal sorunlarının düzelmesi için bir yol göremiyorum. Bu koşullar altında terapiye devam etmenin anlamı olmayacaktır. Eğer ilerde bu konularda değişiklik yapmaya karar verirsen terapide seni tekrar görmek beni çok memnun eder." Bununla birlikte, eğer hasta istekli ve kırılgan çocuk modun konusunda çalışmaya yetenekli ise terapist başa çıkma modunu geçici olarak hoş görebilir (bu durumu kabul etmek demek değildir). Çocuk modu üzerinde uygun biçimde çalışarak, hastanın başa çıkma modlarını kullanma gereksinimi azalır ve onlara yönelik güdülenme artar.

(3) Hasta terapötik sürece katılmak yerine sessiz kaldığında neler yapabilirsiniz?

Terapötik süreçteki sorunlar şema terapide olanaklı oldukça mod modeli kullanılarak kavramlaştırılmıştır. Hastalar terapi görüşmelerinde sessiz kaldığı zamanlarda, bu sessizlik genellikle kaçıngan ve kopuk korungan mod olarak kavramlaştırılır. Kaçıngan ve kopuk korungan modun terapideki zarar verici etkilerini azaltmak için sınırlandırılmalıdır. Bu modu sınırlandırmak için bir yöntem de, hasta ile terapi süresince sıklıkla geri bildirim vermelerini isteyerek, aktif bir biçimde ilgilenmektir. Terapist aynı zamanda modu doğrulayabilir ve geçmişiyle yüzleştirebilir: "Görüşmemizde oldukça sessiz kalıyorsun. Neden? Kendini bir şeye karşı koruman mı gerekiyor?" Eğer bu yöntemler sessizliğin azalmasında etkili olmazsa daha fazla sınır koymak gerekli olabilir: "Nasıl devam etmeliyiz. Eğer terapiye katılmazsanız size yardımcı olamam."

6
Kırılgan Çocuk Modlarının Tedavisi

Şema mod modelinde yoğun olumsuz duygular kırılgan ya da terk edilmiş/kötüye kullanılmış çocuk modları ile bağlantılıdır. Hastalar, genellikle başa çıkma modlarını kullanarak bu duygulardan kaçınır ya da aşırı telafi ederler. Kırılgan çocuk modlarının üstesinden gelebilmek için hastaların onlara yaklaşması ve bağlantılı duyguları ele alması gerekir. Bu, duygu odaklı çalışmalar (imgelemeyle yeniden senaryolaştırma uygulamaları ve sandalye diyalogları) duygularını olumlu yönde değiştirmelerine yardımcı olur; yani sorunların kökenine inilir ve orada tedavi edilir.

Kısacası, kırılgan çocuk modlarında temel amaç onları onaylamak, travmatik yaşantıları ve bağlantılı duygu ve bilişleri ele almak, hastaların bunları istikrarlı ve terapistten bakım alabildiği ilişki içinde yaşantılamasını sağlamaktır. Dahası, hastalar kendilerinin bu yanlarına özen göstermek konusunda desteklenirler. Gündelik hayatlarındaki gereksinimlerini daha ciddiye almaları konusunda cesaretlendirilirler. Sağlıksız ilişkiler içinde bu gereksinimler genellikle karşılanamaz. Dolayısıyla, kırılgan çocuk yönlerine gösterilen özen daha sağlıklı kişiler arası ilişkiler kurmayı da gerektirir. Bu ilişkilerin içinde ya da dışında hastaların kendi gereksinimlerini karşılamaları, teslim olma, kaçınma, kopma, kendini yatıştırma, başkalarını kötüye kullanma ve aşağılama gibi işlevsel olmayan başa çıkma biçimlerini de azaltır.

6.1 Terapi İlişkisinde Yeniden Ebeveynlik ve İlaveten Yeniden Ebeveynlik

Seans sırasında kırılgan çocuk duyguları ortaya çıktığında terapist bunları onaylayıp sıcak karşılamalıdır. Sınırlı yeniden ebeveynlik hastaya değerli olduğunu hissettirmeyi ve duygusal destek vermeyi kapsar. Sonunda terapist, hastaya geçiş nesneleri vererek, seansta onu sakinleştirmek için tüylü bir oyuncak ayıcık getirerek fazladan yeniden ebeveynlik de yapabilir. Young ve arkadaşları (2003) tarafından geliştirilen özgün şema terapi yaklaşımında "ilaveten yeniden ebeveynlik", hastaya, çalışma saatleri dışında terapiste ulaşabileceği bir telefon numarası vermeyi de kapsamaktaydı. Bir çok terapist iş ve özel hayatlarını karıştırmak istemedikleri için bu yaklaşımdan rahatsızdı. Nadort ve ark. (2009) iş saatleri dışında verilen kriz desteğinin özellikle önemli olduğu düşünülen SKB hastalarında yöntemin etkilerini araştırdılar ve tedavinin etkililiğinde herhangi bir fark yaratmadığını gördüler. Sonuç olarak, bu yöntem SKB tedavisi protokolünden çıkarıldı. Hastalara, kırılgan çocuk modunda olduklarında mesajlarını gönderebilecekleri bir e-posta adresi vermek iyi bir seçenek olabilir. Böylelikle hasta çalışma saatleri dışında terapisti rahatsız etmeden bağını sürdürebilir. Terapistler, hastaların seansta söylemeye hazır hissetmedikleri hassas konuları e-postalarda dile getirmeye başladıklarını iletmişlerdir. Ancak bazı hastalar, telesekreterden terapistin sesini duyabilmek için bir telefon numarası verilmesinden memnun olabilirler. Terapistin sesinin kullanıldığı diğer yöntemler de yararlı olabilir. Örneğin, hastanın çocuk modu için gereksinim duyduğunda dinleyebilmesi için terapist kendi sesini telefonuna kaydedebilir. SKB hastalarının tüm seansları zaten kaydedilmektedir ve ev ödevlerinin bir parçası olan temaları dinlemeleri istenmektedir (Arntz & van Genderen, 2009).

6.1.1 Bilişsel teknikler

Bilişsel seviyede, hastaların genellikle çocukların normal gereksinimlerini ve normal haklarını öğrenmeleri ve bunları kendi çocuk yanları ile ilişkilendirmeleri gerekir. Travma yaşamış hastalar yaşadıkları istismarın kendi suçları olduğunu varsayar (örtülü ya da açık) ya da karmaşık aile çatışmalarını onların çözmüş olmaları gerektiğini düşünürler. Bu türden gerçek dışı bilişler, bilişsel tekniklerle azaltılabilir. Bilişsel tedavi teknikleri, kırılgan çocuk moduna bağlı gelişen umutsuzluk ve çaresizlik duygularını azaltmak için de kullanılabilir.

6.1.2 Duygusal teknikler

Kırılgan çocuk modlarının tedavisinde kullanılan başlıca duygu odaklı yöntem "imgeleme ile yeniden senaryolaştırma"dır. Alıştırmalarda, hasta o andaki olumsuz duyguları ile bağlantılı bir travmatik yaşantıyı imgeler. Bu sahne, çocuğun (ya da daha ileri bir yaştaki hastanın) gereksinimlerini karşılayacak şekilde değiştirilir. Tehdit algısı, kaygı, utanç, suçluluk, nefret gibi olumsuz duygular azalırken, güven ve güvenli bağlanma artar.

6.1.3 Davranışsal teknikler

Davranışsal düzeyde, hastaların zarar gördükleri ilişkileri bitirmeleri gereklidir, çünkü bunlar çocukluklarında taciz edildikleri ilişkilerin yarattığı aynı yıkıcı etkiye sahiptirler. Hastanın hayatındaki bu kalıplar olabildiğince azaltılmalıdır. Bir ilişki zarar verici olmamakla birlikte hastanın önemli gereksinimlerini karşılamıyorsa, hastanın kendi gereskinimlerine öncelik vermesi ve bunları diğerlerine daha iyi ifade etmesi gerekmektedir. Terapi ilişkisinin, hastaların bu davranışın uygulamasını yapmalarına ve yaşantılamalrına olanak tanıyacak en iyi ortam olduğunu düşünüyoruz. Bu, bazen hastanın gereksinimlerini anlayıp ifade edebildiği ilk ilişki olmaktadır. Terapi ortamında olumlu ve öğretici deneyimler yaşadıktan sonra, hasta diğer ilişkilerinde de gereksinimlerini daha net ortaya koymayı denemelidir. Bu bağlamda grup terapisi anlamlı olabilir. Grup ortamı, terapi sırasında hastanın güvende hissedip gereksinimlerini dile getirebileceği pek çok farklı ilişkiler sunar. Terapist yeniden ebeveynlik yaparak bir anne/baba olurken, diğer grup üyeleri de kardeş rollerini üstlenebilirler.

6.1.4 Terapi ilişkisi

Hasta kırılgan çocuk modunda olduğunda, terapistin öncelikli görevi onu duygularını ve gereksinimlerini anlamak ve önemsemektir. Bu tüm terapi ortamları ve teknikleri için geçerlidir. Kırılgan çocuk ortaya çıkar çıkmaz, terapist sıcak ve şefkatli bir yaklaşım göstermelidir. Kırılgan çocuk modu ile bağlantılı olumsuz duyguların "değerlendirilmesi, ciddiye alınması ve üzerinde çalışılması gerektiğinin" de açıkça ifade edilmesi yararlı olacaktır (aşağıdaki vaka örneği). Terapist, hastanın tüm incinebilir duygularına, ister terapi sırasında ya da terapi dışında terapistle olan konuşmalarında, ister duygu odaklı bir uygulamanın (imgeleme veya sandalye diyalogları) ortasında ortaya çıksın, bu biçimde yaklaşmalıdır.

> ### Vaka örneği: kırılgan çocuk modunu seansta onaylamak
>
> Kaçıngan davranış kalıpları ve SKB tanısı olan Lucie çalışma saatleri içinde terapistini aramaktadır. Umutsuz duyguları Lucie ismini söyler söylemez anlaşılmaktadır. Terapist hemen bu duyguları dile getirir ve anladığını ifade eder. "Selam, Lucie. Şu anda oldukça kötü hissettiğini duyuyorum. İyi ki beni aradın. Nasıl gidiyor?" Hasta, okuduğu üniversiteden gelen mesajdan söz eder. Sınavları girememe olasılığı vardı. Son kararı da ertesi günden önce bilmesi mümkün değildi, çünkü ilgili ofis çoktan kapanmıştı. "Bana yardım edemeyeceğinizi ve çok meşgul olduğunuzu biliyorum, ama yapabileceğim başka bir şey yoktu."
>
> Terapist, Lucie'yi yatıştırarak ve duygularını onaylayarak yeniden ebeveynliğe odaklanır, ancak konuşmayı kısa tutar. Diğer türlü bu sınırlı yeniden ebeveynlik (normal terapi sınırları içinde yeniden ebeveynlik) olmayacaktır. Hastalar, duyguları yeterli düzeyde onaylandığı sürece bu sınırlarla ilgili sıkıntı yaşamazlar. Terapi ilişkisinin sınırları onlar için acı verici olsa da genellikle bunların farkındadırlar.
>
> Terapist: Lucie, üzgünüm, şu anda sana, seninle birkaç dakika konuşmaktan farklı bir biçimde yardımcı olamam. Az sonra bir hastam var, ardından da çocuklarımı okuldan almam gerekecek. Bir sonraki gün seansımız var ve konuşacak daha fazla zamanımız olacak. Eğer şimdi ayırabileceğimden daha fazla zamana gereksinimin varsa seni yarın arayabilirim. Beni aradığına sevindim, belki sakinleşmene biraz yardımcı olabilirim. Bu durumda kendini tümüyle yalnız hissetmemenin çok önemli olduğunu düşünüyorum.

Lucie:	Evet, Sanırım sizi bu nedenle aradım.
T:	Harika. Ben de öyle düşünmüştüm ve buna çok sevindim. Sınavlara giremeyecek olma olasılığın seni oldukça sarsmış diye anlıyorum, doğru mu?
L:	Evet, gerçekten ne yapabileceğimi bilmiyorum. Ne yapmalıyım şimdi ben?
T:	Şu anda bir şey yapmanın önemli olduğunu düşünmüyorum. Daha önemlisi, bunu duyduğunda hangi duyguların tetiklendiğini benimle paylaşman. Bunu deneyebilir misin?
L:	Çok gerginim. Panikledim. Durumun üzerinde hiçbir denetimim olmadığını hissediyorum. Beni okuldan atacaklar ve yapabileceğim hiçbir şey yok.
T:	Tamam, şimdi mesajın neden bu kadar endişe verici olduğunu görüyorum. Anladığım kadarı ile sınavlara girip giremeyeceğine güvence vermiyorlar. Karar hâlâ kesin olmamasına karşın bu durum sana öylesine bunaltıcı bir belirsizlik ve çaresizlik duygusu vermiş ki paniklemişsin ve destek gereksinimi duyuyorsun. Sanırım; Küçük Lucie bu durumdan tetiklenmiş ve sen de olanlar karşısında onun gibi çaresiz hissediyorsun. Olabilir mi sence?
L:	Offff.... (Bir süre düşünür) Evet, sanırım haklısınız.
T:	Tamam. Bu, kendini altüst olmuş hissettiğinde neler olduğunu ve neye gereksinimin duyduğunu anlamamıza yardımcı olabilir. Gereksinimin nedir?
L:	Sanırım netliğe gereksinimim var. Bu muğlak ve biraz da tehditkar bir mesaj. Kaderim tamamen başkalarının insafına kaldığını düşündürtüyor. Biraz fikre ve desteğe gereksinimim var.
T:	Kesinlikle. Her ikisi de sağlıklı gereksinimler. Bunları benimle paylaşabilmen çok güzel. Sana yardımcı olabilirim. Saate bakayım... Üzgünüm, şu anda sana yardımcı olamayacağım, ama Küçük Lucie'nin panik duygusunun çok güçlü olduğunu

ve "şu anda yardıma gereksinimim var" diye düşündüğünü biliyorum. Sana şu seçenekleri sunabilirim: (1)bana bir e-posta yazabilirsin, ben de sabah ilk iş olarak yanıtlarım; (2)yarın öğle saatlerinde 15 dakika ayırabilirim, seni ararım, bu konuyu biraz daha konuşuruz; (3) her ikisini de yapabiliriz. Herhangi biri uygun geliyor mu sana?

L: Size e-posta yazacağım. Sanırım duygularımı sizinle biraz daha paylaşabilmeme yardımcı olur. Yarın beni aramanıza gereksinimim olup olmadığını mailde yazsam, olur mu?

T: Tabi ki.

L: Tamam.

T: Şimdi nasıl hissediyorsun?

L: Daha iyi. Panik yeniden başlayacak diye endişeliyim ama.

T: Sorun yok. O durumda bana e-posta gönder ve yarın seni aramamı isteyip istemediğini söyle. Teşekkür ederim aradığın için. ve e-postanı gönder lütfen. Kendine iyi bak Lucie.

Terapist hem seans içi hem seans dışı konuşmalarda, hem de duygu odaklı alıştırmalarda ortaya çıkan kırılgan çocuk modları ile içtenlikle ilgilenmeli ve bunları onaylamalıdır. Duygu odaklı alıştırmalarda, terapist bunu yaparken sandalye diyalogları ve imgeleme çalışmaları ile cezalandırıcı ebeveyne karşı savaşımda bulunmalıdır. Bir sonraki vaka anlatımında, imgeleme ile yeniden senaryolaştırma alıştırması içinde sınırlı ebeveynlik örneklenmiştir. İmgeleme uygulamalarına yönelik daha ayrıntılı yönergeleri Konu 6.3'te bulacaksınız. Sandalye çalışmalarında, terapist hastanın kırılgan tarafıyla her zaman sevgi ve şefkatle konuşmalı, bağlantılı duyguları ve gereksinimleri onaylamalıdır (sandalye çalışmalarında sınırlı yeniden ebeveynlik ile ilgili vaka örneğini inceleyiniz).

Terapi ilişkisinde sınırlı yeniden ebeveynlik şema terapinin vazgeçilmez parçasıdır. Güvenli ve destekleyici bir terapi ilişkisi kişilik bozukluklarının altında yatan işlevsel olmayan şemaları iyileştirmek açısından önem taşır. Terapist tara-

> ### Vaka örneği: imgeleme çalışması sırasında kırılgan çocuğa ilgi göstermek
>
> Lucie, 7 yaşındayken ödevini anlamadığı ve "aptalca" bir hata yaptığı için annesinin onunla dalga geçtiği bir sahneyi imgeler. Annesi ona yardım etmemekte, bunun yerine ona gülmekte ve küçümseyici bir şekilde davranmaktadır. Zihinsel imgede Küçük Lucie masasında oturmakta, yalnız, üzgün, sevilmez hissetmekte ve annesinin anlayış ve desteğinin özlemini çekmektedir. Terapist "Şimdi odaya giriyorum." diyerek sahneye girer ve sorar "Beni orada görebiliyor musun?" Hasta başını sallar. "Önce sana yaklaşıyorum Küçük Lucie ve yanına oturuyorum. Ne yapmamı istersin? Burada durayım mı, sana sarılayım mı, yoksa kucağıma mı alayım seni?" Hasta, Küçük Lucie'nin, terapistin kucağına oturmak istediğini söyler. "Tamam, kucağıma gel. Şimdi sana sarılıyorum. Bu kadar üzgün olduğun için ben de üzgünüm. Sen çok tatlı bir küçük kızsın. Okulda bazı şeyleri yanlış anlaman ve ödevlerinde hata yapman çok normal. Bu, yeni bir şeyler öğrenmenin bir parçasıdır. Tek gereksinimin sana birisinin bunları tekrar anlatması. Olanlar çok normal ve zaman zaman herkesin başına gelebilir.

> ### Vaka örneği: sandalye diyaloglarında sınırlı yeniden ebeveynlik
>
> Alan, kendi gereksinimleri çok farklı olmasına ve eşinden kötü yaklaşım gördüğünü düşünmesine rağmen genellikle onun gereksinimlerine boyun eğmektedir. Terapist Alan'a, ilişkideki gereksinimlerinin daha çok farkına varmasına yardımcı olmak için sandalye çalışması yapmayı önerir. Söz dinleyen teslimci modunun tarihçesi Alan ve annesinin ilişkisine çok benzemektedir. Annesi genç yaşında eşini kaybetmiş ve Alan daha küçük bir çocuk iken kendini onu duygusal olarak desteklemekle yükümlü hissetmiştir. Bu nedenle, kendi gereksinimlerine odaklanmayı ve başkalarından duygusal destek istemeyi öğrenememiştir. Bu sorunlu örüntü şimdi evliliğinde kendini tekrarlamaktadır.

> İlk aşamada sandalye diyaloğu, Alan'ı sürekli eşinin istek ve gereksinimlerine odaklanmaya zorlayan talepkâr anne modu ile çalışır. Alan, bu talepkâr modun etkisini yaşantılayınca çok üzülür. Üzüntüsü kırılgan çocuk modunun bir göstergesi olarak değerlendirilebilir. Terapistin sandalye diyaloğundaki hedefi talepkâr modunun etkisini azaltmak ve üzgün çocuk modunu yatıştırmaktır. Bu hedeflere yaklaşabilmek için, terapist sağlıklı erişkin sandalyesinden her insanın kendi gereksinimlerini gözetmeye hakkı olduğunu ve sadece başkalarının gereksinimlerine eğilmenin sağlıklı olmadığını açıklar. Ardından, bunları önce talepkâr anne sandalyesine söyler; ardından Küçük Alan'ın sandalyesine: "Küçük Alan, sen çok tatlı bir çocuksun ve burada olmandan mutluyum. Dinle: Hakların ve gereksinimlerin olmasında sorun yok. Gereksinimlerini ifade etmen gerekiyor. Burada Sağlıklı Yetişkin Alan'ın sana çok daha iyi bakması için elimizden geleni yapacağız. Ondan sonra artık üzgün hissetmeyeceksin."
>
> Hasta ağlamaya başlar ve bunu duymanın çok iyi geldiğini söyler. Terapist bu duyguları onaylar ve "Küçük Alan'a mesajını" tekrar eder. Ardından Alan'ın öfkeli çocuk modu sandalyesinde (en azından biraz) öfke hissedip hissetmediğini görmeye çalışırlar. Kırılgan çocuk modu kabul ve ilgi gördüğünde hastanın öfke hissetmesinin kolaylaşması, bu durumda Alan'a çok yardımcı olacaktır.

fından sunulan güvenli bağlanmanın, hastanın çocukluğunda yaşadığı güvensiz bağlanma yaşantılarını etkisizleştirmesi beklenmektedir. Terapi ilişkisinde yeniden ebeveynliği –ve tuzaklarını- hastayla birlikte değerlendirmek gerekmektedir. Bazen, hastalar bağımlı ilişki örüntüleri gösterirler ve terapistin yeniden ebeveynliğinin hiç bitmemesini isterler. Oysa, yeniden ebeveynlik, hastanın bir yetişkin olmasına ve kendi gereksinimlerini hissetmekte ve ifade etmekte özerkleşmesine destek vermeyi kapsar. Süreklilik gösteren bağımlı örüntüler bu süreci engeller ve mutlaka dile getirilmelidir. Terapi ilişkisinin sınırları terapide önemli bir konu olabilir ve açıkça konuşulmalıdır.

6.1.5. Sınırlı ebeveynliğin sınırları: yardımcı olan yeniden ebeveynlik veya işlevsel olmayan bağımlı bir örüntüyü desteklemek

Sınırlı yeniden ebeveynlik –onaylamak, yatıştırmak, ve hastayı desteklemek– şema terapide değişimin en önemli araçlarıdır. Hastanın terapiste güven duymasını ve terapi ilişkisinde güvende hissetmesine yardımcı olur. Ancak, bunlar daha ilk adımlardır. Bir sonraki adımda, hasta sağlıklı örüntüleri diğer ilişkilerde denemelidir. Hasta terapi dışında ne kadar sağlıklı ilişkiler kurabilirse terapistin önemi o kadar azalır.

Terapist hastanın kendi gereksinimlerini ifade edip karşılaması için bir model olarak görülür. Hastanın bu sağlıklı modeli içselleştirmesi beklenir. Bu, günlük hayatlarında kendilerine daha fazla özen göstermelerini sağlayacak ve daha net sınırlar çizmelerine yardımcı olacaktır. Tekrar etmek gerekirse, hasta bu sağlıklı örüntüleri kurmayı ne kadar başarırsa terapi ilişkisinin önemi de o kadar azalır.

Bazen hastalar, sandalye diyalogları veya imgeleme yeniden senaryolaştırma uygulamaları sırasında gereksinimleri ve hakları konusunda terapist tarafından ne kadar desteklendiklerini görünce oldukça şaşırırlar. Şema terapistleri bu noktada bilişsel terapistlerden farklı bir yaklaşım sergilerler. Önerimiz, terapistin neden bu kadar destekleyici ve bakım verici olduğunu anlaması için, hastaya şema terapide terapi ilişkisinin doğasının açıkça anlatılmasıdır. Terapi ilişkisini konuşarak hastanın kendi ilişkilerinin doğasını ve ilişki içinde eşler arasındaki hak ve gereksinim dengesini değerlendirmesine yardımcı oluruz. Bu, hastanın ilişkilerinde daha sağlıklı örüntüler için sorumluluk almasına zemin oluşturur.

> **Vaka örneği: terapi ilişkisinde sınırlı ebeveynliğin anlatılması**
>
> Alan, kırılgan çocuk modu ile yaptığı sandalye diyaloğunu değerlendiriyor (Konu 6.1.4): "Sizin tarafınızdan sakinleştirilmek harika bir duygu. Geçen seansta yaptığınız imgelemeye benziyordu, hani sahneye girdiğiniz ve Alan ile sevgi ile ilgilendiğiniz. Kendimi çocukluğumda hiç olmamış bir biçimde bütünüyle güvende hissetmiştim. Bu bir yandan da ürkütücü! Size bağımlı olma tehlikesi yok mu? Terapist yanıt verir: "Şema terapinin çok önemli bir yönüne

> dikkat çektin. Az önce söylediğin gibi, çocukken güvende olmayı yaşantıladığın için güvende hissetmeyi öğrenmediğini düşünüyoruz. Dolayısıyla, gereksinimlerini ifade etmeyi ve başkasının desteğini istemeyi de öğrenmemişsin. Onu yerine, evliliğinde yapmakta olduğun gibi, diğer kişiye teslim olmayı öğrenmişsin. Öncelikle, ilişkilerin güvenli ve destekleyici olabileceğini yaşantılaman gerektiğini düşünüyoruz. Ancak kendini güvende hissettiğinde evlilik gibi ilişkilerde daha kendine güvenli davranmaya başlayabilirsin. Ben sana güven ve şefkati yaşantılayıp içselleştirebileceğin bir terapi ilişkisi sunmak istiyorum. Kendini bazen duygusal olarak bağımlı hissedebilirsin, ancak burada güvende hissetmeye başlar başlamaz bu duyguyu adım adım diğer kişilere geçirmeyi başarabilirsin. Bu ilerleme genellikle zaman içinde otomatik olarak olur. Kendi gereksinimlerin için savaşmak ve diğerlerine sınır koymak ondan sonra gittikçe daha mümkün olur. Uzun vadede artık bana gereksinimin kalmayacak, çünkü kendine şimdi baktığından çok daha iyi bakabileceksin ve artık bana bağımlı hissetmeyeceksin.

SKB hastaları bir süre için bile olsa yakın bir terapi ilişkisi gereksinimindedirler. Bu yakın ilişkinin içinde sınırlı yeniden ebeveynlik olasıdır. Böylelikle hasta, çocukluğunda yaşamadığı güven ve güvenli bağlanmayı yaşantılayabilir. Bu nedenle şema terapide terapiste bağımlı olmak ya da çok yakın bağlanmak bir sorun olarak görülmez. Tabii ki, profesyonel bir ilişkinin sınırları içinde kalmak zorunluluğu vardır. Örneğin; hastayla her gece telefon konuşmaları yapmak, ek randevular vermek ya da aşırı fiziksel temas kurmak uygun olmayan davranışlardır.

Hastanın bağımlı davranış örüntüleri: Terapi ilişkisinin zaman içerisindeki gidişatı değerlendirilmelidir. Bazen hastanın bağımlı örüntüleri ancak bir süre sonra sorun olmaya başlar. İlişkilerinde bağımlı örüntüler olan hastalar terapinin başlarında terapistin vereceği duygusal desteği memnuniyetle kabul edebilirler. Dolayısıyla, sınırlı yeniden ebeveynlik ile yapılan müdahaleler bu hastalarda oldukça faydalı olur. Bununla birlikte, bu hastalar uzun vadede terapi dışında gereksinimlerini ifade etmek konusunda adım atmayabilirler.

Bağımlılık şeması olan ve/veya bağımlı kişilik bozukluğu belirtileri gösteren hastalarda bu çok tipik bir durumdur. Terapistler bunu genellikle karşı aktarım ile fark ederler; bir süre sonra yorgun ve bitik hissederler ve terapi süreci çıkmaza girer.

Bu tür durumları terapide açıkça dile getirmek büyük önem taşır. Terapistler, bağımlı örüntüleri olan hastaları yüzleştirmekte genellikle zorlanırlar. Bununla birlikte, bu yüzleştirme olmadan terapi fayda sağlamayabilir, hatta uzun vadede hastaya zarar verebilir –terapist bunları zamanında açığa çıkarmazsa bağımlı ilişki örüntüleri pekişir. Terapist bağımlı örüntüleri olan bir hastayı yüzleştirdiğinde, ilk iş olarak bunların anlaşılabilirliğini ifade etmelidir. Belki de bağımlılık, hasta için çocukluğundan beri diğerlerinden destek alabilmenin tek yolu olmuştur. Onaylamadan yapılan yüzleştirmede, hasta bunu azar olarak algılayabilir ve cezalandırıcı ebeveyn modu tetiklenebilir: "Seninle geçen seansımızda yaptığım bir gözlemi paylaşmak istiyorum. İmgeleme ile yeniden senaryolaştırma ya da sandalye diyalogları ile cezalandırıcı ebeveynin ile savaşma uygulamaları gayet işe yarıyor görünüyor. Bu harika! Bu çalışmaların amacı şu anda sıkıntı yaşadığın konuda sana duygusal bir temel bulmanı sağlamak; günlük hayatta kendi gereksinimlerine ve kendine ilgi gösterme konusu. (Hastanın tepkisini bekleyin) Bazen hastalarımızın çocuklukta gereksinimlerini dile getirmelerine izin verilmemiş olması nedeni ile kendilerine ilgi göstermeyi öğrenmediklerini ve başa çıkma yöntemi olarak bağımlı örüntüler geliştirdiklerini görürüz. Bağımlılık yanında sürekli sana bakacak ve gereksinimlerinin sorumluluğunu üstlenecek birilerine gerek duyman demektir. Hiçbir zaman kendi başına bunları başaramayacağını düşünürsün. Bizim ilişkimizde de benzer bir örüntü olabilir mi sence, ne dersin?"

Yeniden ebeveynliğin hastada sağlıklı erişkinin güçlenmesine ve kendine bakımın artmasına yardımcı olup olmadığını gözlemlemek gereklidir. Bu olmuyorsa, bağımlı örüntüler rol oynuyor olabilir. Terapist hastayı bu durumla empatik olarak yüzleştirmelidir.

Sınır kişilik ve bağımlı kişilik özelliklerinin birleşimi: Sınır kişilik bozukluğu ve bağımlı kişilik özelliklerinin bir arada görülmesi oldukça sık rastlanan bir durumdur ve terapist açısından bir ikilem oluşturur. Bu durumda terapistler kendilerini kırılgan çocuk moduna yeniden ebeveynlik yapmakla bağımlı örüntüleri sınırlamak arasında çatışma yaşarken bulurlar. Kırılgan çocuğa yeniden ebeveynlik yapmak uzun süreli bir SKB tedavisi sürecinde şema terapinin çok önemli bir parçasıdır (Arntz & van Genderen, 2009). Bağımlı örüntüler terapinin başlarında belirgin olarak anlaşılmaz. Bunlar genellikle hastanın terapötik önerilere yüksek uyum göstermesi şeklinde olurlar, dolayısıyla bu hastalar terapinin başında pek de karmaşık görünmezler. (Etkisi tam olarak anlaşılamayan pek çok terapi görmüş olmak hastanın bağımlı örüntülerinin göstergesi olabilir.) Bu nedenle terapistler bu hastalara oldukça ek olarak yeniden ebeveynlik yaparlar. Bu nedenle terapi sürecinde netleşmeye başlayan bağımlı örüntülerle yüzleşmekte zorlanırlar, çünkü bu ilgi gösteren destekleyici bir biçimden daha özerkliği teşvik eden ve sınır koyucu biçime geçiş yapmayı gerektirir.

Terapinin başlarında bağımlı örüntüleri durdurmak için uğraşmanın işe yaramayacağı bellidir. Bağımlı örüntüleri olan SKB hastaları bu yanları terapinin ilerleyişini engellediğinde onlarla yüzleştirilmelidirler. Bağımlı hastayı yüzleştirmeye karar veren terapist bir yandan bağımlı yanlara sınır koyarken diğer yandan kırılgan çocuk yanına karşı şefkat göstermelidir. Bunu yapabilmenin en iyi yolu duygusal bağımlılık ile işlevsel bağımlılığı birbirinden ayırmaktır. Hastaya, terapi sürecinde terapiste bir süre bağımlı olmakta sorun olmadığını anlatırız. Duygusal bağımlılık, terapistin desteği olmadan yaşamanın çok zor olacağını hissetmektir. Aynı zamanda, hastanın işlevsel olarak daha bağımsız ve özerk olması önemlidir. İşlevsel bağımlılık, hastanın neredeyse her adımında terapistin desteğine gerek duyması anlamına gelir. İşlevsel bağımsızlık –diğer deyişle özerklik- geliştirmek terapi ilişkisinin dışında ilişkiler kurabilmeyi, sosyal olarak daha aktif hale gelmeyi, hastaya gündelik hayatında destek verebilecek kişiler aramayı kapsar.

Sandalye diyalogları hastaların bağımlı yönlerini anlamalarına yardımcı olacak araçlardır. Sandalye diyaloğunda hastanın bağımlı tarafının (modun ana duygusuna göre bağımlı çocuk ya da söz dinleyen teslimci mod) bir sandalyesi olur. Böylelikle ifade edilebilir, anlaşılabilir ve olumlanabilir. Hasta bu tarafının örüntülerini ayırt etmeyi ve anlamayı öğrenir. Bağımlı tarafı daha önce farkında olmadığı bir yanı olarak sunulduğu için hasta sadece eleştiriliyormuş gibi hissetmemelidir. Terapist bu müdahalede özellikle olumlayıcı ve bakım verici olmalıdır. Konuya yeterince zaman ayrıldığına emin olunmalıdır, çünkü hasta başta her şeye rağmen bunu anlamakta sorun yaşayıp eleştirildiğini düşünebilir. Bunun yapılması özellikle hızlı bir şekilde cezalandırıldığını ve eleştirildiğini düşünen SKB hastaları açısından önemlidir. Terapistin hastaya net bir şekilde onu cezalandırmaya çalışmadığını söylemesi gerekir: "Sen benim için önemlisin, Küçük X de özellikle önemli", ama yüzleşmekten kaçınmadan "Bu örüntülerin hayatında etkili olduğunu düşündüğümden üzerinde konuşmamız çok önemli gibi geliyor. Bu etki bazen kafa karıştırıcı olabilir, çünkü bağımlılığın kısa vadede çok olumlu etkileri varmış gibi görünse de uzun vadedeki etkileri oldukça olumsuzdur." SKB hastalarının duygusal bağımlılığı işlevsel bağımlılıktan ayırt etmelerini sağlamak her zaman önerilir.

6.1.6 Terapi ilişkisinin sınırları

Sınırlı yeniden ebeveynlik kavramı çok yakın bir terapi ilişkisini ifade eder. Ancak, terapist uygun sınırları koymakla sorumludur. Bu sınırlar bir noktada hastayla açık açık konuşulmalıdır. Sınırlar konusu, klasik psikanaliz ilişkisi ya da bilişsel terapiye uyarlanmış Sokratik yaklaşım gibi terapi ilişkisine karşı daha nötr olan yaklaşımlarda –en azından ilk bakışta- belki daha önemsiz görünebilir. Oysa kişilik bozukluğu hastaları ile olan deneyimimiz, diğer terapötik yaklaşımlarda bile terapi ilişkisinde uygun sınırların hayati önemi olduğunu göstermektedir.

Bir şema terapistinin, kendisini ne gibi tuzakların beklediğini bilmesi çok önemlidir. Eğer bir terapist hastalarına karşı aşırı koruyucu ise, şema terapi yaklaşımını aşırı koruyucu davranışlarını mazur göstermek veya hastaları adına çok fazla sorumluluk üstlenebilmek için mi kullandığını düşünmelidir. Şema terapinin temel kurallarından biri terapistin, kırılgan çocuk modları ile yaptığı imgeleme ile yeniden senaryolaştırma benzeri duygu odaklı müdahalelerde her türlü desteği vermesi ve imgeleme içinde çocuğun gereksinimlerini karşılamasıdır. Gerekirse terapist çocukla fiziksel temas kurmayı teklif edebilir, hastayı çocuk olarak evine götürebilir, kırılgan çocuğu evlat edinebilir, tacizciyi öldürebilir; ancak bu "mükemmel bakım" hastanın güven duygusu kazanmasına ve çocukluk çağı travmalarını işlemesine yardımcı olacak imgeleme uygulamaları ile sınırlıdır. Gerçekte böyle bir şeyin yapılmasına gerek olmamasından öte, kabul edilebilir sınırların çok dışındadır. Bu, zaten hastalar için de açıklanmasına gerek olmayacak kadar açıktır. Bununla brilikte, bir hasta terapistin, terapi ilişkisinin dışında bir şey yapmasını isterse öncelikle gereksinimini onaylamalı –"Gerçekte arkadaş olmamızın senin için çok daha iyi olacağını düşünmen çok anlaşılır, hatta bu doğru da olabilir."-, hastanın yaşamının (engelleyici ve yoksun bırakıcı) gerçeğini kabul etmeli –Gerçekten olumlu sosyal deneyimlerin eksikliğini duymaktasın ve seni önemseyen dostlara gereksinimin var"-, ardından terapi ilişkisinin gerçekçi sınırlarını ifade etmelidir -"Yine de, sana yalnızca terapi içinde destek verebilirim, özel bir arkadaşlıkta değil. Senin için bazen zor olabilir, ama gerçek bu."

Vaka örneği: terapi ilişkisinin sınırlarını açıklamak

Hasta: Sizden gerçekten hoşlanıyorum. Beni gerçekten anladığını düşündüğüm ilk kişisiniz. Sizden kabul gördüğümü hissediyorum.

Terapist: Teşekkür ederim. Bunu söylemeniz çok hoş. Ben de sizden hoşlanıyorum ve bence terapide çok iyi bir işbirliğimiz var.

H: Sizinle gerçekten arkadaş olmak istiyorum. Çok iyi anlaşırdık. Yani sadece terapide değil, dışarıda da. Mesela evime gelebilirsiniz, size yaptığım resimleri gösterebilirim. Resimlerimle her zaman çok ilgilisiniz.

T: Çok teşekkür ederim. Bu çok hoş, ancak korkarım benim sana karşı arkadaşlık için gereken duygularım yok. Seni se-

> viyorum, ama görüşmelerimizi terapi ile sınırlandırmak zorundayım. Belki olurdu, terapi dışında karşılaşsaydık, ama öyle olmadı. Davetin için teşekkür ederim, ama ne yazık ki kabul edemem. Bu sana nasıl geliyor? (Terapist bu reddedilişin hasta için ne anlama geldiğini sorgulamaya devam eder, yanlış anlaşılmaları düzeltir, ama aynı zamanda ilk duygusal tepkilere izin verir ve olumlar. Terapistler, hastayı kendilerine yönelik karşılık veremeyecekleri duygular hissettikleri için suçlayarak karşı aktarıma yenik düşmemeye dikkat etmelidirler.

Terapide fiziksel temas: Fiziksel temasla ilgili dikkatli olunmasını öneriyoruz. Seansın sonunda el sıkma ya da küçük bir kucaklaşma kültüre bağlı olarak çok normal, hatta bekleniyor olabilir. Şema terapi terapistlerin uzak olmasını önermemektedir. Bununla birlikte, temas erotik olmamalı, en ufak bir şüphe akran süpervizyonunda konuşulmalıdır. Hasta, terapistin elini tuttuğunda destek aldığını hissedebilir. Bu, kırılgan çocuğu desteklemeyi hedefliyorsa ve hem hasta hem terapist kendini rahat hissediyorsa işe yarayan ve etkili bir müdahale olabilir. Ancak uzun ve sıkı kucaklaşmaları, imgeleme sırasında hastanın elini tutmayı önermiyoruz. Hastalar imgeleme çalışmalarında güvenli bağlanmayı öğrenir. Yoğun fiziksel temas gerekli değildir ve hasta için yararlı olmaktan çok kafa karıştırıcı olabilir. Eğer hasta, terapistin rahat hissetmediği bir fiziksel temas isterse terapist kendi sınırlarına saygı göstermeli ve bunu hastaya anlatmalıdır: "Bunu istediğini anlıyorum, ama ben kendimi rahat hissetmeyeceğim. İsteğin yanlış değil, ama bu benim kişisel sınırım." Terapist açıklamanın hastada hangi duyguları (ve modları) tetiklediğini gözlemlemelidir. Terapistin kararı "Bu yasaktır." şeklinde bir mesleki kural olarak değil, kişisel nedenlerle açıklamış olmasına dikkat edin. Bir kişinin davranışını bu şekilde açıklaması şema terapinin temellerinden biri olan terapi ilişkisine destek verir.

6.2 Bilişsel Teknikler

Duygu odaklı teknikler ve terapi ilişkisi kırılgan çocuk modları ile çalışırken en önemli araçlardır, ancak bilişsel teknikler de zaman zaman önemli olabilir. Bu teknikler, hastanın, kırılgan çocuk modunun gereksinimlerini ve hayatındaki gelişimini anlamasına yardımcı olurlar. Dahası, günlük hayattaki değişimlerin uygulanması bilişsel tekniklerle desteklenebilir.

6.2.1 Bilişsel yeniden yapılandırma

Bilişsel yeniden yapılandırma kırılgan çocuk modları ile bağlantılı olan umutsuzluğu azaltmak için kullanılabilir. Yeniden yapılandırılması gereken tipik kırılgan çocuk modu bilişleri "Kimse beni sevmiyor, kimse beni sevmeyecek", "Değersizim", ve "Ben bir hiçim." gibidir. Kırılgan çocuk modunda hastanın "Ona selam verdiğimde Mary bana bakmadı, artık beni sevmiyor demek!" şeklinde çarpıtılmış düşünceleri olabilir. Bu bilişler sandalye diyaloglarının konusu olabilir. Diğer taraftan, depresyon tedavisinde Sokratik diyaloglar, önyargılı yorumları sorgulama gibi klasik bilişsel terapi tekniklerini kullanmak da mümkündür.

6.2.2 Psikoeğitim

Kırılgan çocuk modunda psikoeğitimin temel amacı hastalara gereksinimlerinin ve duygularının normal ve anlaşılabilir olduğunu öğretmektir. İnsanlar diğerlerine bağlanma ve güvende hissetme gereksinimindedirler, bu gereksinim karşılanmadığında kırılgan çocuk duyguları ortaya çıkar. Küçük çocuklar kendi gereksinimlerini karşılamakla sorumlu değillerdir; bunu anlamak ve karşılamak ebeveynlerin görevidir. Ebeveynler çocuğu istismar ettiğinde ya da onlardan çok fazla şey beklediğinde, bu çocuğun suçu değildir. Bazen hastalarımız bize "zor çocuktum" derler; bu çocuklukta yaşadıkları zorlukları kısmen açıklasa da çocuklar sorunlarından sorumlu tutulamazlar. Çocuklarına destek ve yardım vermesi gerekenler anne babalardır. Tablo 6.1 kırılgan çocuk modlarını hedefleyen psikoeğitimin içeriğini özetlemektedir. Psikoeğitim farklı müdahalelerle bir arada kullanılabilir. Genellikle mod modelini hastalara anlatmanın bir parçasıdır. Terapist işlevsel olmayan şemaların nasıl ortaya çıktığını ve hastanın bunları neden sürdürdüğünü anlatır. Bazen hastalar neden sürekli kötü, yalnız veya suçlu hissettiklerini terapide anlamak için psikoeğitim isterler.

Tablo 6.1 Kırılgan çocuk modları için psikoeğitim

Çocuklar temelde muhteşem ve değerlidirler-sabrı zorladıklarında, hata yaptıklarında ya da yanlış davrandıklarında bile.
Çocuklar temelde iyidir. Hiçbir insan kötü olarak doğmaz.
Bir çocuk ebeveynleri ya da başka birileri tarafından istismar edildiğinde, bunun suçlusu çocuk değildir. Diğerlerinin bu şekilde davranması anlaşılır olsa bile (kendi sorunları ile başa çıkamıyor olabilirler), çocuk hiçbir şekilde suçlanamaz.
Ebeveynler çocuklarından bunaldıklarında destek almak onların görevidir. Bir çocuk karmaşık ailevi sorunları çözme sorumluluğunu üstlenemez.
Bütün çocukların duyguları ve gereksinimleri vardır. Destek, yardım, sevgi ve bakım beklerler.
Çocukların bu gereksinimlerinin karşılanmasına hakları vardır. Bunlar en azından bir miktar karşılanmadığında çocuk sağlıklı bir yetişkin olamayabilir.
Gereksinimler ve duygular temelde iyidir.
Genellikle ebeveynlerin çocuklarına neden iyi bakım veremediği sonradan anlaşılsa da (aşırı gergin olabilirler, psikolojik sorunları olabilir, ve/veya çocukken kendileri istismar edilmiş olabilirler), çocuklar kendilerine kötü davranılırken bunu anlayamazlar; acı çekip zarar görürler.

6.2.3 Duygu odaklı teknikler

Duygu odaklı tekniklerle birlikte psikoeğitim verilmesi genellikle önem taşır. Genellikle kırılgan çocuk modları (=imgelemede hasta, çocuk olarak) imgeleme ile yeniden senaryolaştırma çalışması içinde karmaşık bir durum ile ilgili suçluluk ve aşırı sorumluluk duygusu ifade ederler. Örneğin "Kötü bir çocuk olduğum için iyi davranılmasını hak etmedim." derler. Bu durumda terapist imgeleme çalışması sırasında psikoeğitim vermelidir. Bu genel bir yorum şeklinde olabileceği gibi, imgedeki sağlıklı yetişkin figürünün ağzından bir yorum da olabilir. "Küçük Susie, kötü olduğunu düşünüyorsun; çünkü sana hayatın boyunca bu söylenmiş. Ancak çocuklar kötü doğmazlar. Bütün diğer çocuklar gibi sen de temelde iyisin. Olduğun hâlinle çok değerlisin."

6.2.4 Sandalye diyalogları

Psikoeğitim sandalye çalışmalarının da bir parçası olabilir. Terapist sağlıklı yetişkin sandalyesinden kırılgan çocuğa şefkat ve empati gösterdiğinde, bu içinde psikoeğitimci maddeler barındırabilir: "Sen iyi bir çocuksun. Hiçbir çocuk kötü doğmaz. Ne yazık ki bazı çocuklara kötü oldukları söylenir." Duygu odaklı alıştırmalar sırasında bu cümleler sıcak ve şefkatli bir ses tonu ile söylenir.

6.2.5 Şema başa çıkma kartları ve diğer yazılı malzemeler

Klasik bilişsel davranış terapilerinde olduğu gibi, yazılı malzemeler günlük hayatta değişimi sağlamak için çok yardımcı olabilir. Özgüven üzerine odaklanan bilişsel müdahaleler, örneğin olumlu olayların yazıldığı günlükler, özellikle işe yarar. Çalışma kağıtları hastaların günlük duygusal ve şema mod süreçlerini anlamlandırmalarına yardımcı olur. Şema başa çıkma kartları hastanın günlük deneyimlerini şema modları ve onların bilişsel ve duygusal etkilerini özetlemek amacı ile kullanılır. Alternatif yorumlar da geliştirilebilir (Tablo 6.1'i çalışma kağıdı olarak inceleyin). Şema başa çıkma kartı için ya bir çalışma kağıdı kullanabilirsiniz, ya da bir parça kağıda yazabilirsiniz.

Tablo 6.2 Şema başa çıkma kartı

Şema başa çıkma kartı

Şu andaki duyguyu isimlendirin ....
Şu anda (duygu) .... hissediyorum, çünkü (tetiklenme nedenleri)........

Modu isimlendirin

Bu sanırım şu mod: ....
Çocukken bu modu geliştirdim, çünkü (yaşam öyküsel geçmiş)
....
Tipik başa çıkma tepkim (kaçınma, aşırı telafi, teslim) ....(tipik başa çıkma davranışları)..

Gerçeklik testi

(Olumsuz düşünce)........................ şeklinde düşünmeme rağmen, gerçeklik (sağlıklı düşünce) .... olduğunu söylüyor.
Kanıtlar: ....

Alternatif davranışlar

Bu durumda her ne kadar (bu moddaki işlevsel olmayan davranış) ....
mek/mak istesem de, bunun yerine .... mek/mak (sağlıklı alternatif) deneyebilirim. ....

> **Vaka örneği: şema başa çıkma kartı**
>
> Lucie ile terapisti bir şema başa çıkma kartı olarak aşağıdaki metni hazırlarlar:
>
> "Birbirimizi bir kaç gün görmediğimiz zaman Maria beni aramadığında, sanki bir daha kimse benle ilgilenmeyecekmiş gibi kendimi tamamen kimsesiz ve yalnız hissediyorum. Bu duygular Küçük Lucie'ye ait; kırılgan çocuk modum. Çocukken çok yalnız olduğum için bu şekilde hissetmem doğal. Ancak, bu artık doğru değil: Güvenebileceğim ve beni içtenlikle seven pek çok iyi arkadaşım var. Örneğin bir sorunum olduğunda Martha ile konuşabilirim. Joe daha dün benimle zaman geçirmekten ne kadar keyif aldığını söyledi. Korodaki kızlar da beni seviyor olmalı, yoksa doğum günü partilerine davet etmezlerdi. Şu anda üzüntümün ve yalnızlık duygumun azalması için ben harekete geçip Martha'yı arayabilirim, geçen konserimizin CD'sini dinleyip oradaki arkadaşlarımı düşünebilirim, ya da sakinleşmek için kısa bir yürüyüşe çıkabilirim.

Şema başa çıkma kartları aşağıdaki noktaları içermelidir:

- Günlük bir yaşam olayından tetiklenen olumsuz duygu ve düşünceler ile bağlantılı oldukları (kırılgan çocuk) modu.
- Modun bağlantılı olduğu tipik başa çıkma davranışı.
- Gerçeklik testi ve şu anki durumun daha sağlıklı ve yerinde yapılmış yorumları.
- Daha sağlıklı başa çıkma için öneriler (gerekiyorsa duygu düzenleme becerilerini içeren).

6.3 Duygu Odaklı Teknikler

Kırılgan çocuk modunun tedavisinde kullanılan temel duygu odaklı teknikler imgeleme uygulamaları ve sandalye diyaloglarıdır. Bu bölümde imgeleme teknikleri detaylı olarak anlatılmaktadır. Sandalye diyalogları ile ilgili detaylı bilgi 8. Bölüm'de verilecektir.

İmgeleme teknikleri hem tanısal hem de terapötik araçlardır. Tanısal imgeleme uygulamaları her zaman şema terapinin başında devreye sokulur. Bu egzersizlerde, o andaki olumsuz duygular, bunlarla bağlantılı yaşam öyküsel anı imgelerini açığa çıkarmak için kullanılır. Hastalardan ebeveynleri ve sorun yaşadıkları diğer tüm kişileri (aile üyeleri, akranlar, vs.) ile ilgili hatırlamaları istenir. Tanısal imgeleme uygulamaları imgeleme ile yeniden senaryolaştırma uygulamalarını başlangıç aşamasına benzer (bk. Konu 6.3.2), ama yeniden senaryolaştırma bölümü yoktur.

Bir kişinin psikolojik sorunlarının kökeninde sadece ebeveynlerinin olmayabileceğini unutmayın. Cezalandırıcı ya da öz değerlerini düşürücü içe yansıtmalar başka kişilerle de bağlantılı olabilir; örneğin zorba arkadaşlar. Birçok hasta başka kişilerin etkisi dışında hayatlarını zorlaştıran ciddi hastalıklar, yakın aile bireylerinin kaybı, ya da aşırı kilo veya sivilce gibi fiziksel görünüm sorunlarından söz ederler.

6.3.1 İmgeleme uygulamalarının hedefleri

İmgeleme uygulamalarının ana hedefi yeni duygusal örüntüler yerleştirmektir. Süre giden psikolojik sorunları olan hastalar tipik olarak travmatik ya da istismar edildikleri bir çocukluk yaşamışlardır. Sonuç olarak güvenli bağlanma ile bağlantılı; güven, güvenlik ve korunma gibi; olumlu duyguları yaşantılamakta zorlanırlar. Bunun yerine tehditkar olmayan ortamlarda bile tehdit altında, utanç içinde, çaresiz, terk edilmiş hissederler. İmgeleme ile yeniden senaryolaştırma uygulamalarında, tehditkar anılar işlenir ve değiştirilir. Olumsuz duygular, güven, güvenlik, mutluluk, keyif gibi olumlu duygularla değiştirilir.

Belli bir olumsuz duygu açısından, imgeleme ile yeniden senaryolaştırma uygulamaları özellikle kaygı, tehdit, nefret, utanç ve suçluluk duygularını değiştirmek için kullanılır. Bu duygular yeniden senaryolaştırma uygulamaları ile oldukça azaltılabilir ve azaltılmalıdır. Üzüntü duygusu açısından ise klinik deneyimimiz, üzüntüyü onaylamanın ve kabullenmenin, ardından hastaya yas sürecinde eşlik etmenin duyguyu yeniden senaryolaştırma uygulamaları ile azaltmaya çalışmaktan daha önemli olduğunu göstermektedir. Hastalar genellikle gerilimli ve travmatik anılarından kaçınırlar, çünkü onları yeniden yaşamak "kaybettikleri çocukluklarına" üzülmelerine neden olacaktır. Bu üzüntüyü karşılamak ve onaylamak önemlidir.

Azaltmak yerine üzüntüyü onaylamak ve kabullenmek imgeleme ile yeniden senaryolaştırma uygulamalarının hedeflerine aykırı değildir, çünkü üzüntü güven, güvenlik ve güvenli bağlanma gibi olumlu duygularla birlikte de var olabilir. Üzgün bir çocuk, imgelemede (ya da sandalye diyalogunda) terapistin sıcak ve şefkatli rolde gösterdiği ilgi ile yatıştırılabilir. Diğer taraftan utanç, kaygı ve tehdit; güvence ve teselli ile uyumlu değildir. Eğer bu duygular ön planda ise terapist kırılgan çocuk modunu yatıştırmaya çalışmadan önce imgeleme ile yeniden senaryolaştırma çalışması yapılmalı ve duyguların kaynakları yok edilmelidir.

> İmgeleme ile yeniden senaryolaştırma uygulamaları ile kaygı, tehdit, suçluluk ve nefret duyguları hızla değiştirilebilir. Üzüntü ile ilgili olarak, yas sürecinin üzerinde durmak daha önemli olabilir. Yine de, üzgün kırılgan çocuk modları için teselli ve destek verilmelidir.

6.3.2 İmgeleme ile yeniden senaryolaştırma uygulamaları

İmgeleme ile yeniden senaryolaştırma uygulamalarında, duygusal olarak gerginlik yaratan bir duruma zihinsel imgeleme ile ulaşılır. Bu çalışmaların odağı genellikle geçmiş (çocukluk) deneyimleridir, ancak güncel ve hatta gelecekteki durumlara da uygulanabilir. Hasta söz konusu olaya yönelik acı veren duygular içindeyse, imge olumsuz duyguların (suçluluk, utanç, tehdit) yerini olumlu duygular (bağlanma, güvenlik, keyif, güç) alacak şekilde değiştirilir. İmgeleme ile yeniden senaryolaştırma çok esnek ve yaratıcı bir tekniktir. Bir imgeleme egzersizinin içeriği hiçbir zaman tam olarak kestirilemez. Bununla birlikte duygusal süreç net olarak tanımlanabilir ve uygulamanın içeriğine yön verir. Hackman ve ark.(2011) bu tedavi tekniğinin ayrıntılı anlatımını yapmışlardır. Tablo 6.3 sürecin genel bir açıklamasını vermektedir. Sürecin her aşaması şimdi daha ayrıntılı olarak anlatılacaktır. Tipik sorunlar ve olası çeşitlemeler tartışılacaktır.

(1) Gevşeme yönergeleri verin: İmgeleme uygulamaları sırasında, eğer mümkünse hastalar gözlerini kapamalıdır. Eğer bir hasta çok korkuyorsa, ya da gözünü kapayınca huzursuz oluyorsa bunun yerine bakışlarını yerde ya da tavanda bir noktaya sabitleyebilirler. Bazen hastalar terapist de gözlerini kapayınca daha rahat hisse-

Tablo 6.3 İmgeleme ile yeniden senaryolaştırma süreci

(1)	Gevşeme yönergesi verin -dilerseniz güvenli yer imgesi ile birlikte.
(2)	İmgede gerginlik yaratan güncel duruma ve bağlantılı olumsuz duygulara ulaşın
(3)	Duygulanım köprüsü: güncel durumun duygusunu tutun, görüntüsünü silin; bunun yerine duyguyla bağlantılı bir gerginlik yaratan durum anısına ulaşın (genellikle çocukluk çağı imgesi)
(4)	Kısaca çocukluk anısını sorgulayın ("Orada kim var?" "Ne oluyor?"); çocuğun duygu ve gereksinimlerine odaklanın.
(5)	Çocuğun gereksinimlerini önemseyen, durumu çocuğun güven içinde ve gereksinimlerinin karşılandığı hissetmesine yardımcı olacak bir kişi sunun.
(6)	Var olan tehdit ortadan kaldırıldığında güven ve bağlanma duygularını derinleştirin.
(7)	İsteğe bağlı: çocukluk anısındaki duygusal çözümü özgün imgeye/duruma uyarlayın

---

Vaka örneği: güncel soruna odaklanın

Jane (bk. Konu 2.1.3) gergindir ve yeni gelen iş arkadaşından tehdit algılamaktadır. Yeni iş arkadaşı çalıştayda kendini ön planda çıkarmış ve sosyal ortamlarda baskın bir tavır sergilemiştir. Jane kendisini aşağılanmış, mağdur ve yalnız hissetmektedir. Bu kişiden hem çekinmekte hem de ondan nefret etmektedir. Terapist bir imgeleme uygulaması önerir. Jane gözlerini kapar, gevşer ve iş arkadaşı ile gerginlik yaratan bir durumu gözünün önüne getirir. Sabah molasında herkes kahve içmektedir. Arkadaşı önce Jane'e yakın davranmış görünse de sonra onu umursamamaya başlar. Jane gergin, ürkmüş ve kızgın hissetmiştir. Terapist odağını oraya toplayabilmesi için Jane'e duygularını ve bağlantılı fiziksel duyumlarını sorar.

Duygulanım köprüsü

Terapist Jane'den güncel olan bu sahneyi silmesini ve o andaki duygusuyla bağlantılı olan bir çocukluk anısını düşünmesini ister.

Bir çocukluk anısını ayrıntılandırın

Jane, kendini 12 yaşında sıcak bir yaz günü okuldan eve giden imgeler. En sevdiği renkli, uzun eteğini giymektedir. Sınıf arkadaşları onunla alay eder: "Jane böyle renkli bir etek giymemeli! Koca poposuna bakın!" Küçük Jane korkmuş ve utanmıştır. Diğerlerine herkesin kusurları olduğunu, onların da ne kadar kötü göründüğünü söyleyecek birine gereksinimi vardır. "Bu kadar yalnız olmak istemiyorum."

Yardımcı olacak bir kişi sunun ve çocuğun gereksinimlerini karşılayın

Terapist imgeye girer ve Küçük Jane'e sarılır. Ardından sınıf arkadaşlarını durdururlar: "Jane'e bu şekilde davranmanız üzücü. Bir sürü kişisiniz ve o tek! Bu hiç adil değil, ödlekler!" Hasta, bu müdahaleyi sever ve öğretmeninin de katılıp dinlemesini ister. O zamanlar bu zorbalıkları ona söylemeye utanmıştır. Öğretmen sahneye girer ve terapist ona Jane'in içinde bulunduğu umutsuz durumu anlatır. Öğretmeni ileride Jane'e destek olacağı konusunda güvence verir. Yine de hasta hâlâ tam olarak güven duymamaktadır. Bu durumda terapist Jane'e, bir dahaki sefere okuldan eve gelirken işlerin nasıl gittiğini görmek için ona eşlik edeceğine söz verir.

Güvenlik ve bağlanma duygularını artırın

Terapist Küçük Jane'e şimdi ne yapmak istediğini sorar. Küçük Jane alışverişe gidip güzel bir yazlık etek almak ister. Ardından da parka gidip beraber dondurma yemek istemektedir. Bu aktiviteler imgeleme egzersizi içinde yerine getirilir ve hasta iyi ve güvende hissedene kadar duyusal ayrıntılarla (dondurmanın tadı, çiçeklerin rengi, ısıtan güneş) derinleştirilir.

---

derler. Uzun vadede, neredeyse tüm hastalar imgeleme uygulamalarında gözlerini kapayacak kadar güvende hissederler.

Bir imgeleme uygulamasına başlamak için genel bir gevşeme yönergesi verilir. "Şimdi rahat bir şekilde otur ve bir dakikalığına nefesine odaklan." Bazı terapistler başlangıç noktası olarak hastanın güvende hissedeceği bir güvenli yer imgesi kullanır. Güvenli yer imgesi ile bağlantılı olan güvenlik duygusu hastanın, imgeleme uygulaması ile tetiklenen tehditkar duygularla başa çıkmasını sağlar.

Ağır derecede travmatize olmuş SKB hastaları için güvenli bir yer bulmak zor olabilir, çünkü bir başlarına neredeyse hiçbir yerde güvende hissetmezler. Bu gibi durumlarda güvenli yer bulmak ve imgeleme çalışması yapmak hasta için çok gerginlik yaratıcı (ve seans için çok zaman kaybı) olabilir. Güvenli bir yer aramaya çok zaman ayırmak hastaya güvende hissetme becerisi olmadığını hatırlatacağından onun için çok ürkütücü olabilir.

Olumlu ve güvenli duyguların arttırılmasının imgeleme ile yeniden senaryolaştırma uygulamalarının ilk hedefi olduğunu düşünüyoruz. Bu nedenle güvenli yer kullanımı tamamen terapistin ve hastanın seçimine kalmıştır ve mutlaka gerekli değildir. Dahası, hasta terapi ilişkisini güvenli yer olarak algılamalıdır. Eğer henüz orada güvende hissetmiyorlarsa duygusal olarak yoğun imgeleme uygulamalarını yapmak için hiç bir şekilde istekli olmayacaklardır.

(2) Zor duygularla bağlantılı bir imgeye ulaşın: Gerginlik yaratan durumları yaşantılamak için hasta kendini güncel bir stresli durumun içinde hayal eder. Eğer mümkünse, hasta olaya kendi açısından (dışarıdan izleyici olarak değil) bakmalıdır. Bazen hastalar gözleri kapalı şekilde bir olaydaki detayı anlatmaya başlarlar, ama gerçekte kendilerini bu olayın içinde düşünmezler. Bu gibi durumlarda terapist kısaca duygulara odaklanmanın amacını anlatır ve bağlantılı sorular sorar: "Sanırım durumu anlıyorum şimdi. Sen şu anda, o durumda ne hissediyorsun?" Eğer hasta hâlâ duygularına odaklanmıyor ya da yanıtları geçiştiriyorsa -Bence bu çok korkunç."- terapist direkt olarak olası bağlantılı duyguları dile getirebilir: "Duygun ne? Üzgün, kaygılı, utanmış; nasıl hissediyorsun? Belki de yalnız?" Özellikle hastanın tekniğe pek aşina olmadığı ilk birkaç imgeleme uygulamasında doğrudan sorular gerekli olabilir. Duygulara odaklanmakta fiziksel duyumları fark etmek de etkili olabilir: Bu duyguyu bedeninde hissediyor musun?"

Bu yollar hastanın duygusal yaşantısını artırmasına yardımcı olur. Ancak, bazı hastalar, özellikle SKB olanlar, belli bir yoğunluğu aşan duygulara dayanamayacaklardır. Bu sınır geçildiğinde kişiler arası ilişkiyi keserek, gözlerini açarak ya da duygularından koparak tepki verebilirler: "Neden bilmiyorum, ama duygu kayboluverdi." Bu durumlarda duygu, hastanın dayanabileceği kadar arttırılmalı ve imgelemenin sonraki adımları hızlandırılmalıdır.

Bu aşamada, hasta hayatında zorluk yaşatan duygulara girmelidir, ancak imgeleme ile yeniden senaryolaştırma bir maruz bırakma tekniği olmadığı için bu duygularda çok fazla kalmaya gerek yoktur. Hasta duyguyu yakalar yakalamaz egzersizin bir sonraki aşamasına geçilebilir: "Şimdi konuştuğumuz duyguları hissediyor musun?"

(3) Duygulanım köprüsü: Hasta çok genel bir yönerge ile çocukluk anılarına döner: "Şimdi bu sahneyi sil lütfen, ama duygusu kalsın. Çocukluğundan bir imge canlanıyor mu gözünün önünde?" Genellikle önceki seanslarda konuşulan sahneler canlanıverir, ama farklı imgelerin de gelebilir. Hastanın ulaştığı her anıya açık olmalısınız.

Bununla birlikte bazen hasta hiçbir imge belirtmez. "Hiçbir anı düşünemiyorum." Bu gibi durumlarda terapist sakin kalmalıdır; uygun imgelere ulaşmak zaman alabilir. "Şimdiye kadar bir imgenin gelmemesi sorun değil. Acele etme, bakalım ne olacak." Eğer hasta huzursuzlanmaya başlarsa, terapist, örneğin, çocukluk fotoğraflarını sorabilir: "Çocukluk fotoğrafların var mı? Zihninde bunlardan birini canlandırabiliyor musun?" Deneyimimize göre, her hastanın zihninde çocukluklarının bir temsili vardır. Hasta bir fotoğraf hatırladığında, sahneye girip çocuğun bakış açısını yakalayabilmesi için bu resmi "hayatla doldurmaları" istenir. Eğer hasta uygulamanın ilk aşamasında yoğun duygular yaşadıysa çoğunlukla bağlantılı anılara ve duygulara kısa süre içinde geçmeleri mümkün olacaktır.

(4) Çocuğun duygu ve gereksinimlerine odaklanarak çocukluk dönemini sorgulayın: Hasta bir çocukluk anısına ulaştığında kısaca sahneyi tanımlamalıdır. Terapist kimlerin dahil olduğunu ve ana sorunları bilmelidir. Her ayrıntıyı anlamaya gerek yoktur. Eğer hasta çok fazla ayrıntı vermeye başlarsa terapist tekrar olaydaki çocuğun duygularına odaklanmalıdır: "Nasıl hissediyorsun?", "Nasılsın?" Özellikle çocuğun gereksinimlerini sormak önemlidir: "Şu anda neye gereksinimin var?"

İmgeleme ile yeniden senaryolaştırma bir maruz bırakma tekniği değildir. Hasta travmatik durumu onunla ilintili duygularla temas edene kadar yaşantılanmalıdır. Bütün travmayı yeniden yaşamaya gerek yoktur. Ağabeyi tarafından defalarca istismar edilmiş bir hastanın egzersiz sırasında olayı bütün detayları ile yeniden yaşantılanması gerekmez. Tehdit algılamaya başladığı noktaya kadar gitmek yeterlidir: "Yukarı çıktığını duyuyorum ve bana ne yapacağını biliyorum. Çaresizim. Onun insafına kaldım." Ardından yeniden senaryolaştırmaya başlanır. Maruz kalmamak hastanın gerginliğini azaltır, bölünme yaşamadan çalışmada kalmasını sağlar. Travma sonrası stres bozukluğu (TSSB) hastalarında bu yaklaşımı maruz bırakma ile karşılaştıran araştırma her ikisinin de kaygıya etkisinin benzer olduğunu göstermiştir. İmgeleme ile yeniden senaryolaştırma yöntemi öfke, suçluluk ve utanç gibi olumsuz duygular üzerinde daha etkili olmuştur. Hastalar bu çalışmaları maruz bırakma tekniğine tercih etmişlerdir (Arntz et al., 2007).

(5) Bir kişinin yardımını alarak imgeyi yeniden yazın: Travmatik yaşantının yeniden yazılması egzersizi yaratıcı, hatta tümüyle bir hayal olabilir. Gerçekliğin sınırları bu çalışmada geçerli değildir. Tek kural suçlu ile savaşan yardımcı kişinin kazanmasıdır. Böylelikle, çalışmanın sonunda hastanın çocuk modu kendini, en azından çalışmanın başında olduğundan, daha güvende ve iyi hisseder.

Yardımcı kişi
İmgeleme ile yeniden senaryolaştırma çalışmalarında her zaman yardımcı bir kişiye gereksinimimiz vardır. Uygun kişinin seçimi hakkında alan yazında çeşitli görüşler vardır. Sadece yetişkin hastanın yardımcı kişi olmasının uygun olduğunu söyleyen bazı makalelere katılmıyoruz (örn. Smucker ve ark., 1995). Diğer bazı araştırmacılar gerçek kişilerin yardımcı kişi olarak kullanılmamasını önermektedir (Reddemann, 2001). Bugüne kadar farklı yardımcı kişilerin etkilerini araştıran bir çalışma yapılmamıştır. Şema terapide herkes yardımcı olarak kullanılabilir ve yaklaşım oldukça pragmatiktir: yeniden senaryolaştırma aşamasında kullanılan yardımcı kişi, çocuğu temel gereksinimleri karşılanacak şekilde koruyup yardımcı olabilmelidir.

Yardımcı kişinin seçimi hastanın sağlıklı yetişkin moduna bağlıdır. Temelde üç farklı yardımcı kişi sınıfı vardır. Hastanın sağlıklı yetişkin modu hâlâ güçsüzse yardımcı kişi olarak aklına hiç kimse gelmeyebilir. Psikodinamik bakış açısıyla yardımcı kişi olabilecek içsel nesneler oluşturamazlar. Bu gibi durumlarda terapist hastanın sağlıklı bir yetişkini modellemesi ve iyi içsel nesneler geliştirmesine yardımcı olmak üzere kendini imgedeki sahneye koymalıdır.

Güçlü bir sağlıklı yetişkin modu olan hastalar (ya da terapistin yardımcı kişi olduğu imgeleme ile yeniden senaryolaştırma uygulamalarını daha önce yapmış olanlar) için başka yardımcı kişiler kullanılabilir. Bunlar genellikle (henüz) hastanın kendi sağlıklı yetişkini, ya da terapist değildir. Bu "üçüncü kişi" yardımcılar, hastanın tercihine göre gerçek veya hayal ürünü kişiler olabilir (örneğin film ya da masal karakterleri). Gerçek kişiler akraba veya arkadaşlar olabilir (örneğin şefkatli bir büyükanne, iyi bir hâlâ, ya da yakın bir arkadaş). Yardımcı kişinin hayatta olup olmaması önemli değildir. Hem hastanın çocukluğundan, hem bugünkü tanıdıklarından kişiler kullanabiliriz. Önemli olan hastanın kırılgan çocuk moduna güven duygusu verebilmesidir. Bu nedenle hasta ile karmaşık ilişkileri olan kişiler, örneğin hâlâ aşık olduğu eski sevgili seçilmemelidir. Terapist hasta tarafından önerilen yardımcı kişiyi uygun bulmadığında bunun nedenini hastaya anlatmalı ve onunla üzerinde konuşmalıdır.

Yeterince güçlü bir sağlıklı yetişkin modu imgeleme ile yeniden senaryolaştırma uygulamasında sağlıklı yetişkin olarak kullanılabilir ve kendi kırılgan çocuk moduna bakım verebilir. Eğer hangi yardımcı kişiyi seçeceğinizi bilmiyorsanız bunu deneyin. Eğer hastanın sağlıklı yetişkin modu sahneye girdiğinde durumla uygun şekilde başa çıkabiliyorsa sorun yoktur. Bununla birlikte, hasta bir yetişkin olarak duruma müdahale ettiğinde saldırgandan korkuyorsa, ya da çocuğu sevmiyorsa sağlıklı yetişkin modu yeterince güçlü değil demektir. Bu durumda ve terapiste ya da üçüncü kişiye gerek vardır. Eğer hasta saldırganla başa çıkabilecek kadar güçlü birini tanımıyorsa, sahneye terapist girmelidir.

Sağlıklı yetişkin modları zayıf veya ağır travmatik geçmişi olan hastalar imgeleme çalışmasına başladıklarında sahneye kendilerinden başka kimsenin girmesini kabul etmezler. Bu "saplantılı otonomi"yi işaret edebilir; olasılıkla hasta çocukluğunda üçüncü kişilerden aldığı yardımların zaten kötü olan bir durumu daha da kötüye götürdüğünü yaşantılamış ve anlaşılır bir biçimde en iyisinin her şeyi kendisinin yapması olduğu sonucuna varmıştır. Örneğin Nicole (Konu 1.3.3) imgeleme çalışmasında Küçük Nicole'e yardımcı olmakta ısrar etmiş ve terapistin sahneye girmesini istememiştir. Bu gibi durumlarda yine de terapist yardımcı kişi olarak sahneye girmekte ısrarcı olmalıdır. Hastanın bir başkasından yardım ve bakım almayı kabul etmeyi öğrenmesi çok önemlidir. Bu hastayı başlarda korkutabilir ve dikkatle sorgulanmalıdır. Nicole'un durumunda, çocukken sosyal hizmet uzmanlarının ailesini sık sık ailesini ziyaret etmesi ve her ziyaret sonrası annesinin dağılması onun için hiç de olumlu bir yaşantı olmamıştır. Böylelikle Nicole yardımcı olabilecek kimselere güvenmemeyi öğrenmiştir.

Terapinin başlarında hastanın zayıf sağlıklı yetişkin modu yardımcı kişi olarak terapiste gerek duyarsa üçüncü kişi yardımcılar, terapinin ilerleyen süreçlerinde de hastanın sağlıklı yetişkin modu kullanılmalıdır. Yani, terapistin yardımcı kişi olduğu birkaç alıştırma sonrası hasta üçüncü kişilerden yardımcı seçmeli ve daha sonraki çalışmalarda kendileri sağlıklı yetişkin olarak rol almalıdır.

Bu sıralama (yardımcı kişi olarak terapist, üçüncü kişi, hastanın kendi sağlıklı yetişkini) esnektir. Hasta sağlıklı yetişkin olarak sahneye girmeyi güvenli bulmazsa terapist yeniden senaryolaştırmayı beraber yapmayı teklif edebilir, yani sağlıklı bir yetişkin olarak hem hasta, hem de terapist sahneye girebilir. Ardından hastanın sağlıklı yetişkin modu öneri ve geri bildirimle desteklerken terapist kırılgan çocuğa bakım verebilir, ya da terapist destek verirken hastanın sağlıklı yetişkini araya girebilir.

> İmgeleme ile yeniden senaryolaştırma uygulamalarına üç ayrı yardımcı kişi vardır ve bunlar hastanın sağlıklı yetişkin modunun gücüne göre seçeriz. Durumu ağır olan hastalarda terapist yardımcı kişi rolünü alır. Sağlıklı yetişkini güçlü olan hastalarda sahneye sağlıklı yetişkin olarak kendileri girerler. Gerçek ya da hayali bir "üçüncü kişi" yardımcı ara adımdır. Bir diğer ara adım terapist ve hastanın sağlıklı yetişkin modunu ortak çalışmasıdır.

(6) Bağlanma, rahatlık ve güven geliştirin: Rahatlık ve güven hastanın çocuk modunun yardımcı kişi tarafından rahatlatılması, ya da ikisinin oynayıp eğlenmesi ile ortaya çıkar. Tipik imgeler doğa, oyun ve güvenli aile ortamlarıdır. Ağır hastalarda terapistin hastayı, güvenli ve şefkatli bir ortam sağlayabilmek için kendi (hayali) ailesine götürmesi gerekebilir. Olumlu duygular bağlantılı fiziksel duyumlara odaklanarak—"Bu rahatlamayı bedeninde hissediyor musun?" —ve hastaya duygusundan keyif almayı ve tutmayı söyleyerek derinleştirilebilir. Ayrıca hipnoterapi

tekniklerini (olumlu bir duygu ile bağlantılı bir simge, şarkı, hareket bulmak gibi) kullanarak sağlamlaştırılabilir.

6.3.3 Yeniden senaryolaştırma süreci

İmgeleme ile yeniden senaryolaştırma uygulamalarının hedefi suçluluğu, utancı ve tehditi azaltmak ve güvenli ve sağlıklı bağlanma duyguları aşılamaktır. Uygulamanın süreci bu hedeflere yöneliktir. Kırılgan çocuk modundayken, cezalandırıcı ya da talepkâr ebeveyn moduyla hangi duyguların ortaya çıktığını anlamak önemlidir. Sınır kişilik bozukluğu ve antisosyal kişilik bozukluğu hastaları tipik olarak başta tehdit ve kaygı yaratan agresif, tacizkâr ve tehditkar ebeveyn modlarını imgelerler. Yoğun kaygıdan kurtulmak için bu ebeveyn modları ile dramatik ifadeler kullanarak savaşmak gerekir. Diğer yandan, kaçıngan ya da bağımlı kişilik bozukluğu hastaları pek agresif ve tehlikeli modlar hayal imgelemezler. Onun yerine kırılgan çocuk modu hastanın gereksinimini ifade ettiğinde ebeveyn modları suçluluk duygularına yol açarlar. Tipik bir sahne, çocuğu ona bakmak yerine arkadaşları ile oynamaya çıktığı için daha da kötü hissedecek olan depresif, ağlayan annedir.

Farklı ebeveyn modları ile farklı biçimlerde savaşmak gerekir. Saldırgan bir tacizci ile uğraşırken onu hapse atacak, hatta öldürecek birçok polisin sahneye getirilmesi gerekebilir. Ebeveyn modu suçlayıcı depresif bir anne ise, annenin depresyonda olduğunu söylemek daha iyi olabilir. Çocuk onun sorumluluğunu alıp yardımcı olamayacaktır, çünkü annenin profesyonel yardıma gereksinimi vardır. Terapist açık bir biçimde çocuğa annesi ile ilgileneceklerini ve onu bir kliniğe veya psikoterapiste götüreceklerini söylemeli, çocuğu bu sorumluluk duygusundan kurtarmalıdır.

Ebeveyn modunu etkisiz hâle getirdikten sonra, imgeleme uygulamasında güven ve sağlıklı bağlanma duyguları inşa edilir. Özellikle ağır hastalarda terapistin sağlıklı yetişkini modellemek için sahneye girmesi gerektiğinde, ona seçenek olan ve güvenli bir aile ortamı sağlamak amacı ile hastanın kırılgan çocuk modunu terapistin (hayali) evine götürmesi gerekir. Yeniden imgelemenin ana amacı çocuk modunu depresif annenin sorumluluğundan kurtarmak olduğunda, hastanın çocuk modu diğer çocuklardan kabul görme ve gereksinimlerinin karşılanması amacı ile onlarla oynuyormuş gibi hissedebilir. Bu çocuk modları yalıtılmıştır, hayatlarında eğlence ve oyun yoktur. Bu durumda onlara seçenek olacak bir aile sunmak gerekmeyebilir, çünkü annenin sorumluluğunu diğer bir kişiye yüklemek en önemli konudur.

Vaka örnekleri

Susan (Konu 1.1), kaçıngan ve bağımlı kişilik bozukluğu özellikleri taşıyan bir hastaydı ve günlük işlerden oldukça bunalıyordu. İmgeleme ile yeniden senaryolaştırma çalışmasında, kendisini mutfaktaki 10 yaşında bir kız olarak imgeler. Annesi ağır depresyondadır ve masada ağlamaktadır. Küçük Susan onu sakinleştirmek zorunda olduğunu düşünmektedir. Ayrıca dışarıda arkadaşları ile oynamak istediği için kendini suçlu hissetmektedir. Yeniden senaryolaştırma aşamasında terapist sahneye girer. Ona sarılır, duygularına hak verir ve annesine Susan'ın yaşıtları ile oynamasının önemli olduğunu anlatır. Annesi ise Susan odayı terk ettiği için gergindir ve daha depresiftir. Terapist anneye depresyonu ile başa çıkmanın kendi sorumluluğu olduğunu söyler ve Susan ile annesine anne için bir terapi randevusu alacağını söyler. Ardından Susan'ı çocuk bahçesine götürür. Terapist bir banka oturur ve Susan'ın diğer çocuklarla oynamasını izler.

Carmen 36 yaşında, sosyal fobisi olan ve 16 yaşında başına gelen tecavüz olayını yeniden senaryolaştırmak isteyen duygusal olarak dengesiz bir hastaydı. Tecavüz parti dönüşü arabada gerçekleşmişti. Tecavüzcü ablasının eski erkek arkadaşıydı ve onu eve bırakmayı teklif etmişti. Carmen sahneye sağlıklı yetişkin olarak girdi ve Taciz Edilen Carmen ve saldırgan ile partiye geri döndü. Partide, herkese o kişinin bir tecavüzcü olduğunu söyledi ve sosyal olarak dışlanmasını sağladı. Ona tüm kalbi ile inanan diğer misafirlerin desteğini aldı. Bu daha güvende hissetmesini sağladı.

Claus 20 yaşında bir SKB hastasıydı ve kendini sürekli tehdit altında, korkumuş ve haksızlığa uğramış hissediyordu. Duygularını tetikleyen bir güncel olay onu ailesi ile gittiği İtalya tatilindeki bir anıya götürdü. Bir gün eve geç gelmişti. Bunun için onu cezalandırmak isteyen sadist amcası, Claus'u küçük, karanlık bir mahzene hapsetmiş ve aileyle yemek yemesine izin vermemekle tehdit etmişti. Küçük Claus orada unutulmaktan ve açlıktan ölmekten korkmuştu. Yeniden senaryolaştırma aşamasında terapist sahneye girer, Claus'u kurtarır ve amca ile yüzleşir. Amca agresif bir tepki verince sahneye altı polis memuru girer. Amcayı tutuklarlar ve Claus'un geri kalan tatili boyunca onu hapiste tutarlar. Ardından terapist Küçük Claus'u sahile götürür ve birlikte dondurma yerler.

Nick 42 yaşında alkol bağımlısı bir hastadır ve bir tedavi merkezinde yatmaktadır. Başkaları için sorumluluk hissettiğinde alkol için kıvranmaktadır. Sorumluluk duygusu üzüntü, suçluluk ve aşırı gerginlik ile bağlantılıdır. Duygulara odaklanan bir yeniden senaryolaştırma çalışmasında hasta kendini babası ölüm döşeğinde olan 6 yaşında bir çocukken imgeler. Babasını çok hasta olduğunu uzun süredir bilmesine rağmen ölümüne hazır değildir. Annesi dört yıl önce öldüğü için babası ile yaşamaktadır. Bu durumla "bir erkek gibi" başa çıkması gerektiğini ve herhangi bir olumsuz duygu yaşamadan babasına yardım etmelidir. Üzüntü ve umutsuzluğun yanı sıra yoğun ve bunaltıcı çaresizlik duyguları hissetmektedir. Yeniden senaryolaştıma aşamasında ebeveynlerinin ölümünden sonra birlikte yaşadığı amcası ve halası sahneye girer. Çocukken ona çok iyi bakmışlardır. Senaryolaştırırken hala durumun sorumluluğunu üstlenir ve Nick'in babasına bakar. Amca Küçük Nick ile odadan çıkar. Onu, 6 yaşındaki bir çocuğun böylesi zor bir durumdan sorumlu olmayacağına ikna eder. Bu üzücü çalışma babasının ölümünün ardından evin önündeki bankta oturan Küçük Nick ve amcasının imgesi ile biter. Amca, Küçük Nick'in duygularını onaylar ve onu sakinleştirir.

İmgeleme ile yeniden senaryolaştırmada *saldırganlık* Bir imgeleme ile yeniden senaryolaştırma çalışmasında kırılgan çocuğun tehdit algısını azaltacak her türlü cezalandırıcı ebeveyn ile savaşma tekniği uygulanabilir. Bu saldırgan ile fiziksel bir kavgaya girmek, hatta onu öldürmek şeklinde olabilir. Genellikle agresif bir düşlem de dahil olmak üzere, kişinin gerginliği ile savaşması yarayacak her türlü düşlem, imgeleme ile yeniden senaryolaştırma çalışmasının parçası olabilir. Psikolojik açıdan sağlıklı kişiler de zaman zaman agresif, intikam hayalleri kurduğundan bunları uygulamlarında kullanmakta bir sakınca görmüyoruz. Ayrıca klinik çalışmalar da umut vericidir. Ancak, özellikle adli hastalarda terapist saldırgan davranışın eyleme dökülmesinden rahatsızlık duyar. Bunun hastaları gerçek hayatlarında daha saldırgan olmaya teşvik edeceğini, hatta arttıracağını düşünürler. Bizler şimdiye kadar saldırgan yeniden senaryolaştırma çalışmasının herhangi bir olumsuz sonucunu görmedik. TSSB tedavisinde bu tekniğin kullanımı ile ilgili yapılan, intikam almaya ve kendini şiddetle korumaya izin verilen çalışmada yeniden senaryolaştırmanın öfke sorunlarını azalttığı ve altın teknik olan imgesel maruz bırakmadan daha etkili kontrol sağladığı görülmüştür (Arntz ve ark., 2007). Ancak, bu tekniğin özellikle öfke sorunları olan kişilerde işe yardımcı mı tehlikeli mi olduğu hakkında henüz araştırma yapılmamıştır. Bu nedenle henüz alıştırmalardan sonra istenmeyen bir etkinin görülüp görülmediği bilinmemektedir.

En belirgin ikilem hastanın terapistin rahatsız hissedeceği saldırgan bir eylemde bulunmasını (örn. saldırganı öldürmesi) istemesi ile ortaya çıkar. Terapistin kendi sınırlarını koruması, hastayı aşağılamadan ve hayalinde yapmak iste-

---

Vaka örneği: imgeleme ile yeniden senaryolaştırmada intikam planları

Sally, çocukken kuzeni tarafından cinsel istismara uğramış 35 yaşında bir SKB hastasıydı. Bu anıları çalıştığı bir imgeleme ile yeniden senaryolaştırma çalışmasında yoğun bir nefret hissetti ve kuzenini çok acılı ve sadist biçimde hadım ederek cezalandırdı. Bundan sonra kişiler arası ilişkileri ve duygusal sorunları hızlı bir iyileşme gösterdi.

diğini yapmasını yasaklamadan onunla durumu paylaşması önemlidir. Bu gibi durumlarda terapist dışında bir kişinin işi tamamlaması gerekir.

Eğer terapist imgeleme ile yeniden senaryolaştırma çalışmasının ardından saldırganlığın eyleme dönüşmesinden şüpheleniyorsa hastaya çalışmanın amacını (davranışsal değil yaşantısal boyutta bir değişim yaratmak) açıklamalı ve açıkça hastanın terapide planlama yapıncaya kadar gerçek hayatta herhangi bir biçimde harekete geçmemesi gerektiğini paylaşmalıdır.

Genellikle hastaların fazlasıyla saldırgan hayallerden memnun olmadığını gözlemledik. Bu durumlarda, hastanın başa alıp başka bir davranış denemesini önermekteyiz. Bir hasta hayalinde sadist annesini öldürdükten sonra bunu yeterince tatmin edici bulmadığını söyledi. Geri sardıktan sonra anneyi hapse attı, ağzını bantlayarak konuşmadan hastanın kendisine söyleyeceklerini dinlemesini sağladı. Bu senaryo hastayı çok daha fazla tatmin etmişti. Bu da hastaların sonrasında başka bir şey denemek istemelerinden ötürü terapistlerin aşırı uçlardaki senaryolar hakkında çok kaygı duymamaları gerektiğini göstermektedir.

Yeniden senaryolaştırma sürecini birlikte seçmek: Süreç terapist ve hasta tarafından beraberce kendiliğinden olarak üretilmelidir. Ancak, hastanın ne yapacağı hakkında fikri yoksa ya da cezalandırıcı ebeveyn modundan çok korkuyorsa terapist süreçle ilgili öneriler getirmelidir. Bu aşamada kırılgan çocuğun gereksinimleri ve duygularının yanı sıra cezalandırıcı ebeveynin tepkileri sürekli sorularak hastanın duyguları takip edilmelidir. Alınan bir aksiyon istenen etkiyi sağlamamışsa, terapist "kaseti geri sarar" ve çalışmanın yeni bir versiyonunu başlatır. Uygulama sonrası hasta ebeveyn modu ile kavga ettiği için suçluluk duyarsa, terapist bu çalışmalarda gerçek insanlarla değil, onların hastanın bugün acı çekmesine neden olan tarafı ile kavga ettiğimizi anlatır.

Hastaların bu aşamada yaygın başa çıkma modlarına uygun öneriler getirebileceğini unutmayın. Kaçıngan hasta ebeveynlerinin kavgası sonlanana kadar, ya da saldırgan babasından korunmak için odasında saklanmayı, kendini yatıştıran ve hayal kuran başa çıkma modu olan hasta bir hayal dünyasına dalmayı önerebilir. Hasta tarafından önerilen çözümün sağlıklı yetişkinden çok bir başa çıkma moduna bağlı olduğunu düşünüyorsa, terapist alternatif çözümler önermelidir. Tekrarlamak gerekirse, bir yeniden senaryolaştırma çalışması yanlış yola girdiğinde her zaman "kaset geri sarılarak" ve yeni bir imgeleme başlayarak düzeltilebilir.

Yeniden senaryolaştırma sürecinde çeşitlemeler: Bir imgeleme ile yeniden senaryolaştırma çalışması süreci hastanın zihinsel imgelerinin içeriklerine göre değişir. Uygulama güncel bir olumsuz duygu ile başladığında, duygulanım köprüsü tekniği bu duyguyu gergin bir anı imgesine bağlar. Bazı durumlarda duygu köprüsü gerekli olmayabilir, çünkü yeniden senaryolaştırılacak yaşam öyküsel malzemeler ve imgeler zaten açıktır. Bu pek çok TSSB tanılı ve bağlantılı zorlayıcı anıları olan hastalar için geçerlidir. Başka tanıları olan hastalar da yaygın ve tekrarlayıcı zihinsel imgeler betimleyebilirler. Bu durumlarda uygulama hemen tekrarlayan zihinsel imge ile başlayabilir.

Diğer yandan, özellikle durumları o kadar ağır olmayan hastalar için yeniden senaryolaştırma uygulamasına yeni bir aşama eklemek mümkündür. Yeniden senaryolaştırma aşamasından sonra hasta çalışmanın başındaki duygusal durumuna yeniden girer. Hasta ardından bu durumu ya süreçte oluşan olumlu duygu ile deneyimler ya da durumu yaşam öyküsel imgeyi değiştirdikleri gibi değiştirir. Bunun ağır hastalarda yapılmaması gerektiğini hatırlatırız. Bu hastalar için bir anıyı yeniden senaryolaştırmak yeterince zorlayıcıdır ve yeni bir aşama eklenmesi ile zorlanmaları artacak, hatta belki de bir kez daha alt üst olacaklardır. Ayrıca, klinik deneyimler, yaşam öyküsel imgelerin yeniden senaryolaştırıldığında çalışmanın konusu olmayan günlük durumlara yönelik davranışsal ve duygusal değişimlere bile yol açtığını göstermektedir.

Vaka örneği: "kasedi geri sarmak"

Susan hayatını tehdit eden korkunç bir cinsel saldırının anısını yeniden senaryolaştırmaktadır. Saldırganı koca bir bıçakla öldürmek istemektedir. Ancak, terapist ve polisler bunu yaptıktan sonraki kanlı sahne onu iğrendirmiştir. Kaset geri sarılır ve saldırgan bacaklarına taşlar bağlanarak suya atılır. Susan şimdi rahatlamış ve güvende hissetmektedir.

Jane kendini yatıştırma modu olarak yoğun hayal kurmaktadır. İlk yeniden senaryolaştırma çalışmasında travmatik imgeden çıkıp alıştığı hayallerine dalmayı teklif eder. Terapist bunu kabul etmez ve terapist ile Küçük Jane olarak bir şey yapmayı önerir. Jane kırılmıştır: "Hayallerimi kabullenmiyorsunuz." Terapist çalışmayı kısa bir süreliğine böler ve hayal kurmasının bir başa çıkma olduğunu anlatır. Bu uygulamalarda yeni, işe yarar duygusal süreçler işlenmelidir. Jane onaylar ve uygulamaya terapistin önerdiği şekilde devam eder.

6.3.4 İmgeleme teknikleri çeşitlemeleri

Çok çeşitli imgeleme teknikleri vardır (bk. Hackmann ve ark., 2011). Travmatik çocukluk anılarının yeniden senaryolaştırılması en yaygın kullanılan tekniktir, ancak sonraki travmalar, duygusal sıkıntılar yaratan güncel olaylar, hatta gelecekteki olaylar bile bu çalışmanın konusu olabilir.

Eğer gerçek yaşamı hâlâ travmatize ediciyse, hastanın güvenliğini sağlamak önceliklidir. Bu gibi durumlarda yeniden senaryolaştırma hastanın haklarını savunması ve zarar veren ilişkiyi değiştirmesi ya da bitirmesi için uygulanır.

Vaka örneği: güncel bir olayla yeniden senaryolaştırma çalışması

Jane, arkadaşlarının planladığı günübirlik geziye gitmek konusunda kararsızdır. Bir yandan dört gözle bunu beklemekte, diğer yandan grup tarafından dışlanmaktan çekinmektedir. Terapist, Jane'i yeniden senaryolaştırma çalışması ile bu geziye hazırlamayı teklif eder. Jane kendini dışlanma hissedeceği (gelecekteki) bir sahnede hayal eder: iki arkadaşı onunla ilgili konuşmaktadır. Bilişsel olarak bunun normal bir durum olduğunu ve arkadaşlarının onu sevmediğini göstermediğini bilse de hâlâ reddedilmiş ve sevilmez hissetmektedir. Yeniden senaryolaştırma aşamasında yakın bir arkadaşı sahneye girer ve ona sarılır. Arkadaşı diğerleri ile rahattır, çünkü

> konuşmalarını bir reddediliş olarak algılamamaktadır. Jane daha güvende ve rahatlamış hisseder.

6.3.5 Kırılgan çocuk modlarını diğer duygu odaklı tekniklerle sakinleştirmek

Yeniden senaryolaştırmada kullanılan rahatlatma müdahaleleri diğer tedavi teknikleri ile de gerçekleştirilebilir. Terapi ilişkisinin temel ilkeleri—kırılgan çocuğu rahatlat, güçlendir ve tedavi et—hiçbir zaman değişmez. Benzer şekilde her zaman hastaların bu müdahalelerle ilgili geri bildirimlerini almak ve sorularını yanıtlamak çok önemlidir. Uygulamalar hastanın gereksinim ve tercihlerine göre uyarlanmalıdır. Geri bildirim vererek ve tedaviye yönelik duygusal deneyimleri paylaşarak hastanın terapi ile ilgili sorumluluğun büyük kısmını üstlendiğini de hatırlatalım. Bu, sınırlı yeniden ebeveynlik yaklaşımında terapistin taşıdığı önemli sorumluluğu da dengeler.

Sandalye diyaloglarında kırılgan çocuğa bakım vermek: Şema terapide sandalye diyalogları (Konu 8.3.1) imgeleme ile yeniden senaryolaştırma uygulamaları için geçerli kurallara aynen tabidir. İmgeleme uygulamalarında olduğu gibi, sandalye diyaloglarında da kırılgan çocuk modu onaylanıp sakinleştirilebilir ve rahatlatılabilir. Terapist ve hasta cezalandırıcı ebeveyn modu ile savaşabilir. Örneğin, terapist önce cezalandırıcı ebeveynin sandalyesine konuşabilir, modun zarar verici söylemlerine yanıt verebilir ve sonunda da sandalyeyi dışarı atar. Ardından kırılgan çocuğun sandalyesine döner ve şunları söyler: "Küçük X, seni burada gördüğüm ve konuşabildiğim için çok memnunum. Çok tatlı bir çocuksun ve gereksinimlerin kesinlikle çok önemli."

Ses kayıtları ve geçiş nesneleri: Bu çerçevede hastaya iyi gelen her teknik kullanılabilir. Özellikle terapistten kişisel mesajlar içeren tebrik kartları, yumuşak oyuncaklar gibi geçiş nesneleri işe yarar. Bu nesneler, hastanın kırılgan çocuk modu ile (hatta orada olmasa bile terapistle) temasta kalmasına yardımcı olur. Dahası, terapisti sağlıklı bir yetişkin olarak içselleştirmesine destek verir.

Aynısı ses kayıtları için de geçerlidir. Örneğin terapist "Küçük X'e mesaj'ı kaydeder ve hastaya verir. Birçok hastanın ses kaydı için kullanabilecekleri cep telefonları vardır. Evde kendilerini kötü hissettiklerinde ya da kırılgan çocuğa yönelik yapacakları ev ödevlerinde zorlandıklarında bunu dinleyebilirler.

Bu şema terapi teknikleri ile sınır kişilik bozukluğu için uygulanan Diyalektik Davranış Terapisi (DDT-Linehan, 1993) arasında benzerlikler vardır. DDT'deki pek çok "beceri kutusu"nda iyi arkadaşların fotoğrafları, cesaretlendirici mesajlar içeren mektuplar, ya da diğer huzur veren malzemeler vardır. Bu nesneler hastanın hayatına bireysel olarak yerleştirilmelidir.

6.4 Davranışsal Teknikler

Davranışsal düzeyde, hastalar kendi gereksinimlerini yeterince kabullenmeyi, ifade etmeyi ve karşılamayı öğrenirler. Bu, insan gereksinimlerinin normal ve önemli olduğunu kabullenmeyi de içerir. Gereksinimlerinizin bir bölümü karşılansa bile psikolojik olarak sağlıklı olabilirsiniz. Bu, humanistik terapilerin temel varsayımları ile uyumludur. Gereksinimleri ifade etmenin her duyguyu ve gereksinimi anında ve doğrudan ifade etmek olmadığını hatırlatalım. gereksinimler, sosyal ortama uygun şekilde ifade edilmelidir. Dolayısıyla bazı hastalar için sosyal beceri eğitimi gerekli olabilir.

Şema terapideki terapi ilişkisi hastanın duygu ve gereksinimlerini ifade etmesi için güvenli bir yer olarak görülür. Terapist hastayı gereksinim ve duygularını sağlıklı biçimde ifade etmesi için cesaretlendirmelidir. Sosyal beceriler de terapi ilişkisi içinde geliştirilebilir. Hasta terapi ilişkisi içinde gereksinimlerini dile getirmek konusunda yol kat ettiğinde, sosyal beceri eğitimi diğer ilişkilerinde de bunu yapabilmesine odaklanır. Eğer, yaşadığı ilişkide istismar ediliyorsa onu bitirmesi için de cesaretlendirilebilir. Bazen hastalar terapinin başlarında bu tip ilişkileri bitirmeyi beceremezler. Bu durumlarda ilişkinin bitirilmesi terapi sürecinin gündeminde olmalıdır, çünkü hasta ilişki sürdüğü sürece güvenli ve sağlıklı bağlanma duyguları geliştiremez. Duygu odaklı teknikler önce hastanın sınır koymaya hakkı olduğunu anlamasına yardımcı olmak için kullanılmalıdır.

Kırılgan çocuk modunun tedavisinde kullanılan davranışsal teknikler depresyonun bilişsel davranışçı tedavisi ile benzerlik gösterir. Sosyal becerilere ek olarak, olumlu ve pekiştirici faaliyetler planlanır. Hasta, kendisinin güvende, tatmin olmuş ve mutlu hissedeceği şeyler yapmalıdır. Bunlar hem kendisini sıcak bir köpük banyosu ile şımartmak gibi küçük adımlardan, hem eski bir hobiye yeniden başlamak gibi büyük adımlardan oluşur. Bu davranışçı teknikleri mod yaklaşımı ile birleştirmek için hastalara mutlu çocuk modunda eğlenecekleri faaliyetleri sorarız. Mutlu çocuk kiminle, ne yapmayı sever, hastanın geçmişinde ne yapmaktan hoşlanıyordu?

6.5 SSS

(1) İmgeleme ile yeniden senaryolaştırma uygulamaları sırasında hastanın her zaman gözlerini kapatması gerekir mi?

İmgeleme uygulamaları gözler kapalı olduğunda duygusal olarak daha yoğundur. Ancak, hasta başlarda gözlerini kapatamıyorsa onu zorlamamalısınız. Hastalar genellikle bu alıştırmalara aşına oldukça gözlerini kapatabilmeye başlarlar. Eğer hasta uzun süre gözlerini kapatmıyorsa nedenini sormalı ve süreci uygulamaya koymalısınız. Bazı hastalar terapist de gözlerini kapadığında, ya da onunla ile sırt sırta oturduklarında daha rahat ederler. Hastaların çoğu bir süre sonra gözlerini kapayabilirler.

(2) İmgeleme ile yeniden senaryolaştırma uygulamalarında saldırganın öldürülmesi gibi saldırgan davranışlar sergilenmesi tehlikeli olmuyor mu?

Duygusal süreç bir imgeleme uygulamasını değerlendirmenin ana ölçütüdür. Bir hasta sadece saldırgan öldürüldüğünde güvende hissedecekse yeniden senaryolaştırma aşamasında bunun yapılmasını öneririz. Eğer hasta, saldırganla şiddetle başa çıkmak istemiyorsa başka bir çözüm aramalısınız. Hastanın saldırgan bir eylem olmadan güvende hissetmesinde bir sorun yoktur. Terapistler bu çalışmalarda hastanın intikam almasını ve şiddet uygulamasını desteklemekte zorlanabilir. Ahlaki olarak buna olumsuz bakıyor olabilir, ya da imgesel intikamın gerçek hayatta göstermesi gereken gerçek saldırganlığı engelleyeceğinden endişe edebilirler. Bununla birlikte, bazıları intikam için çabalamanın normal olduğunu söylerler: birçok kişi kızgın olduğunda ya da haksızlığa uğradığını düşündüğünde intikam hayalleri kurarlar. Genellikle bu hayaller şiddetin uygulanması ile sonuçlanmaz. Hatta gerçek hayatta saldırgan bir biçimde aşırı telafi etme baskısını engeller.

Arntz ve ark. (2007) TSSB hastalarında imgeleme ile yeniden senaryolaştırmanın öfkenin azalması ve öfke kontrolünün artması üzerinde maruz bırakma tedavisinden daha etkili olduğunu bulmuşlardır. Bu çalışma agresif imgeleme ile yeniden senaryolaştırma üzerinde yapıldığı için bu veriler imgeleme uygulamalarında şiddet kullanılmasının lehine bulgular göstermektedir. Ancak, bu çalışmalardaki hayali şiddetin gerçek şiddeti tetiklediği bir vaka hiç duymadık. Yine de çalışmalar hâlen devam ettiği için bu soruyu tam olarak yanıtlayamıyoruz (Seebauer, kişisel iletişim).

(3) İmgeleme ile yeniden senaryolaştırma uygulamalarında saldırgan hayallerin kullanımı gerçek hayatta zaten şiddet gösteren hastalar için önerilir mi (örneğin adli hastalar)

Bu soru üzerinde uzun süredir devam eden tartışmalar vardır. Bazı terapistler adli hastalarla şiddet içeren hayallerin kullanımına kesinlikle karşıyken bazıları da bu hasta gruplarında bile başarılı sonuçlar elde ettiklerini bildirmektedir. Kısacası bu henüz üzerinde çalışılmakta olan görgül bir sorudur.

(4) Hastalar yeniden senaryolaştırma aşamasında, özellikle terapist hastayı kendi ailesine götürdüğünde, gerçek ile imgeleme arasındaki farkı anlıyorlar mı? Bu, hastada terapist ve terapi ilişkisi hakkında yüksek beklentilere yol açar mı?

Deneyimimize göre hastalar imgeleme uygulamaları ile gerçeklik arasındaki farkı kolaylıkla anlarlar. Bununla birlikte, hastanın kırılgan çocuk modu ile terapist arasında yakınlık içeren imgeleme ile yeniden senaryolaştırma çalışmalarında, hasta kişiler arası yakınlık gereksinimi ile ancak genel olarak bağlantıya geçebilir. Aslında bu, imgeleme ile yeniden senaryolaştırma çalışmalarının amacıdır: sevginin değeri ve bağlanma yeniden senaryolaştırma aşamasının sık rastlanan bir başlığıdır.

Hastanın kırılgan çocuk modu ile terapist arasındaki yakınlığın olduğu yoğun yeniden senaryolaştırma uygulamaları özellikle SKB hastaları için daha önemlidir, çünkü durumu bu kadar ağır olmayan hastalar kırılgan çocuk modları ile kendi sağlıklı yetişkin modları arasında yakınlık deneyimleyebilirler. Yakınlığa duyulan derin özlem SKB hastalarının tipik bir özelliğidir. Bu yalnızca imgeleme çalışmasının sonucu değil, bu grubun bir özelliğidir. Şema terapi modeline göre, bu egzersizlerde deneyimlenen bağlanma hastaların gerçekte gereksinim duydukları duyguları yaşantılamasına yardımcı olur. Dahası, bağlanmaya duyulan özlem konusunu terapi sürecine taşır. Gerçekten de hastalar bazen terapist olmadığında da onu çok özlediklerini ifade ederler. SKB hastaları terapistle imgeleme çalışması yapmasalar da yoğun bağlanma gereksimindedirler. Hasta bunu açıkça dile getirebildiğinde, terapide üzerinde konuşulacak bir konu hâline gelir. Bu, ilişkiyi sağlıklı bir şekilde konuşabilmenin önünü açar: ağır hastaların bu noktada sıkıntısı vardır ve öğrenmeleri mümkündür. Bazen bir hasta terapiste olan hasretini sorunlu görebilir: "Pazar günü çok kötü hissettiğim de geçen çalışmamızın ses kaydını dinledim. Açıkçası size çok kızdım. Benim elimdeki tek şey olan o berbat kaydı dinlerken siz ailenizle eğleniyordunuz." Bu gibi durumlarda terapist bir yandan hastanın bağlanma gereksinimlerine hak verirken—" Yalnızlık duygularını düşündüğümde kesinlikle seni anlayabiliyorum. Senin de benimki gibi sağlıklı bir ailen olması kesinlikle muhteşem olurdu."— diğer yandan da terapi ilişkisinin gerçek sınırlarını vurgulayın: "Ne yazık ki ben sana böyle bir aile sunamam. Ancak bir tane kurabilme şansını artıracak kadar büyümene yardım edebileceğimi umuyorum"

> *(5) Bazı terapistler imgeleme ile yeniden senaryolaştırma uygulamalarında SKB hastalarına yakın bir ilişki önermek konusunda rahat hissetmezler. Bu hissi ciddiye alıp rahat oldukları kadarını yapmaları gerekmez mi?*

İmgeleme ile yeniden senaryolaştırma çalışmalarının üzerinde derinlemesine konuşulması kesinlikle önemlidir. İmgeleme ile yeniden senaryolaştırma uygulamaları kırılgan çocuğa bakım vermeyi hedefler, yani bağlanma ve yakınlık hastanın bu moduna göre ayarlanmalıdır. Ona sarılmak ve korumak, güvenli bir ailesi yoksa seçenecek olacak bir aile önermek de dahil olmak üzere küçük çocuğunuza yapacağınız her türlü teklifi yapmalısınız. Teklifleriniz hastanın sağlıklı yetişkin tarafına odaklanmamalıdır ve tabii ki herhangi bir cinsel yakınlaşma kabul edilemez.

Yeniden senaryolaştırma aşamasının amacı hastanın kırılgan çocuk modunun güvenliğini ve sağlıklı bağlanmasını artırmak olduğundan, süreci çocuğun gereksinimleri belirler. Eğer hasta sadece terapist ile güvende hissediyorsa bunu yeniden senaryolaştırma aşamasında yaşantılanmalıdır. Dolayısıyla, çocuğun gereksinimleri yerine terapistin kişisel tercihlerinin imgelemeyi yönlendirmesine izin veremeyiz. İmgeleme ile yeniden senaryolaştırma mümkün olduğu kadar etkin bir şekilde kullanılması gereken çok güçlü bir tekniktir. Çocuk modunu terapistin ailesine götürmek de dahil bazı araçlar olumlu bir sonuç için hayati önem taşır ve terapist bunları kullanmaya hazırlıklı olmalıdır. Terapistin evi ve ailesi hayal ürünü olabilir. Eğer terapist bu araçları kullanmaya çekiniyorsa, yine de bunları denemesini öneriyoruz. Hastalar gibi, terapistlere de bu teknikler başlarda yabancı gelebilir ve onlar da alışmalıdır. Bir kaç hasta ile yoğun yeniden ebeveynlik içeren imgeleme ile yeniden senaryolaştırma çalışmalarından sonra terapist de kendini daha rahat hissedecektir. Terapistin kendi sınırlarının tehdit edildiğine dair duygusu bunun da "sadece diğerleri gibi bir uygulama" olduğunu yaşantılaması ile kaybolacaktır.

Eğer terapist deneyebileceğini bile düşünmüyorsa, ya da birkaç denemeden sonra hâlâ rahat hissetmiyorsa bu rahatsızlığın nedenini anlamaya çalışmalıdır. Bazen terapist, hastaya imgeleme ile yeniden senaryolaştırma uygulamalarında sunduğunun aynısını (ya da en azından normalde verebileceklerinden fazlasını) sunma baskısı hissederler. Bu mantıklı değildir ve hatta terapistin suçlayıcı ebeveyn modunun bir ifadesi bile olabilir. Terapi ilişkisinin sınırları imgeleme ile yeniden senaryolaştırma uygulamalarının içeriğine bağlı değildir.

Bazen terapistler, eğitimlerini terapi ilişkisi hakkında farklı yönergeleri olan terapi yönelimlerinden aldıkları için huzursuz hissedebilirler. İmgeleme ile yeniden senaryolaştırmanın ögeleri, örneğin kırılgan çocuğu terapistin ailesine götürmek, bu yönergelerle ters düşebilir. Bu gibi durumlarda terapistler kendi rutinlerinin dışına çıkıp şema terapinin yönergelerini kabul edip etmeyeceklerine karar vermelidir.

(6) İmgeleme ile yeniden senaryolaştırma uygulamalarında her zaman güvenli yer imgesi kullanmak gerekli midir?

Pek çok terapist güvenli yer egzersizini sever ve imgeleme ile yeniden senaryolaştırma uygulamalarında sıklıkla kullanır. Egzersiz çalışmanın başında ve/veya sonunda kullanılabilir. Ancak, bizler gerekli olmadığını düşünüyoruz. Çelişkili bir biçimde hastaların sorunları arttıkça acilen bir güvenli yer imgesine gereksinimleri olmasına rağmen, bunu oluşturmaları zorlaşır. Pek çok sınır kişilik bozukluğu hastasında, en azından terapinin başlarında, güvenli yer bulmak neredeyse imkansızdır. Bu gibi durumlarda güvenli yer imgesini kullanmayız. Diğer yandan imgeleme ile yeniden senaryolaştırma uygulamalarının sonunda olumlu ve güvenli duyguları güçlendirmek için elimizden geleni yaparız. Yani, imgeleme ile yeniden senaryolaştırma uygulaması kendi başına (ve genel olarak terapi süreci) hasta için güvenli yer hâline gelir.

(7) İmgeleme sahnesinde çocuk modlarına nasıl hitap edersiniz?

Çocuk modlarına her zaman, çocuklarla yaptığımız gibi, resmi olmayan bir şekilde konuşuruz. Eğer hastaya normalde soy ismi ile hitap ediyorsanız, çocuk modu ile konuşurken ilk adını kullanmalısınız. Eğer resmi ve resmi olmayan şeklinde ayırım olan bir dil kullanıyorsanız, kırılgan çocuk modu için resmi olmayanı uygun olacaktır.

(8) Ne zaman imgeleme çalışmasına başlayabilirsiniz?
Öncesinde terapi ilişkisi üzerinde ne kadar
çalışmış olmanız gerekir?

Genel kural imgeleme ile yeniden senaryolaştırma çalışmalarına olabildiğince erken başlamaktır. Hasta teknikle ne kadar erken tanışırsa, o kadar çabuk aşina olur. Tanısal imgeleme çalışmaları ikinci ya da üçüncü seansta kullanılabilir. Eğer mümkünse, mod modeli oturtulduktan sonra yeniden senaryolaştırma yapılan terapötik imgeleme çalışmaları da olabildiğince erken kullanılmaya başlanmalıdır.

Ancak, güçlü başa çıkma modları duyguları engellediği için pek çok hasta terapinin başlarında imgeleme teknikleri ile çalışmak istemezler. Bu gibi durumlarda önce başa çıkma modları ile çalışmak gereklidir. Bu, SKB hastalarında 1 yıl gibi uzun bir zaman alabilir (Arntz ve van Genderen, 2009).

Bu hastalarda imgeleme tekniklerine adım adım geçilebilir. İlk birkaç uygulamada hasta gözlerini açık tutmak isteyebilir, ya da en fazla 10 dk. çalışmak üzere bir zaman sınırı koyabilir. Örneğin bir olumlu imgelemeyle başlayabilirsiniz. Örneğin, ilk kısımlarını sözel olarak ele aldığınız yeni bir senaryonun yalnızca son sahnesini imgeleyebilirsiniz. Hastanın imgeleme ile tanışıklığı arttıkça standart yeniden senaryolaştırma uygulaması adım adım uygulanabilir.

*(9) Bir hasta imgeleme yapmayı tamamen reddederse
nasıl tepki vermelisiniz?*

Öncelikle hastanın bu tekniğin arkasındaki ana fikiri anladığından emin olmalısınız. Bazı hastalar önceden gördükleri tedavilerdeki imgeleme uygulamaları ile ilgili garip deneyimlerden söz etmektedirler. Dahası, hastalar bazen örtülü olarak imgeleme çalışmalarının çok fazla duygusal içeriği olduğunu, ancak değişime yol açmadığını düşünürler. Eğer duyguları fazla gerginlik yaratırsa anlaşılır bir biçimde bunları sınır koymadan yaşantılamak istemeyeceklerdir. Bu yaşantılar ve ana fikirler üzerinde konuşulmalıdır. Eğer gerek görülürse şema terapide kullanılan şekli ile yeniden senaryolaştırma daha ayrıntılı olarak anlatılmalıdır.

Hastaların imgeleme çalışmasını reddetmelerine dair anlaşılabilir bir neden yoksa bu, kopuk korungan modlarının bir parçası olarak ele alınmalıdır. Yani hastanın yoğun duygusal deneyimlerden korktuğunu ve kendisini korumaya gereksinim duyduğunu farz etmek gerekir. Bu gibi durumlarda kopuk korungan modunu tedavi etmek için kullanılan temel ilkeler uygulanır (bk. Bölüm 5). Hastanın kaygısına hak vermeniz gereklidir. Eğer hasta belli başlı anı imgelerinden korkuyorsa, imgeleme uygulamaları "kolay" imgeden başlayarak adım adım uygulanır. Fazlasıyla güvensiz hastalar imgeleme sırasında travmatize olacaklarını bile düşünebilirler. Terapistin onlara saldıracağından, ya da gözlerini kapar kapamaz acımasız birinin odaya gireceğinden endişe duyarlar. Bu gibi durumlarda hastanın kendisini nasıl daha güvende hissedeceğini karşılıklı konuşmalısınız. Örneğin kapıyı kilitleyebilirsiniz, ya da hasta gözlerini açık tutabilir. Eğer gözleri kapalıyken yaşayacakları bu duygusal deneyimi izleyecek olmanızdan utanıyorsa siz de gözleriniz kapayabilir ya da hasta ile sırt sırta oturabilirsiniz.

Bazen hastalar yeniden ebeveynlik yapılan bir imgeleme çalışmasından sonra cezalandırıcı ebeveyn modunun karşı saldırıya geçeceğinden korkarlar. Bunu ciddiye almalı ve imgeleme çalışmasından birkaç saat sonra kısa bir telefon görüşmesi, e-posta iletişimi, ya da cezalandırıcı ebeveyne karşı bir ses kaydı gibi olası çözümleri konuşmalısınız.

Yalnızca çok dirençli vakalarda veya kırılgan hastalarda (örn. imge selinde kaybolan hastalar) imgeleme ile yeniden senaryolaştırma olmaksızın şema terapi uygulama fikrini kabul etmelisiniz. Bu çok güçlü bir tekniktir ve kolay kolay vazgeçilmemesi gerekir. Bununla birlikte, bazı durumlarda drama tekniklerinin imgeleme ile yeniden senaryolaştırmadan daha etkili olduğunu gördük. Bir nedenle bazı hastalar drama tekniklerine imgelemeden daha iyi yanıt vermektedirler ve bu teknikler uygun seçenekler olarak düşünülmelidir (Arntz & Weertman, 1999). Unutmayın, duygu odaklı tekniklerden kaçınanlar sadece hastalar değil, aynı zamanda terapistlerdir. Hasta ile ortak bir kaçınmaya girmemeye dikkat edin.

(10) İmgeleme ile yeniden senaryolaştırma uygulamalarındaki dağılma riski hakkında ne söyleyebilirsiniz? Hastanın zor duygularda boğulması olası mı?

Duygu odaklı tekniklerin az yapılandırıldığı Gestalt gibi terapi yöntemleri ile yaşanan deneyimler duygusal açıdan istikrarlı olmayan hastalar için dağılma riskini işaret ediyordu. O nedenle, yakın zamana kadar ağır travma yaşamış hastalarda kullanılması önerilmiyordu. Ancak imgeleme ile yeniden senaryolaştırma uygulamalarının duygusal süreci son derece yapılandırılmıştır ve terapist tarafından yönlendirilmektedir. Terapist sürekli olarak çocuk modunun duygularını ve gereksinimlerini sorarak hastanın duygulanımını takip etmektedir. Dahası, gerektiğinde terapistin de yardımı ile korkunç saldırganla savaşmak bu uygulamaların gereğidir. Yönlendirme olmadan travmatik anıların dengeleri bozması kolaylaşır, çünkü bu hastalarda cezalandırıcı ebeveyn modu (ve bağlantılı olarak ortaya çıkan kendinden nefret ve sürekli tehdit algısı) genellikle çok güçlüdür. Yönlendiren terapist cezalandırıcı ebeveyn modunun alanını oldukça daraltmalıdır. Tehdit algısı ortaya çıktıkça, terapist aktif olarak gerekirse silah veya polisin kullanıldığı güçlü bir yeni senaryoya başlar. Bu uygulamaların tek kuralı terapistin cezalandırıcı ebeveyn moduna karşı her zaman kazanmasıdır. Diğer öncelik ise kırılgan çocuk modunu yatıştırıp rahatlatmaktır. Bu, hastayı güçlendirir ve cezalandırıcı ebeveyn modunu zayıflatır. Eğer terapist bu yönergeleri izlerse duygusal sürecin kontrolünü elinde tutabilir. Hasta da olumsuz duygularla bunalmaz ve çözülmez.

Asıl büyük sorun çözülmek değil, yoğun duygulardan kaçmaktır. Duygusal olarak dengeli olmayan hastaların genellikle güçlü bir kopuk korundan modları vardır. İmgeleme ile yeniden senaryolaştırma uygulamalarında bu tip başa çıkma düzenekleri hastanın bir olayı gereksiz ayrıntılara girerek ayrıntıları ile anlatması, gözlerini sürekli açması, duygular artınca çözülmesi şeklinde ortaya çıkar. Genellikle terapist için zor olan çözülmeden kaçınmak değil, hastayı duygularına odaklamak ve alıştırmanın içinde tutabilmektir.

(11) Hastalar yatıştırıcı ve psikotrop ilaçlar alıyorsa imgeleme uygulamaları nasıl uygulanacak?

Benzodiyazepinler ve yatıştırıcı nöroleptikler gibi psikotrop ilaçlar yoğun duyguları bloke ederler. Hasta uyuşmuşken yeniden senaryolaştırma neredeyse etkisizdir. Giesen-Bloo ve ark. (2006) ek olarak psikotrop ilaç alan sınır kişilik bozukluğu hastalarında şema terapinin çok daha az işe yaradığını görmüşlerdir. Klinik açıdan, bu duygusal yoğunluğun azlığından kaynaklanabilir. Ancak bu henüz seçkisiz klinik deneylerle incelenmemiştir.

(12) Bir çok travmatik anısı olan hastalarla nasıl çalışacağız?

Ağır sorunları olan hastalar genellikle fazla sayıda imgeleme egzersizine gereksinim duyarlar. Örneğin Jane (bk. Konu 2.1.3) bir çok sorunlu çocukluk anısından söz etti: annesi soğuk ve dışlayıcıydı, belki ailevi sorunlardan fazlasıyla bunalıyordu; babası sarhoş olduğunda küfürler savuruyor, sözle saldırıyordu; arkadaşları kilolu olduğu için onunla dalga geçiyorlardı.

Bu gibi durumlarda hasta ve terapist imgeleme ile yeniden senaryolaştırabilecekleri durumların bir listesini yaparlar. En az zorlayıcı anıdan başlayıp sıralamayı hastanın tercihine göre yaparak ilerlenmelidir.

(13) Duygulanım köprüsünün hoş bir çocukluk anısına götürmesi ne anlama gelir?

Uygulama olumsuz bir duygu ile başlasa da bazen duygulanım köprüsünün ardından gelen çocukluk anısı olumsuz değildir. Bunun bir nedeni müdahalenin uygun olmamasıdır, çünkü sorunlu durumun olumsuz etkisi bir yaşam örüntüsüne bağlı değildir ve tamamen olaydan kaynaklanmaktadır.

Ancak, bazen var olan sorun açık bir biçimde bir yaşam örüntüsüne bağlıdır. Bu durumda yeniden senaryolaştırma uygun bir müdahale tekniği olabilir ama mutluluk veren o sahnenin anlamını bulmalısınız. Deneyimimize göre bu tip mutlu çocukluk anıları genellikle çocuğu kırılgan çocuk modunda değil başa çıkma modunda gösterir. Bu hasta ile konuşulmalıdır. Hastaya doğrudan bu mutlu anının bir başa çıkma modu olup olmadığını sorabilir, ya da imgelemeyi sürdürerek bir başa çıkma modu belirleyinceye kadar olayı sorgulayabilirsiniz. Hastaya şimdi ne yapmak istediğini sorabilir, ya da sahneden ayrılıp olmayan ebeveyn ile temasa geçmeyi teklif edebilirsiniz. O zaman genellikle hastanın duyguları değişir ve kırılgan çocuk modu sonunda ortaya çıkar.

Vaka örneği: çocukluk anılarında başa çıkma

Vaka 1: kendini feda

Simone 38 yaşında bir doktordu. Konferanslar için seyahat etmesi gerektiğinde ailesinin emniyetinden endişe ediyordu. Bu duygulardan başlayarak kendisini evin salonunda bir çocuk olarak hayal eder. Annesi de oradadır. Sahne huzurludur, Küçük Simone'un yoğun duyguları ve güncel duygusal soruna ilişkin korkusu ortada yoktur. Terapist, neler olduğunu anlayabilmek için sahneyi değiştirmeyi önerir. İmgedeki çocuğa şimdi ne yapmak istediğini sorar. Küçük Simone dışarı çıkıp bahçede oynamak istediğini söyler, çünkü hava çok güzeldir. Terapist bunu yapmasını söyler. Ancak dışarı çıkar çıkmaz kaygısı ortaya çıkar. Duygusal yönden tutarsız ve süregiden depresyonda olan annesinin, o olmadığı için kötü hissedebileceğinden, hatta kendine zarar verebileceğinden korkmaktadır. Simone, annesinin ruh sağlığı ile ilgili olarak kendini sorumlu hissetmektedir. İmgeleme egzersizindeki imgeyi değiştirmek hastanın anneyle kalıp ona bakım verdiğinde çocuk modunun dengeyi bulduğunu, bu başa çıkma örüntüsü aksadığında ailesi için duyduğu kaygının benzeri bir kaygının ortaya çıktığını görmemizi sağlamıştır. Dahası, çocuk başa çıkma durumu Simone'un şu andaki hayatında da önemli rol oynayan kendini feda tarzını göstermektedir.

Vaka 2: Çekilme ve kendini yatıştırma

Barbara süregiden yeme bozukluğu (anoreksik/bulimik), alkol kötüye kullanımı ve sınır kişilik bozukluğu olan 44 yaşında bir hastaydı. Son zamanlarda kendisine haksızlık yapıldığını ve reddedildiğini düşünüyor. Bu duygularla başa çıkmak için içki içiyor, bu da yeme atağı ile sonuçlanıyordu. Mevcut duyguları ile başlayan bir imgeleme egzersizinde, Barbara kendini yatağa yaslanmış 10 yaşında bir kıza olarak görür. Çikolata yemekte ve iyi hissetmektedir. Terapist çikolatanın anlamını sorgular. Hastanın çikolatayı annesinden çaldığı ve hepsini yemeye hazırlandığı ortaya çıkar. "İyi hissetmek için buna gereksinimim var." Bir yandan da annesinin hırsızlığını anlayıp onu ağır şekilde cezalandırmasından korkmaktadır. Bu imge, hastanın geçmişinde başa çıkma olarak yemenin ne kadar önemli olduğunu göstermektedir. Ayrıca anneyi imgeye ekleyip sahnenin odağını Küçük Barbara ve annesi arasındaki etkileşime çevirerek kırılgan çocuk modu ve cezalandırıcı ebeveyn modları ortaya çıkmış olmaktadır.

(14) İmgeleme sırasında sürekli konuşan hasta ile nasıl başa çıkarsınız (örneğin pek çok ilgisiz ayrıntı anlatan)?

Özellikle ilk imgeleme uygulamalarında hastalar bu tedavi tekniğine aşina olmayacaktır. Ne yapmaları ve yapmamaları gerektiği hakkında yönergeye gereksinim duyarlar. "Aslında bu kadar ayrıntıyı bilmeme gerek yok. Duyguların çok daha önemli. Lütfen acele etme, o durumun içindeymişsin gibi hissetmeye çalış. Teşekkür ederim."

(15) Yeniden senaryolaştırma aşamasında terapistin sahneye girmesini istemeyen hasta ile nasıl başa çıkarsınız?

Terapist sahneye izin almadan sahneye girmelidir. Eğer hastadan izin isterseniz, bunu alamama riski yüksektir. İzinsiz bir şekilde sahneye girdiğinizde hasta da rahatlama hissedecektir.

Bazı hastalar bu durumda bile itiraz edebilirler. Bunun çeşitli nedenleri olabilir ve hasta ile karşılıklı konuşulmalıdır.

İdealde hastanın sağlıklı erişkin modu terapistin yardımı olmaksızın senaryolaştırma yapabilecek kadar güçlüdür. Bu durumda hastanın terapiste gereksinim olmadığından terapistin varlığı garip olabilir. Aynı durum çocukluk imgesinin çok büyük bir tehdit oluşturmaması, hastanın sağlıklı erişkininin yeterince güçlü olması, ya da hastanın durumunun ağır olmaması hâlinde de geçerlidir. Örneğin, Simone oldukça işlevseldir, hafif belirtiler göstermektedir. Onun durumunda sağlıklı erişkin sorunu çözebileceği için yeniden senaryolaştırılan sahnede terapiste gereksinim yoktur.

En kötü durum ise hastanın hiç kimseye güven duymadığı için yalnız kalmayı seçmesidir. Bu vakalar oldukça paradoksaldır. Çocukluk ne kadar kötü ise o kadar fazla yardıma gereksinim duyulmakta, ama hasta da terapistin katılımını o kadar reddetmektedir. Bu durumda hasta ile güvene duyulan gereksinimin önemini konuşmalı ve terapistin sahneye girebilmesi için ortak bir çözüm geliştirmelisiniz. Bu, hastanın başkalarına güvenmeyi öğrenmesine yardımcı olacaktır.

Vaka örneği: güvensiz hasta yeniden senaryolaştırmada terapisti reddediyor

Nicole, sınır kişilik ve antisosyal kişilik bozuklukları tanısı konmuş bir adli psikiyatri hastasıydı (bk. Konu 1.3.3). Terapistin kesinlikle aşağılayıcı ve saldırgan annesi ile başa çıkmak üzere Küçük Nicole'e yardım etmek için sahneye girmesini istemiyordu. Nicole'un reddedişindeki duyguların şiddetini anlayabilmek için terapist onunla kendisinin de sahneye girdiği kısa, tanısal bir imgeleme yaptı. Küçük Nicole terapisti gördüğünde çok korktu, çünkü bu ona çocuk bürosundan gelen sosyal hizmet uzmanlarını hatırlattı. Nicole, yerel kurumlar tarafından da bilindiği üzere oldukça antisosyal bir aileden geliyordu. Bu nedenle sosyal hizmet uzmanları her şeyin yolunda olduğunu görmek için zaman zaman uğruyorlardı. Amaçları aileye yardımcı olmaktı ve genellikle anneyi eleştirirlerdi. Yine de bu ziyaretler pek de işe yaramıyordu. Onlar geldiğinde herkes işler yolundaymış gibi davranıyordu ama öyle değildi. Dahası, anne bu kadar eleştirinin ardından öfke patlamaları yaşıyordu. Hasta için bir çocuk olarak bu ziyaretler yarardan çok zarar getiriyordu. Bu bağlantı Nicole'un yeniden senaryolaştırma sahnesine üçüncü kişilerin girmesini istememesini açıklıyordu. Durum anlaşılınca,

> terapisti ile birlikte bunun üstesinden nasıl gelebileceklerini konuştular. Nicole için önemli olan terapistin annesine saygılı yaklaşması ve onu eleştirmek yerine yardımcı olmaya çalışmasıydı.

Bazen çocuk modlarının terapistin varlığını reddetmesinin nedeni cezalandırıcı ebeveyn modunun çok güçlü olmasıdır. Bu hastalar ya imgedeki cezalandırıcı ebeveyn modunun (örneğin tacizkâr, sarhoş baba) terapiste zarar vereceğinden korkmakta, ya da terapistin bir sır gibi saklanan ailevi durumlarını görmesine izin vereceği için suçluluk duymaktadır. "Burada olanları kimse bilmeyecek!" Bu gibi durumlarda, terapistin yardımını reddedenin kırılgan çocuktan çok cezalandırıcı ebeveyn modu olduğunu varsayarız. Kırılgan çocuk moduna cezalandırıcı ebeveynin terapiste karşı olduğunu anlatır ve ondan cezalandırıcı ebeveynin bunu dile getirmesine izin vermesini isteriz. Ardından kırılgan çocuğun gereksinimleri konusunda onunla aynı fikirde olmadığımızı anlatır ve çocuğun gereksinim içinde olması durumunu değersizleştirmesi ile savaşırız.

Vaka örneği: cezalandırıcı ebeveyn terapistin senaryoya girmesini reddediyor

Yeniden senaryolaştırma aşamasında terapist sahneye girer.

Hasta: "Bu iyi olurdu, ama izniniz yok."

Terapist: (İtirazı cezalandırıcı ebeveyne bağlayarak) Seni korumama izin vermemek zorba babanın düşüncesi, değil mi? İmgedeyken bunu babanın söylemesine izin verir misin?

H: Sen kimsin ki? Burada ne arıyorsun? Ailemizle bir işin yok, çık evimizden.

T: (babaya) Ben bu durumu tamamen farklı görüyorum. Olaya dahil olmam çok önemli. Kızına tehditler savuruyor ve onu feci şekilde istismar ediyorsun. Buna daha fazla izin veremem.

(16) İmgelemede kırılgan çocuk moduna giren, sonrasında intihar eğilimi gösteren ya da şikayet etmeye devam eden hasta ile nasıl başa çıkabiliriz?

Öncelikle, kırılgan çocuğun çektiği acıya hak vermemiz gerekmektedir. Genellikle çocuğu onaylamak ve cezalandırıcı ebeveynle savaşmak onu sakinleştirir ve olumlu duygulara yol açar. Ancak, bazen bu seçenek engellenir. Kırılgan çocuk onun yerine intihar eğilimleri gösterir, şikayete devam eder ya da karamsar bir hâlde takılıp kalır. Bu yeniden senaryolaştırmada bile gereksinimlerini kabullenmekten kaçınan teslimiyetçi ya da kaçından modu olan hastalar için tipiktir. Sorunun üstesinden gelmek ve alıştırmaya devam etmek için başa çıkma modu ile biraz çalışmanız gerekir. Genellikle işlevsel çözümler geliştirmenin egzersizin önemli bir parçası olduğunu kısaca anlatmak işe yarayacaktır. Bu açıklama alıştırma sırasında yapılabilir. Çocuk modunun "takılmışlık hâli" ciddi görünüyorsa terapist müdahaleye ara vermeli ve hastaya işlevsel çözümler geliştirmek için işbirliği yapmaları gerektiğini açıklamalıdır. Bu, kendi engellerini (bağımlı/kaçıngan) aşmak anlamına gelir ve çoğunlukla hastanın çalışmaya daha yapıcı bir şekilde devam etmesi için işe yarar. Başa çıkma yöntemlerini kolayca geride bırakabilen hastalar imgeleme uygulamalarına zaten başlayabileceklerdir. Bu kişiler aynı zamanda yarı yolda başa çıkmalarına takıldıklarında üstesinden gelebilirler.

(17) Bir hasta yeniden senaryolaştırmada aşırı bir hareketi (saldırganı öldürmek) başta kabullenip sonra bundan hoşlanmazsa ne yapmalıyız?

İmgeleme ile yeniden senaryolaştırma genelde oldukça yaratıcı bir tekniktir. Her çözüm denenebilir: Eğer hasta birini sevmezse başka bir çözümü denemelisiniz ("kasedi geri sarmak"). Bazen hastalar senaryolaştırmanın belli bir bölümü ile ilgili sıkıntılarını uygulama bittikten sonra dile getirirler. Bu durumda başka bir seansta farklı bir sonla biten bir senaryo planlanmalıdır. Hastalar rahatsızlıklarını seans içinde dile getirdiklerinde iş daha kolaydır. "Kasedi geri sarar", sıkıntının başladığı ana döner, farklı bir şekilde ilerlersiniz (Konu 6.3.3'te "kasedi geri sarmak" başlığı altında verilen vaka örneklerine bakınız).

*(18) Bazen imgede hasta çocuk değil ergen hâli ile var oluyor.
Bu durumda da yeniden ebeveynlik yapmak uygun mudur?*

İmgeleme ile yeniden senaryolaştırma her türlü duygusal sorun için uygulanabilir bir yöntemdir. Ancak mutlaka imgede ortaya çıkan sorun ile çalışmak gerekmektedir. Bazen kişiler arası sorunlar bağlanma ve güvenlik eksikliğinden çok özerklik ile ilgili sıkıntılarla bağlantılıdır. Anı imgeleri tehdit eden cezalandırıcı ebeveyn modları değil, daha çok hastanın bir ergen olarak sağlıklı özerkliğini engelleyen ebeveynlerdir (örneğin aşırı koruyucu anne). Dolayısıyla, temel gereksinim bağlanma değil özerklik ve bağımsızlıktır. Terapist (ya da başka bir sağlıklı yetişkin modeli) bu durumlarda ergenin özerk olma hakkı üzerinde durmalıdır. Konuyu aşırı koruyucu anne ile konuşabilir, ya da hastanın ergen moduna kendi yolundan gitmesini, özgür ve bağımsız hissetme duygusunu imgelemesini söyleyebilir.

*(19) Teknik bir soru: ses kayıtlarını
nasıl yapıyorsunuz?*

Pek çok MP3 çaların mikrofon özelliği var. Bunlar hem ses kaydı yapmaya, hem dinlemeye yarıyor ve oldukça ucuzlar. Bazı hastalar terapi seanslarını kaydetmek için bir tane satın alıyorlar. Cep telefonlarının da aynı şekilde mikrofon işlevleri var. Hastalar bazen farkında olmayabilirler, o nedenle işlevi aramalarını isteriz. Cep telefonları hep yanlarında olduğu için ses kayıtları hep hastanın elinin altında olacaktır.

7

Öfkeli ve Dürtüsel Çocuk Modlarının Tedavisi

Kızgın, öfkeli, denetimsiz ve dürtüsel çocuk modları, bazı örtüşmelerle birlikte iki alt gruba ayrılır. Öfke veya hiddet duyguları; güçlü, bazen de denetlenemez "sıcak" duygulanımla ön planda olduklarında öfkeli veya kızgın çocuk modları ortaya çıkar. Dürtüsel ve denetimsiz çocuk modlarında olan bireyler ise öfkeden daha çok abartılı bir biçimde kendi gereksinimlerine odaklanırlar. Hazzı isteme -olumlu duygular yaşantılamak için - bu modlara eşlik eder ve bu modlardaki bireyler oldukça şımarık, dürtüsel ve denetimsizdirler. Bu sınıftaki duygular ve duygulanımlar Tablo 7.1'de listelenmiştir.

Terapötik yaklaşım, çocuk modunun daha çok öfkeli/kızgın mı yoksa denetimsiz/dürtüsel mi olduğuna bağlı olarak değişir. Modla ilgili duygudurumu ve modun arkasındaki gereksinimi (karşılanmamış) belirlemek için bu ayrım her zaman önemlidir. Bununla birlikte, hasta duygularını ve gereksinimlerini dile getirmenin daha uygun yollarını bulmak zorundadır. Özellikle denetimsiz/dürtüsel çocuk modları ile ilgili olarak, hastayı modun denetimsiz veya şımarık özellikleriyle yüzleştirmek ve uzun vadede hastanın sorumluluk almasının, en azından bir derece denetim sağlamasının çok önemli olduğunu vurgulamak oldukça önemlidir.

Tablo 7.1 Öfkeli, dürtüsel ve denetimsiz çocuk modlarının ayırıcı duyguları ve duygulanımları

Duygulanım	Duygular	Örnek
Öfke	Haksızlığa uğradığını hisseder. Hayal kırıklığı ve öfke ifade eder.	Hasta, terapistin 5 dakikalık gecikmesi nedeniyle hayal kırıklığına uğrar ve öfkesini sözel olarak dışa vurur.
Hiddet	Saldırgan davranışlar üzerindeki denetim kaybedilebilir. En uç noktada, zarar verebilir veya öldürebilir. Kısacası, yoğun saldırganlık içeren öfkeli davranışların ifadesi belirgindir.	Hasta diğerleri tarafından kışkırtıldığında, öfkeden gözü döner, o anki kızgınlıkla kendisini sinirlendiren kişilere vurur veya kendine ait eşyalara zarar verir. Daha sonra bunu reddeder.
Dürtüsellik	Kendisi ve diğerleri için uzun vadeli sonuçlarını dikkate almaksızın kendi gereksinimlerinin peşinden gider. Bu hastalar bir çeşit "Neden canımı sıkayım?" duygusu içindedirler. Bazen isyankarlıkları tarafından yönlendirilirler.	Hasta bir dükkan vitrininde gördüğü ayakkabıyı "Ona sahip olması gerektiği için" hemen alır. Banka hesaplarının borç içinde olmasına aldırmaz.
Denetimsizlik	Tembeldir, sıkıcı işler yapmak için düzenleme yapamaz, sorumluluklarını ve yükümlülüklerini umursamaz.	Hasta gecikmiş faturalarını, ödenmemiş vergi borçlarını ve benzeri şeyleri umursamaz. Sıklıkla anneleri, olumsuz sonuçlardan kaçınmaları için işlerini yapar. Kendi davranışlarının doğru olmadığının farkındadırlar ancak "bütün bu şeylerle canlarını sıkmak istemezler".
İnatçılık	Diğerleri tarafından öfkeli olarak algılanırlar; ayrıca inatçı ve olumsuz hastalar davranışsal düzeyde öfkelerini açıkça göstermezler, bunun yerine her şeyi reddederler ve herkesi geri çevirirler. İnatçılık, öfkeli veya denetimsiz çocuk modlarının bir parçası olabilir.	Bir hastanın kız arkadaşı, kız kardeşinin ziyaretleri için nasıl bir çözüm bulacağını merak ettiğini söylüyor. Hastanın, kız kardeşini sevmediğini biliyor ama hasta ve kendi kız kardeşi arasında kabul edilebilir bir uzlaşma yolu bulmak istiyor. Ayrıca ne zaman bu konudan söz etme hasta inatlaşmaya başlıyor, kendini kapatıyor, açık bir şekilde geri çekiliyor ve tüm yapıcı tartışmaları reddediyor.

Şımartılmışlık	Denetimsiz çocuk modundaki hasta oldukça şımarık görünür.	Hasta, yataklı psikoterapi servisinin kurallarına uymaz. Ayrıca bu hastalar diğerlerinin kendi gereksinimleriyle ilgilenmesini, kendi programına uymasını ve buna benzer şeyleri beklerler.
		Günlük yaşamda uyulması zorunlu olan toplumsal kuralları anlamayan şımarık bir çocuk gibi davranır.

> Hiddetli/öfkeli çocuk modları yoğun "sıcak" olumsuz duygularla bağlantılıyken, dürtüsel/denetimsiz çocuk modları daha çok olumlu duygular yaşamakla ilişkilidir. Öfkeli/hiddetli çocuk modları için en önemlisi duygularla çalışmakken denetimsiz/dürtüsel çocuk modları için daha fazla sınır koymak ve empatik yüzleştirme yapmak gerekir.

7.1. Terapötik İlişki

7.1.1. Öfkeli/hiddetli çocuk modlarıyla terapötik ilişki

Öfkeli veya hiddetli çocuk modları ile ilgili olarak, onaylama ve yüzleştirme arasındaki denge özellikle önemlidir. Bu "empatik yüzleştirme" şema terapinin önemli bir terapötik yöntemini tanımlar. Öfkeli veya hiddetli çocuk modları için terapötik ilişkinin temel ilkeleri şunlardır:

(1) Öfke ve hiddet hislerini onaylamak
(2) Hastanın öfkesini açığa vurmasına izin vermek
(3) Genellikle öfkenin ifade edilmesinden sonra ortaya çıkan kırılganlık, karamsarlık ve çaresizlik gibi hisleri göz önünde bulundurmak
(4) Hastalar beklenenden daha az öfke sergilediklerinde, öfkeyi ifade etmelerine ve yaşantılamalarına yardım etmek
(5) Hasta öfkeli/hiddetli çocuk modundayken cezalandırıcı ebeveyn modlarının etkinleştirilmiş olabileceğini akılda tutmak, gerekirse cezalandırıcı ebeveyn moduna sınır koymak

(6) Hastanın öfkesini veya hiddetini olumladıktan sonra, hastayı bu öfke veya hiddetin işlev bozucu taraflarıyla yüzleştirmek

(7) Cezalandırıcı ebeveyn modlarına sınır koyarken öfkenin uygun biçimde ifade edilmesini teşvik etmek

Öfke ve hiddetin açığa vurulması ve olumlanması: Öfkeli veya hiddetli çocuk modu ortaya çıktığında terapist bu hisleri onaylamalı ve hastasına neden öfkeli olduğunu sormalıdır. Terapi seansında harekete geçen öfke, terapist veya terapi merkezinin bazı uygulamaları tarafından tetiklenmiş olabilir. Hastanın öfkesinin tüm gerekçelerini ifade etme fırsatı olmalıdır. Hasta öfkesinin bir veya iki nedeni olduğundan söz ettiğinde, terapist başka nedenlerin olup olmadığını iyice araştırmalıdır. Erken dönem yaşantılar öfke ve kızgınlığın nedeni olabilir ancak hasta korkusundan dolayı bunu bastırmış olabilir. Hastanın birikmiş olan bu öfkeyi de ifade etmesi önemlidir. Öfkenin ifade edilmesiyle birlikte hasta genellikle yatışır ve daha kırılgan hisler ortaya çıkar. Bu teknik SKB hastaları için özellikle önemlidir; tekniğin daha ayrıntılı tanıtımı ve SKB için önemi Sınırda Kişilik Bozukluğu İçin Şema Terapi (Arntz ve Genderen, 2009) elkitabında yer almaktadır.

Vaka örneği: öfkenin ifade edilmesi

Terapist: Steve, kızgın gibi görünüyorsun. Nedenini bana söyleyebilir misin?

Steve: Peki, aslında bunun hakkında konuşmak istememiştim. Ama her zaman seni beklemek zorunda olmam gerçekten sinir bozucu!

T: Daha önce beni beklemek zorunda kaldığın gibi bugün de beni beklemek zorunda kalmış olmandan dolayı öfkelisin. Öfkeli olmanla ilgili daha başka meseleler var mı?

S: Peki, ben geç kaldığımda beni suçlu hissettirecek bir şekilde buna değiniyorsun. Ancak, ben seni beklemek zorunda kaldığımda çok suçluluk hissediyor gibi görünmüyorsun!

T: Sen geç kaldığında suçlanıyorsun fakat ben geç kaldığımda suçlanmıyorum. Bunun adil olmadığını hissetmeni anlıyorum.

Hiddetli ve cezalandırıcı ebeveyn modu: Genellikle, hasta çocukken öfke veya hiddetini ifade etmesi kabul edilmemiştir. Ebeveynler genellikle öfke ve hiddeti ya saldırganca (örn. fiziksel istismar yoluyla) ya da çocukla alay ederek, onu sevgiden mahrum bırakarak veya suçluluk yükleyerek cezalandırmışlardır ("Sen öfkeli olduğunda annen çok üzülür"). Hastanın sonraki yaşamında öfke yaşantılaması veya ifade etmesi, öfke ifade ettiği için onu cezalandıran veya değersizleştiren cezalandırıcı ebeveynini harekete geçirir. Bu cezalandırıcı mod terapist tarafından öngörülmek ve sınırlandırılmak zorundadır. Bunu yapmak için terapist hastasına öfkelenme ve bu öfkeyi ifade etme hakkının olduğunu söyler. Herkes bir gereksinimi karşılanmadığında öfke hissedebilmelidir ve bu öfkesini ifade etme hakkına sahip olmalıdır. Her zaman her yerde yoğun bir öfke ifadesini önermiyoruz, sadece hastanın öfke ve hiddetin normal ve gereksinimlerin karşılanmadığı durumlarda yardımcı olan önemli hisler olduğunu anlamasına yardım ediyoruz.

Öfkenin veya hiddetin yıkıcı bir biçimde ifade edilmesini sınırlandırmak: Hasta öfkesini yıkıcı bir biçimde ifade ettiğinde (örn. Hastanın terapiste bağırması veya terapisti aşağılaması), terapist hastanın tepkisiyle iletişime geçmeli ve öfkenin yıkıcı bir biçimde ifade edilmesini sınırlandırmalıdır:

Vaka örneği: cezalandırıcı ebeveyn modunu öngörmek ve sınırlandırmak

Terapist: Steve, öfkeni burada ifade edebiliyor olman önemli. Söylediğin gibi, sen çocukken öfkelendiğinde baban seni sert bir biçimde cezalandırdı. Şimdi bana neden kızdığını söylediğinde, cezalandırıcı ebeveyn modunun harekete geçip geçmediğini merak ediyorum.

Steve: (Kafa sallıyor)

T: Öfken çok önemli bir his. Ama belki de uygunsuz bir biçimde ortaya çıkıyor. Bu durum senin için zararlı olabilir ve ben öfkeni ifade etmenin daha uygun bir yolunu bulman için sana yardım edebilirim. Burada öfkelenmekte ve öfkeni ifade etmekte özgürsün! Cezalandırıcı ebeveyn modun öfken nedeniyle senin suçlanmanı söylediğinde haklı değil!

S: ...

"Steve, beni oldukça sert bir biçimde eleştirdin. Terapide gereksinimlerin karşılanmadığı zaman hakkını savunduğunda eleştirini anlayabiliyorum ve ona hak veriyorum. Fakat benim açımdan beni eleştirme biçimin oldukça rahatsız edici. Kendimi aşağılanmış hissediyorum ve kişisel tepkim sana yakın olmak yerine geri çekilmek ve senden uzaklaşmak oluyor."

Hasta açığa çıkmış öfkesini giderek azaltmada başarısız olduğunda, çok saldırgan olduğunda veya terapisti tehdit ettiğinde yıkıcı hiddeti sınırlandırmak önemlidir. Eğer hasta, terapist öfke ifadesine sınır koyduğunda da sakinleşmezse sonuca adım adım gitmek gerekebilir. Bu, hiddetli çocuğa müdahale edilmesiyle uyumlu bir durumdur. Örneğin, hasta hiddetlendiğinde bekleme odasına gidip sakinleşmesi için seanstan iki dakikalığına çıkabileceği söylenebilir. Daha sonra seans devam ettirilebilir. Fakat deneyimlerimize göre genellikle bu gibi önlemler gerekmez. Onaylama ve empatik yüzleştirmenin birleşimleri gibi önlemler etkilidir. Öfke veya hiddet genellikle bu yöntemlerle azaltılabilir ve çaresizlik, kırılganlık gibi öfkeyle ilişkili hisler konuşulabilir.

Öfkenin daha uygun bir biçimde ifade edilmesini teşvik etmek: Hastanın öfkesini onaylamamıza, açığa vurmasına izin vermemize ve öfkeyle ilgili olan cezalandırıcı ebeveyn modlarına sınır koymamıza karşın; genellikle hastanın öfkesini ifade etmesini tamamen olumlu bir şeymiş gibi değerlendirmiyoruz. Hasta öfkesini uygunsuz bir yolla ifade ediyorsa, daha uygun bir biçimde ifade etmeyi öğrenmelidir. Sosyal beceri eğitimine odaklanan davranışçı teknikler bu konuda yararlıdır.

Genellikle kırılgan çocuk modunun hisleri öfkeli çocuk modunun arkasına saklanmıştır: örneğin, terkedilme, reddedilme veya değersizlik. Dolayısıyla şema terapinin önemli bir hedefi, öfkeli veya hiddetli çocuk modlarının arkasına ulaşıp kırılgan çocuk modunun gereksinimlerini keşfetmektir. Kırılgan çocuk modu, öfkeli veya hiddetli çocuk modlarının arkasından çıktığında 6. Bölüm'de belirtilen biçimde müdahale edilir.

Hiddetli çocuk moduyla terapötik ilişki: Hiddetli çocuk modu terapi seansında çok nadiren ortaya çıkar. Fakat hastalar bazen, bir tartışmanın kızgınlığıyla diğer insanlara karşı fiziksel şiddet uygulamak gibi açık bir biçimde hiddetli çocuk moduyla ilişkili olan davranışlardan söz ederler. Terapist ne zaman böyle bir sorunun farkına varmaya başlarsa bunu sınırlandırmaya odaklanmalıdır.

> **Vaka örneği: öfkenin daha uygun bir biçimde ifade edilmesi**
>
> Terapist: Steve, beni beklemek zorunda kaldığında öfkeli olman anlaşılabilir. Geç kaldığım zaman bundan gerçekten hoşlanmadığını bana çoktan söylemiş olmana rağmen bugün yine seni beklettiğim için üzgünüm. Bugün yoğun bir programım olduğu için geciktim ama bu senin öfkelenmemen gerektiği anlamına gelmiyor çünkü gerçekçi bir program sürdürmek benim sorumluluğumda. Yine de öfkeni ifade etmenin iyi bir yolunu bulsaydın çok iyi olmaz mıydı? Eğer bu öfkeyi yok saymayı veya söz dinleyen teslimci moda alışmayı denersen bu iyi olmaz. Fakat sen öfkeli çocuk modunla çok öfkeli tepki verdiğinde sanki bu biraz fazla oluyor. İyi bir uzlaşma nasıl olabilir? Sağlıklı yetişkin modu ne söylerdi?

> **Vaka örneği: hiddetli çocuk moduna sınır koyma**
>
> Otuz sekiz yaşında bir alkol bağımlısı (şimdilerde içki içmemektedir) olan Paul'ün kendisi de alkol bağımlısı olan aşırı derecede şiddete eğilimli bir babası vardır. Babası halen hayattadır ama başka bir şehirde yaşamaktadır. Bazen içki içtiğinde Paul'ü arar, onu aşağılar veya ondan para ister. Bu durumlarda Paul çok öfkelenir. Eğer karşı karşıya gelirlerse, babasına geçmişte olduğu gibi saldırabileceğini söyler. Böyle durumlarda bazen babasının evine gitmek için güçlü bir istek duyar. Paul ve terapisti, Paul'ün babasının evinin anahtarının geçici bir süre terapistte kalması konusunda anlaşırlar. Paul, bunun hiddet anında babasının evine gitme riskini azalttığını hisseder. Ayrıca Paul ve terapisti, bu hiddetli modun terapinin odaklarından biri olması gerektiği konusunda anlaşırlar. Paul güvenilir bir şekilde kendi öfkesini kontrol edebildiğinde terapist anahtarları geri verecektir.

7.1.2 Dürtüsel/denetimsiz çocuk modlarıyla terapötik ilişki

Yukarıda tanımlandığı gibi, öfkeli ve hiddetli çocuk modları genellikle kişinin hislerini ve gereksinimlerini ifade etmiş olduğu için cezalandırıldığı çocukluk çağı yaşantılarından kaynaklanır. Bunun tersine, denetimsiz ve dürtüsel çocuk modları çocukluk çağında oldukça farklı kökenlere sahiptir. Dürtüsel veya denetimsiz çocuk moduna sahip hastalar oldukça şımartılmış bir çocuk olduklarını ve sorumluluk almadıklarını belirtirler. Bazen aşırı yüklenilmiş, sorumluluk verilmiş olduklarını da belirtebilirler (örn. ciddi düzeyde hastalığı olan bir ebeveynle yalnız kalmak). Her iki durumda da kendileri ve diğerleri için uygun biçimde sorumluluk almayı öğrenememişlerdir. Bazı hastaların hem öfkeli hem de dürtüsel/denetimsiz çocuk modları olduğunu unutmamalıyız. Bu hastalar iki tür çocukluk çağı yaşantısını da belirtebilirler (örn. içkiliyken saldırgan ve cezalandırıcı olan, ayıldığında içtiği için pişmanlık duyup çocuğu uygunsuz bir biçimde şımartan bir babanın olması). Bu gibi durumlarda, dürtüsel/denetimsiz çocuk modları genellikle bakım yetersizliği ve kötü davranıma karşı bir isyan tarafından yönlendiriliyor gibi anlaşılabilir. Bunu hastaya onaylatmak önemlidir. Eğer hasta da aynı fikirde ise, kötü davranıma karşı isyanının haklı ve anlaşılır olduğu ama şimdiki durumda seçtikleri bu davranışın, gereksinimlerini karşılamada çok uygun bir yol olmadığı gerçeği üzerinden tekrar tekrar empatik yüzleştirme yapılmalıdır.

Aşağıdaki listede dürtüsel ya da denetimsiz çocuk modlarıyla terapötik ilişki kurmanın temel teknikleri özetlenmektedir. Dürtüsel ve denetimsiz çocuk modlarının sınırlı ebeveynliği, onaylama ve bakım vermeye ek olarak sınır koymayı ve denetimi öğretmeyi içerir (Çocuğuna uygun sınırlar koymayı, destek ve bakım vermeyle birleştiren ebeveyn rolü gibi). Bu bölümde, çocuk modunun denetimsiz, dürtüsel veya inatçı olup olmadığına bağlı olarak terapötik ilişkinin ayırıcı özelliklerini tartışacağız (İnatçı çocuk modu denetimsiz ile öfkeli çocuk modlarının arasında bir yerdedir). Bununla birlikte, tam anlamıyla denetimsiz veya dürtüsel özellikler yerine genellikle bu özelliklerin karmaşık bir şekilde bir arada olduğunu görürüz.

(1) Modla bağlantılı gereksinimleri keşfetmek.
(2) Gereksinimleri onaylamak.
(3) Hastayı, bu moddayken gereksinimlerini işlevsiz bir biçimde karşılamaya çalıştığıyla yüzleştirmek: Dürtüsel çocuk modu "çok fazla" üstüne gider, denetimsiz çocuk modu sorumluluktan kaçar ve çok fazla çabalar. Diğer bir yol olarak, hastaya hangi eylemlerinin onun gerçek gereksinimlerini ne kadar karşıladığını yansıtmak için doğrudan sormak.

(4) Hastaya gereksinimlerini uygun bir biçimde karşılamasını öğretmek ve model olmak.
(5) Hastaya sağlıklı bir denetimi öğretmek ve model olmak.
(6) Eğer gerekliyse sınır koymak (dürtüsel eylemlerin olası zararları üzerinden).

Dürtüsellik: Dürtüsel çocuk modlarının başlıca uğraşı hazza yönelik gereksinimlerdir (Cinsellik, alkol almak, hoş şeyler satın almak ya da çalmak, eğlenmek vb.). Bu gereksinimleri anlamak ve onaylamak kolaydır çünkü hazza yönelik olmanın belirli bir derecesi sağlıklı ve hoşluk vericidir. Herkes en azından birazcık, hazza yönelik gereksinimlerini karşılama olanağına sahip olmalıdır. Bununla birlikte, dürtüsel çocuk modunun dürtüselliğinin kişinin kendisine ve diğerlerine zarar verme olasılığı vardır (Güvensiz cinsellik, çok fazla para harcama). Dolayısıyla bu modla bağlantılı sorunlar vurgulanmalıdır ve terapist hastaya hazza yönelik gereksinimlerini karşılamanın daha gerçekçi (ve daha denetimli) yollarını bulması için yardım etmelidir. Dürtüsel eylemler genellikle gerçek gereksinimlerin kötü bir ikamesidir: yabancı biriyle cinsel ilişkiye girmek gerçek bir yakınlığın ya da aşkın yerini alamaz; bir grupla içmek gerçek arkadaşlığın yerini alamaz; alışveriş yapmak ve para harcamak mutluluk getirmez ve hayatı doldurmaz.

Denetim eksikliği: Denetimsiz çocuk modlarının başlıca amacı sorumluluktan, gerginlikten, rahatsızlıktan ve sıkıcı görevlerden kaçmaktır. Terapistin başlıca görevi ise hastaya rahat kaçırıcı görevlerin ve zorunlulukların her sağlıklı yetişkin yaşamının bir parçası olduğunu açıklamaktır. İnsanların çoğu vergilerini sevmezler ama bu gereklidir. Dolayısıyla bu modda sınır koymaya ve hastanın denetim sağlamasına yardım etmeye odaklanılır.

Şımartılmışlık: Bazen hastalar dürtüsel çocuk modlarındayken oldukça şımarık görünürler. Oldukça çocuksu bir biçimde birçok şey talep edebilirler. Kendileri ve diğerleri için sonuçlarını dikkate almadan gereksinimlerini karşılamanın normal olduğunu düşünürler. Başta düşüncesizce ve kendiliğinden hareket etme sonradan da pişman olma anlamında özellikle dürtüsel olmayabilirler. Bu şımartılmış çocuk modları, denetimin yokluğuyla ve hazza yönelik gereksinimlerin aşırı vurgulanmasıyla bağlantılıdır. Dürtüsel ve denetimsiz çocuk modlarındaki ilkeler aynı biçimde şımartılmış çocuk moduna da uygulanabilir.

> **Vaka örneği: denetimsiz çocuk modu ile yüzleştirme ve bu modu onaylama**
>
> Terapist: Ev ödevlerinle aran nasıldı?
>
> Hasta: Bu hafta iki kez çalışma yapacağıma dair söz verdim biliyorum ama yapmak içimden gelmedi.
>
> T: Neden içinden gelmedi?
>
> H: Bilmiyorum, sadece kendimi toparlamayı beceremedim ve dışarı çıktım.
>
> T: Denetimsiz çocuk modunun etkinleşip etkinleşmediğini merak ediyorum. Ebeveynlerinin sen çocukken sana denetimi yeterince öğretmediğini konuşmuştuk. Maalesef bu durum senin için bugün ciddi bir sorun oluşturmakta. Ödevini yapmamış olmanda denetimsiz çocuk modunun rol oynadığını düşünüyor musun?
>
> H: Peki, olabilir, evet.
>
> T: Sana göre bu modun artı ve eksileri neler?
>
> H: Peki, beni sıkan şeyleri yapmıyorum. Ama uzun vadeli hedeflerime gerçekten ulaşamıyorum.
>
> T: Kesinlikle haklısın! Bu modun senin hayatındaki etkisini azaltmanın önemi konusunda benimle hemfikir misin?

7.1.3 Ek bölüm: İnatçılık

Bazen bir hasta öfkeli görünür ama terapist bu hastayı öfkesini açığa vurması için harekete geçiremez. Hasta bunun yerine sinirli tepkiler verir ve terapi süreci tıkanır. Böyle vakalarda asıl sorun inatçılık olabilir. İnatçı bireyler öfkeli görünürler ama öfkelerini ifade etmekte istekli değildirler. Terapist öfkelerini ifade etmeleri için cesaretlendirdiğinde geri çekilirler ve terapisti reddederler. Bu yüzden öfkeli çocuk modunun tedavisine yönelik taktikler burada iyi işlemez. Eğer bir hasta inatçı ise terapisti ile işbirliği yapmayacaktır. Denetimsiz çocuk moduna yönelik taktikler hastanın sürekli reddedişlerinden dolayı pek kullanışlı değildir.

Klinik deneyime göre, inatçılık genellikle ergenken özerkliği kabul edilmemiş (örn. bir arkadaşları geldiğinde ebeveynleri onların mahremiyeti olabileceğini düşünmemiştir) veya baskı (duygusal) altında bırakılan bireylerde (örn. anneleri, onlar tarafından eleştirdiğinde ağlamaya başlar, onları suçluluk duyguları ile baş başa bırakır ve tartışmayı noktalayıp giderler) daha güçlüdür. İnatçı hastalar her türlü terapötik müdahaleyi reddetme eğilimde olduklarından inatçılığın kendisine odaklanmayı öneriyoruz. Bunu yaparak terapist hasta ile aşağıdaki noktaları ele almalıdır:

(1) Çocukken veya ergenken duygusal baskı altında olduklarında veya ergenken özerklikleri kabul görmediğinde insanlar inatçı bir biçimde davranmayı öğrenirler. Bu koşullar altında inatçılık en işlevsel tepkidir; bu gibi deneyimleri olan insanların inatçı etkileşim örüntüsü geliştirmesi anlaşılırdır.

(2) Sosyal etkileşim açısından inatçılık, ağırlıklı olarak diğerlerinin reddedilmesiyle ilişkilidir. Bir kişi inatçı olduğunda, diğerleri ne söylerse söylesin veya ne yapmayı denerse denesin reddetme eğiliminde olur. Diğer kişi daha yakın olmayı denediğinde reddetme artar.

(3) Bu, inatçılık ve diğer duygular arasındaki önemli bir farkın işaretidir. Bir kişi üzgün ya da kaygılı olduğunda, diğer insanlar ona yardım edebilir (örn. yatıştırma, güven verme) ve böylece üzgün kişiye karmaşık hisleriyle baş etmesi için olumlu bir deneyim yaratmış olurlar. İnatçılıkta bu durum farklı olur. Birinin size destek verebilmesi için önce inatçılığınıza karşı bir karar almaz zorundasınızdır.

(4) Bu nedenle hastanın inatçılığından vazgeçmesi kendisi için yararlı olacaktır (en azından o an için). Bunu yapması, altta yatan öfkesi ve hayal kırıklığını terapistle paylaşabilmesi için oldukça önemlidir.

Diğer olasılıklar:

(1) Eğer terapist talepkâr ya da cezalandırıcı ebeveyn modlarının bir rol oynadığını hissederse, bu ebeveyn modlarını ve öfkenin ifade edilmesini ele almalıdır (Hastanın onayını aramaksızın). Böylece, terapist hem öfkenin ifade edilmesi için bir model olur hem de bu ebeveyn modlarına öfkelenmenin güvenli olduğunu göstermiş olur.
(2) Hastaya, hislerini açık bir biçimde ifade edemediği ve kendisine belirli bir biçimde davranıldığı için öfkeli veya hayal kırıklığına uğramış olabileceğini söylemek terapiste yardımcı olabilir. Terapist kötü davranımın ayrıntılarını bildiği zaman bu müdahale daha etkili olabilir.

Şema mod modelinde inatçılık genellikle, öfkeli çocuk moduna benzeyen "inatçı çocuk" moduna karşılık gelir. Öfkeli çocuk gibi inatçı çocuk da gereksinimleri karşılanmadığı ve özerkliği kabul görmediği için hayal kırıklığına uğramıştır. Eğer inatçılık çok belirgin ve kalıcı ise, hasta her yeni zorlukla karşılaştığında ortaya çıkar. Bazen inatçı çocuk modu kaçıngan korungan mod yerine kullanılıyor olabilir. Her durumda, inatçılık mod modeliyle bütünleştirilmeli ve hastayla birlikte ele alınmalıdır.

Denetimsiz/dürtüsel çocuk modları ve talepkâr ebeveyn modları arasındaki çatışma: Kendilikle ilgili talepkâr bilişler ("ben bunu iyi yapamam"; "daha fazla çaba göstermeliyim"; "daha iyi yapmalıyım") genellikle şema terapide talepkâr ebeveyn modları olarak kabul edilir. Tedavinin amacı bu modların sesini biraz kısmaktır. Ancak dürtüsel ya da denetimsiz modlar rol oynadığında tablo farklı olabilir. Kendilikle ilgili talepkâr bilişler, denetimsiz/dürtüsel çocuk modlarının eylemleri ve bunun sosyal sonuçları bakımından sağlıklılığı ve gerçekçiliği yansıtabilir. "Denetimimin olmaması iyi değil", "daha fazla çaba sarf etmeliyim" veya "uzun vadede iyi sonuçlar doğurmayacak" gibi ifadeler cezalandırıcı nitelikte olmak zorunda değildir. Bunun yerine hastalar bu ifadeleri yetişkin olarak söyleyebilir: başkalarının değerlendirmeleriyle eşleştiklerinin farkında olabilirler (ebeveynlerin, arkadaşların, meslektaşların, terapistin). Bu tür vakalarda hastanın bu yönünü sağlıklı yetişkin modun bir parçası olarak kavramsallaştırmak önemlidir. Bu sesle savaşmak gibi bir hedef olmamalı aksine bu ses daha da güçlendirilmelidir. Bir yandan da dürtüsel veya denetimsiz çocuk moduna sınır konulmalıdır.

7.1.4 Hastalar öfke ifade etmediğinde terapötik ilişki

Öfkeli çocuk modu öfkenin abartılı biçimde ifadesiyle ilişkilidir. Ancak, sıklıkla öfkenin ifadesiyle ilgili sorunlar yaşayan hastalar görürüz. Bu tür hastaların öfkeleri abartılı değildir fakat öfkelerinden bahsetmeleri tamamen olanaksızdır. Böyle vakalarda, hastada öfke tamamen bastırılmışken terapistler sıklıkla karşı aktarım yoluyla öfke hissederler. Terapist aynı zamanda hastanın da öfkeli olduğunu hissedebilir ancak hastaya doğrudan sorduğunda hasta bunu reddedecektir. Bu durum özellikle öfkenin, tartışılan durum karşısında sağlıklı tepki olabileceği zaman gerçekleşir (örn. kocası tarafından sözel istismara uğramış kadın hastanın "ben öfkeli değilim sadece onun tarzı böyle" dediğinde).

Öfkenin aşırı bir biçimde bastırılması – tıpkı öfkeli çocuk modunda öfkenin uygunsuz bir biçimde sergilenmesi gibi – genellikle öfkenin ifade edilmesi durumunda cezalandırıldığı çocukluk yaşantılarıyla bağlantılıdır.

> ### Vaka örneği: öfke bir sorun gibi görünüyor ancak hasta bunu inkar ediyor
>
> Hasta: (Biraz sinirli bir ses tonuyla) Bana verdiğiniz ödev anlamsızdı. Evimden bile çıkamazken nasıl komşumla konuşabilirim?
>
> Terapist: Sesin, sana uygun olmayan bir ödev verdiğim için bana öfkeliymişsin gibi geliyor.
>
> Hasta: Öfkeli? Kesinlikle değil. Sadece üzgünüm çünkü anlaşılmadığımı hissediyorum.
>
> Terapist: "Anlamsız" dediğinde ben biraz öfkeli olduğunu hissettim. İnsanlar bu kelimeyi kullandıklarında genellikle biraz öfkeli olurlar.
>
> Hasta: Hayır ben sadece üzgün hissediyorum.

> ### Vaka örneği: öfkeyi bastırmanın öyküsel arka planı
>
> Evelyn bağımlı ve kaçıngan kişilik bozukluğu (bk. Konu 2.1.3) olan, öfkesini ifade edemeyen 52 yaşında bir OKB hastasıdır. Bununla birlikte OKB belirtileri, diğerleri sınırları ihlal edici bir biçimde davrandığında onlara sınır koymaya hizmet eder. Evelyn, erkek arkadaşının davranışından hoşlanmadığında öfkelenmez, bunun yerine OKB belirtileri artırır. Belirtileri yoluyla erkek arkadaşını kontrol eder (örn. onun dairesinde olmak istediğini söyler) veya onunla teması keser (örn. ona kendi yatağında tahammül edemez). Bu gibi durumlarda etkileşim örüntüsü oldukça pasif-agresif olmaya başladığı için terapist Evelyn'in bastırılmış öfkesini hisseder. Ancak terapist sorduğu zaman öfkesinden bahsetmez sadece çaresizliğini ve üzgünlüğünü belirtir.
>
> Bu örüntüye odaklanan tanısal imgeleme çalışmasında Evelyn, mevcut durumla başlar. Hasta servisindeki bir hemşirenin kendisine kötü davrandığını hisseder ancak bu durumla ilgili öfke hissedemez bunun yerine hemşireyi yok

sayar. Geçmiş öyküye yönelik imgeleme çalışmasında Evelyn beş yaşındaki hâlini hatırlar. Küçük Evelyn'in annesi oldukça depresiftir; babası alkollü ve hiddetlidir, Evelyn ve annesine saldırgan bir biçimde bağırır. Bazı sınıf arkadaşlarının kendisine yönelik zorba davranışları, küçük Evelyn'in onlara kızması ve onlardan korkmasıyla ilgili olarak annesiyle konuşmak ister. Ancak bu çok mümkün değildir çünkü annesi kocası tarafından tehdit edilmektedir ve oldukça kötü hissetmektedir. Eğer küçük Evelyn annesini kendi sorunlarıyla sıkarsa anne ağlamaya başlar veya evden çıkar gider ve bazen de geri dönmez (Evelyn'in annesi sık sık aileyi terk etme tehditleri savurur). Ayrıca küçük Evelyn saldırgan babasından korkar. Babasının bir silahı olduğunu bilir ve onu kullanabileceğinden çok korkar. Bu imgeleme çalışması, Evelyn'in öfkesini ifade etmekten neden korktuğunu ve her şeyi bastırdığını açıklar.

Bu hastalar için öfkenin ifade edilmesi hayati tehlike bile taşıyabilir. Bu hastaların ebeveynleri, gereksinimlerin veya hislerin ifade edilmesinden dolayı aile üyelerini ağır bir biçimde cezalandırmış veya onlara hiddet göstermişlerdir. Bu gibi ebeveynler genellikle yoğun psikolojik zorlukları olan kişilerdir (Sıklıkla alkolle ilişkili sorunlarla birlikte).

Bu vakalarda, hasta öfkeyi açığa vurmayı tamamen reddeder. Öfkeyi ifade etme yerine asıl amaç öfkeyi yaşamaya cesaretlendirmek, öfkenin normal bir his olduğunu açıklamak ve öfkeye karşı daha kabul edici bir tutum geliştirmesi için hastaya yardım etmektir. Terapi seansında hasta öfkesiyle temas ettiğinde bu durum desteklenir. Ancak içten bir öfkeyi, öfkeli korungan moddan ayırt etmek önemlidir. Öfkeli korungan mod ortaya çıktığında desteklenmektense sınırlandırılmalıdır.

Vaka örneği: terapide öfke ifadesinin desteklenmesi

Terapist: Evelyn, bu anketlerin seni tekrardan bunaltmasını istemediğini söyledin. Sesindeki öfkeyi duydum, bu harika! Öfkeni ifade etmeyi öğrenmen çok önemli. Bunun senin için oldukça zorlayıcı olduğunu biliyoruz. Çünkü çocukluğunda öfkeni ifade etmen oldukça tehlikeliydi. Bu nedenle burada bir adım atmış olman harika. Lütfen nelere öfkeli olduğundan bana daha çok söz et!

Ne yazık ki Evelyn gibi hastalar sıklıkla zorlu örüntüler seçerler. Genellikle ebeveynlerine benzer kişileri eş olarak seçerler. Örneğin Evelyn on beş yıldan daha fazla bir süredir sert ve saldırgan bir alkolikle evliydi. Bir de oğulları vardı. Eşinden gerçek anlamda ayrılmadan önce birçok kez ayrılığı düşündü ancak yıllarca hep ayrılması durumunda alkolik kocasının kendisini ve oğlunu öldüreceğinden korktu. Eşinden ayrıldıktan sonra başka bir karmaşık ilişki buldu: sonraki bulduğu bu erkek arkadaşı Evelyn'ı sözel olarak istismar ediyordu. Bu özelliklere sahip bir erkek arkadaşla birlikteyken hastaya öfkesini açıkça ifade etmemesi tavsiye edilebilir çünkü bu durum hastaya zarar verecek sonuçlar doğurabilir. Bu tür hastalar genellikle oldukça yalnız oldukları için eşlerinden ayrılma konusunda istekli olmayabilirler. Bu nedenle terapötik değişim çok küçük adımlarla, çok uzun sürede gerçekleşebilir.

7.2 Bilişsel Teknikler

Bilişsel teknikler tüm modların arka planını ele almak ve açıklamak için kullanılır. Tablo 7.2 klinik deneyimimize göre öfkeli veya dürtüsel çocuk modlarının bazı geçmiş öykü ile ilişkili unsurlarını özetler. Elbette bu liste eksiksiz değildir, başka unsurlarla da ilişkili olabilir.

7.2.1 Öfkeli ve hiddetli çocuk modlarında bilişsel teknikler

Öfke veya hiddetin uygunluğu bilişsel düzeyde ele alınmak zorundadır. Hastanın şu meselelerde sağlıklı değerlendirmeler yapmayı öğrenmeye gereksinimi vardır: öfkeyi nasıl ifade etmeli, ne tür bir öfke ifadesi sosyal olarak kabul edilebilirdir ve öfke ifadesi istenen sonuçları verecek mi? Eğer bir hasta öfkesini sürekli olarak bastırıyorsa, öfkenin anlamı ve önemi hakkında hastayla yoğun bir bilişsel çalışma yürütmek gereklidir. Ayrıca öfkeye karşı kabul edici bir tutum geliştirme konusunda hastaya yardım etmek için de benzer bir bilişsel çalışma yapılmalıdır.

Hiddetin gelişimi ve işlevi: Öfke, gereksinimlerimiz karşılanmadığında kendini gösteren önemli bir histir. Engellenmiş gereksinimlerimize odaklanmamızda bize yardımcı olur. Çocuklar, (1) öfke ifade etmeyle ilgili sağlıklı bir modele sahipse, (2) öfke ve gereksinimlerin ifade edilmesine uygun güvenli bir çevre varsa öfkelerini uygun bir biçimde ifade etmeyi öğrenirler. Öfkeli veya hiddetli çocuk modunda olanlar (Öfkeyi çok fazla bastıranlar da dahil edilebilir) genellikle bu iki ölçüte de sahip değildirler. Bu kişilerin ebeveynleri veya arkadaşları, öfke veya hiddetlerini çok tehdit edici bir biçimde açığa vurmuşlardır ya da bastırıp içlerine atmışlardır.

Tablo 7.2 Öfkeli veya dürtüsel modların arka planına ilişkin yaygın yaşam öyküleri

Modlar	Yaşam öyküsü unsurları
Öfkeli/hiddetli çocuk modları	Hak etmediği biçimde bir davranım görme (Aile üyeleri veya arkadaşlar tarafından); fiziksel veya cinsel istismar; öfke veya gereksinimlerin ifade edilmesi sonucu cezalandırılma vardır.
Hiddetli çocuk modları	Aşırı şiddet, şiddet suçları; sıkıntılı ve/veya adli suçları olan ailelerde büyümüştür, genellikle hastanın da yaşadığı fiziksel istismar öyküsü vardır.
Dürtüsel çocuk modları	Rehberliğin, sınırların ve yapılandırmanın olmaması; ebeveynler çocuğu gereksinimlerinden yoksun bırakmış ya da bu gereksinimleri aşırı izin verici bir biçimde karşılamıştır. Bazı hastalar hem yoksun kalma hem de aşırı derecede izin verici yaşantılar aktarır. Genellikle sosyal modeller dürtüseldir.
Denetimsiz çocuk modları	Denetimsiz veya şımartılmış sosyal modelleri; ebeveynler tarafından şımartılmış veya yaşına uygun sorumluluk almayı öğrenememiştir. Yine, hastalar hem yoksunluğu hem şımartılmayı birlikte yaşamış olabilir.
İnatçılık	Bir ergenken yaşa uygun özerkliğin olmaması ve/veya (duygusal olarak) altından kalkılamayacak, uygunsuz sosyal talepler vardır.

Bazı hastalar bu iki uç durumun bir birleşimini yaşantılar. Örneğin Evelyn'in babası tehdit edici bir biçimde hiddet sergiler, annesi ise öfkesini bastırıp babasına katlanır, gereksinimlerini ve hislerini dile getirmek için yakınmalarını kullanır.

Sağlıklı ebeveynler öfkelerini diğerlerini tehdit edici veya değersizleştirici bir şekilde değil gereksinimleri hakkında iletişim kurarak ifade ederler. İlişkileri normal çatışmalardan zarar görmez. Ayrıca çocuklarının gereksinimlerini ve hislerini olumlarlar, öfkenin ifade edilmesini cezalandırmazlar. Ebeveynlerin çocuklarının öfke ifadelerini doğrudan veya öfkeli çocukla dalga geçmek, onu sevgiden yoksun bırakmak gibi dolaylı yollarla cezalandırabileceğini de unutmamak gerekir.

> Öfke, gereksinimlerimiz karşılanmadığında ortaya çıkar ve onları ifade etmemiz için bize yardım eder. Öfkenin uygun bir biçimde ifade edebilmesi için çocuk öfkesini ifade etmeyi tehlikeli bir şey olarak algılamamalı ve öfke veya hiddet ifade ettiği için cezalandırılmış olmamalıdır.

7.2.2 Dürtüsel veya denetimsiz çocuk modlarında bilişsel teknikler

Dürtüsel veya denetimsiz örüntüler ön plandayken, terapistin temel bilişsel görevi hastayı bu örüntülerle yüzleştirmek ve gerçekçi sınırları ele almaktır. Genellikle bu modların gelişimi hastanın yaşam öyküsünden anlaşılabilir. Ebeveyn figürleri çocuğu uygunsuz biçimde şımartmıştır, sağlıklı sınırlar koymamıştır veya çocuğun özerkliğini uygunsuz bir biçimde sınırlandırmış, inatçılığı tetiklemiştir.

Çoğu terapiste hastasıyla birlikte şımartılmışlık veya inatçılık gibi hassas konuları açıkça ele almak zor gelir. Ancak bunlar terapide ele alınması gereken çok önemli konulardır. Hastalar şımarık veya dürtüsel örüntüleri hakkında düşünmeye cesaretlendirilmelidir. Bu örüntüler, hastaları gereksinimleri doğrultusunda etkin bir biçimde iter ve bu hastalar diğer insanların yaptığı sıkıcı veya rahatsız edici görevlerden kaçmayı başarırlar. Şımartılmışlığı ele almak genellikle sosyal olarak uygunsuz görüldüğünden, bu hastalar başkalarının onların dürtüsel ve denetimsiz davranışlarını nasıl algıladıklarını bilemezler (eşler, öğretmenler ya da kardeşler gibi aile üyeleri daha açık olabilseler de). Diğer insanlar, bu hastalara denetimsizliklerinden hoşlanmadıklarını söylemek yerine genellikle onlardan uzak durmayı seçerler. Sonuç olarak bu örüntü uzun vadede birçok ilişkiye zarar verir. Ayrıca, bu örüntüler hayatın çeşitli alanlarıyla ilişkili uzun vadeli amaçların olmamasıyla da ilişkilidir.

Her durumda, dürtüsel veya denetimsiz davranışların kısa vadedeki olumlu etkisinden dolayı, bu örüntülerin başarılı bir biçimde değiştirilmesi için hastanın istekliliğinin fazla olması gerekir. Bu nedenle terapist hastanın istekliliğini mümkün olduğunca arttırabilmek için bu örüntülerin sorunlu doğası konusunda açık ve net olmak zorundadır.

> **Vaka örneği: denetimsiz çocuk modunda artı ve eksileri ele alma**
>
> Toby genellikle oldukça şımarık bir biçimde davranır. Çocukluğunda annesi Toby'yi açık bir biçimde şımartmıştır. Toby her zaman "annesinin veliaht prensi" olduğunu hatırlar. İzleyen konuşma Toby'nin ev ödevi ile ilgilidir - terapist Toby'ye faturalarını ve vergisini ödemesiyle ilgili soru sorar.

Terapist:	Sonunda vergilerini ödemeye başladın mı?
Toby:	Of! Çok sıkıcı ve rahatsız edici, ayrıca ben korkunç şekilde yoğunum. Ne yazık ki kız arkadaşım yaptı çünkü acilen ödenmesi gerekiyordu.
T:	Bunu kendin yapman senin için gerçekten aptalca olurdu değil mi?
Toby:	(Gülerek) Eğer bunu bu şekilde açıklamak istiyorsan evet.
T:	(Ciddi bir ses tonuyla) Eğer birisi denetimsiz çocuk moduna sahipse bu önemli bir husustur. Eğer acil olmaya başlamışsa birileri senin sorumluluğunu alır. Senin için oldukça rahat bir düzen.
Toby:	(Biraz utanarak) Doğru.
T:	Utanmana gerek yok, bu aslında oldukça normal. Biz buna kısa vadeli destek diyoruz.
Toby:	Evet, daha önce söylediğini hatırlıyorum. Kısa vadeli destekler sorunları ortadan kaldırmaz.
T:	Kesinlikle. Bu senin şımartılmış çocuk modun için büyük avantaj: sana yardım edebilecek birini her zaman bulabildiğin sürece. Ergenliğinde bu kişi annendi, şimdiyse kız arkadaşın. Bu sistemin herhangi bir dezavantajını olduğunu düşünüyor musun?
Toby:	Evet, tabi ki! Kız arkadaşım benim tüm görevlerimi devraldığında ve buna karşılık olarak hiçbir şey yapmadığımda bazen kendimi aptal gibi hissediyorum. Ayrıca kendimi biraz da bağımlı bir çocuk gibi hissediyorum. Kendimle gurur duymam için hiçbir nedenim yok.
T:	Doğru. Tamamen katılıyorum. Bu hususların senin disiplinini artırmaya yardım edip edemeyeceğini merak ediyorum.

Terapist şımarık çocuk modu ve sağlıklı yetişkin modu arasında bir sandalye diyaloğu önerebilir. Bu, duygusal düzeyde sağlıklı yetişkin modunun (değişim istekliliğinin kaynağı) gücünü arttırabilir. Böyle bir sandalye diyaloğu hastanın daha denetimli olmasını gerektiren bir ev ödeviyle birleştirilebilir. Bu sandalye diyaloğu gelecek bölümde anlatılmaktadır.

7.3 Duygusal Teknikler

Öfkeli ve dürtüsel çocuk modlarının duygu odaklı müdahaleleri konusunda, sandalye diyaloğu oldukça uygun bir terapi tekniğidir. Bu modlarla ilgili en yaygın sandalye diyaloğu türleri; öfkeli - dürtüsel çocuk modu, sağlıklı yetişkin modu ve cezalandırıcı - talepkar ebeveyn modları arasındadır.

Hasta kendisini öfke deneyimlediği veya ifade ettiği için cezalandırdığı zaman, sandalye diyaloğunun temel amacı öfkeli çocuğun görünür olmasına yardım etmek, onu onaylamak ve hastanın öfke yaşamasını ve ifade etmesini desteklemektir. Bu yüzden, cezalandırıcı ebeveyn modu sınırlandırılmalı, öfke ifadesinin cezayı hak etmediği vurgusu yapılmalıdır. Bu müdahale Bölüm 8'de detaylarıyla anlatılmaktadır.

Dürtüsel veya inatçı çocuk modları ön plandayken ve cezalandırıcı ebeveyn modu çok merkezi bir rolde değilken temel amaç dürtüsel/denetimsiz çocuk modunun sınırlandırılmasıdır. Sağlıklı yetişkin modu güçlendirilmeli, hasta sorumluluk almaya ve kendisi için sıkıcı görevleri yapmaya cesaretlendirilmelidir. Aşağıdaki vaka örneğinde Toby'nin denetimsiz çocuk modu ile sandalye diyaloğu aktarılmaktadır.

Vaka örneği: denetimsiz çocuk moduyla sandalye diyaloğu

Terapist:	Bu konuyla ilgili bir sandalye diyaloğu yapmayı öneriyorum. Katılır mısın? (Ayağa kalkıp bir sandalye denetimsiz çocuk modu için, bir sandalye de sağlıklı yetişkin modu için olmak üzere karşılıklı iki sandalye koyar. Hasta denetimsiz çocuk modu için sandalyelerden birine geçer). Peki o zaman, lütfen şimdi denetimsiz tarafına neden bu davranış biçimlerinin çok iyi olduğunu açıklaması için izin ver.
Toby:	(Denetimsiz çocuk sandalyesinde) Bu şekilde hayat çok fantastik! Faturalarımı ödemek çok sıkıcı - Hiçbir zaman eğlenceli olmamıştı- ve Maria çok iyi iş çıkarıyor. Teşekkür etmek için onu akşam yemeğine çağıracağım – bu ikimiz için de eğlenceli olur – ve herkes mutlu olacak!
T:	Harika! Şimdi sandalyeni değiştir lütfen.

Toby:	(Sağlıklı yetişkin sandalyesine geçtikten sonra) Çok hafife alıyorsun!
T:	Birinci ağızdan konuşabilir misin?
Toby:	Çıkış yolunu çok hafife alıyorum. Marina'nın benim görevlerimi yerine getirmekten nefret ettiğini biliyorum. O sadece benim olduğumdan daha disiplinli. Bana kızmakta haklı ve ben zamanla ilişkimizi mahvedeceğim. Şımarık olmaya başladığımda benimle ilgili nasıl hayal kırıklığı yaşadığını gayet iyi biliyorum.
T:	Bu ses doğru gibi görünüyor. Bu tarafının önerileriyle ilgili ne yapmayı planlıyorsun?
Toby:	Ne yazık ki benim işim bu saçmalıkları yapmak. İleride daha denetimli olmaya başlamam lazım.
T:	Harika! Şımarık çocuk tarafı buna ne söyler?
Toby:	Başka hiçbir şey söylemez. Bunun doğru olduğunu biliyor.
T:	Gerçekten bu kadar kolayca pes ediyor mu? Ben denetimsiz çocuğun sandalyesine oturabilir miyim? (terapist denetimsiz çocuk modunun sandalyesine oturur ve onun bakış açısından konuşur) Boşver gitsin! Marina senden ayrılamaz, o güvenilirdir – evlilikten bile söz ediyor! Fatura ödemenin ne kadar sıkıcı olduğunu hatırla. Kendim yapmak zorunda kalmadığım sürece her şey tamamdır! Belki biraz hayal kırıklığı yaşıyor ama atlatacaktır.
Toby:	(Sağlıklı yetişkin sandalyesinde kalarak) Hayır, tamam değil! Marina her zaman yardımcı olacak olsa da bu benim istediğim yol değil. Kendi işimi kendim yapamayacak kadar tembel olduğum için diğerlerini kullanmak istemiyorum.

Terapist hastanın sağlıklı yetişkin modunu güçlendirmek için işlevsel olmayan çocuk modunun sandalyesine oturmayı deneyebilir. Bu sandalyeden hastanın sağlıklı modunu zorlayabilir. Böyle bir uygulamadan sonra davranışsal bir ev ödevi konusunda hastayla fikir birliğine varmayı unutmamak gerekir. Eğer hasta arka arkaya ödevini yapmazsa bir sonraki seans randevusunu ödevini yaptıktan sonra vermeyi önerebilirsiniz. Böylece hem sağlıklı yetişkin için sorumluluk açısından bir rol modeli hem de denetimsiz çocuk için bir sınır koyma sağlamış olacaksınız: "Faturalarını kendin ödemen konusunda istekli olman kulağa güzel geliyor. Faturalarını yatırdıktan sonra beni bir sonraki seansımızın randevusunu ayarlamamamız için aramanı öneriyorum."

7.3.1 Öfkeyi ifade etme çalışması

Öfkelerini bastıran ve öfkelerinden kaçınan hastalar sandalye diyaloğunda öfkelerini ifade etmeleri için cesaretlendirilmelidirler. Bu konu 8. Bölüm'de daha ayrıntılı olarak ele alınmaktadır. Bu sandalye diyaloğunun amacı hastanın öfkeyi yaşantılaması ve ifade etmesinin normal olduğunu kabul etmesidir.

Öfkenin yaşantılanması ve ifade edilmesini arttırmak için başka çalışmalar da kullanılabilir (Boks veya diğer savaş sanatları gibi). SKB'si olan hastalarla yapılan şema grup terapisinde saldırganlık ve eğlence çalışmaları bir arada kullanılır (İki grup arasında halat çekme çalışması, yastık savaşı). Beden terapisinden alınan çalışmalar da kullanışlı olabilir. Örneğin bu çalışmaların birinde hasta bir ip alır ve kendi özel alanını zemin üzerinde işaretler. Bu sayede bu hastalar terapist bu sınırı kabul ettiğinde (terapist iplerle işaretlenmiş alanın dışına oturur) ve ihlal ettiğinde (terapist iplerle işaretlenmiş alanın içine girer) neler hissettiklerini görmüş olurlar. Daha sonra hastanın duygusal ve davranışsal tepkileri tartışılır. Deneyebileceğiniz daha fazla çalışma Farrel ve Shaw (2012) tarafından sıralanmaktadır.

Hastanın öfkesini erken fark etmeyi ve patlama düzeyine gelene kadar bastırmak yerine uygun zamanda ifade etmeyi öğrenmesi de oldukça önemlidir.

7. 4 Davranışsal Teknikler

Öfkeli/hiddetli çocuk modlarında davranışsal düzeyde öfkenin uygun bir biçimde uygulanması için çalışmalar yapılır. Video geri bildirimleri ile sosyal beceri eğitimleri burada işe yarar. Güçlü bir biçimde öfkeli veya hiddetli çocuk moduna sahip olan hastalar için öfkenin daha uygun bir biçimde ifade edilmesine odaklanılır. Ancak öfkesini bastıran hastalarda sosyal beceri eğitimiyle bu öfkenin ifade edilmesi amaçlanır.

Dürtüsel veya denetimsiz çocuk modları ön plandayken davranışsal çalışmalar çoğunlukla denetimi arttırmak ve dürtüsel davranışları azaltmakla ilgilidir. Ev ödevleri özellikle önemlidir. Eğer bir hastada inatçılık modu varsa davranışsal çalışma öncesinde yoğun bir bilişsel çalışma gerekebilir: inatçı hastalar inatçılık örüntüsünü durdurmaya karar verene kadar hiçbir şekilde hiçbir ev ödevini yapmayacaklardır. Son olarak, denetim eksikliği ile çalışırken, kişideki eylem eksikliğinin ortadan kaldırılması için edimsel koşullamayı kullanmak da yararlı olabilir. Örneğin, hasta denetimi ödüllendirmek için kendini pekiştirebilir (örn. mutfağı temizledikten sonra kahve içip TV seyretme) ve bazen de hasta denetimsizliği nedeniyle kendini cezalandırabilir (örn: eğer görev ertelenmişse hasta hoşuna gidecek şeylerden uzak duracak, bir yere para bağışlayacak vb.).

7.5 SSS

(1) Öfke ile ilişkili modları (öfkeli çocuk, öfkeli korungan, zorba ve saldırgan) nasıl ayırt ediyorsunuz?

Bu ayrımda, farklı modların sosyal ve psikolojik işlevleri yol gösterici olur. Ayrıntılar 2. Bölüm'de açıklanmaktadır.

(2) Bazı hastalar öfke yaşamayı çok tehdit edici bulurlar ve bu duyguya yaklaşmayı reddederler. Böyle bir sorunla nasıl başa çıkarsınız?

Bu durum C kümesi bozukluklar ve SKB gibi süregiden ve ağır bozuklukları olan hastalarda yaygındır. Klinik izlenimlere göre, bu hastaların sorunlarının çoğunun çekirdeği öfkenin bastırılmasıdır (örn. yaşadığı cinsel istismara dair yoğun geçmişe dönüş görüntüleri olan bir hasta, imgelemeyle yeniden senaryolaştırmada terapistine saldırganla savaşmak için izin vermiyor "dedemle savaşmana izin veremem" diyor: günlük yaşamında çok kolayca tehdit altında kalıyor ama "asla öfkelenmiyor sadece korkuyor"). Bu bazen bağımlılık örüntüsüyle birleşebilir (örn. çaresiz çocuk modunun, kaçıngan korunganın ya da söz dinleyen teslimci modun bağımlılığı: hekim muayenesine gitmek için her zaman bir arkadaşa gerek duyan bir hasta). Böyle vakalarda, terapist öfke veya hiddetin anlamına ilişkin gayet açık olmalıdır. Eğer hasta bu öfkesini reddetmekte ısrar ederse büyük olasılıkla terapide çok büyük bir ilerleme kaydedemeyecektir.

Öfke ile çalışmanın hastalarla birlikte küçük adımlara bölünebileceğini unutmayın. Genellikle terapist sokratik sorgulama ve artı eksi listelerin gibi tekniklerle öfkenin anlamını bilişsel düzeyde sorulayarak başlar. Duygu odaklı teknikler daha sonra gelir çünkü hasta için daha fazla tehdit edicidirler (uzun vadede daha etkili olsa da).

Duygusal çalışma da hastaya adım adım tanıtılabilir. Örneğin çift sandalye tekniği öncesinde oyuncak figürler kullanılarak benzer bir diyalog yapılabilir. Terapist uzun vadede öfkenin sağlık bir biçimde ifadesi konusunda rol model olarak hastayı hazırlayabilir. Bu uygulamaların tamamıyla, öfkeye odaklanmak bu hastaların terapisinin özüdür.

(3) Bir hasta genellikle dürtüsel ya da öfkeli çocuk moduna mı sahiptir? Aynı anda iki moda da sahip olabilir mi?

Güçlü bir öfkeli çocuk moduna sahip hastada, özellikle de SKB ile birlikte, genellikle yoğun öfke ve denetim eksikliği/dürtüsellik birlikte yaşantılanır. Bu durum, SKB'nin tanı kriterleri arasında hem öfke ile ilişkili sorunların hem de dürtüselliğin bir arada yer almasına karşılık gelir. Bu sorunların her ikisi de hastanın hayatının erken dönemlerinde gelişir: bir yandan öfke ifadesinin tehlikeli olduğu öğrenir öte yandan da gereksinimlerin ifadesini, uygun denetimi, sınırları öğreten sağlıklı modellerin olmadığı erken deneyimler yaşar. Bu hastaların tedavisinde öfkeli ve denetimsiz çocuk modları için kullanılan yöntemler birleştirilmek zorundadır. Genellikle bu hastalar benzer isteklere sahiptir: önceki, şimdiki veya gelecekteki kötü davranıma isyan etmek. Bu terimler açısından bir çerçeve oluşturmak hastanın daha iyi anlaşılmasına ve terapistin daha fazla empatik kalabilmesine yardım eder. Bir yandan duyguların ifade edilmesini cezalandıran işlevsel olmayan ebeveyn modlarının sesi kısılmak zorundadır öte yandan denetimle ilgili sağlıklı talepler güçlendirilmeli ve cesaretlendirilmelidir. Bu hastalarda hızlı bir terapinin başarılı olmasını beklemeyin çünkü bu hastalar genellikle uzun bir terapi süreci gerektiren ağır zorluklardan sıkıntı yaşarlar.

8
İşlevsel Olmayan Ebeveyn Modlarının Tedavisi

İşlevsel olmayan ebeveyn modlarıyla ilgili temel hedef, gerekirse onlarla savaşarak, azaltılmaları ve etkilerinin sınırlandırılmasıdır. En uygun hedef, bu modların hastanın sisteminden tamamen çıkartılması ve sağlıklı ve işlevsel olan ahlaki ölçütler ve değerlerle yer değiştirilmelerinin sağlanmasıdır. Bu modlar ne kadar cezalandırıcı olurlarsa, onlarla o kadar çok savaşılması gerekmektedir. İşlevsel olmayan ebeveyn modlarına yönelik müdahalelerle, hasta kendini değersizleştirmelerini azaltmayı, özgüvenini güçlendirmeyi; sağlıklı ve dengeli bir biçimde kendini değerlendirmeyi öğrenir. Kendisine karşı duyduğu nefret azaltılır ve kendiliğin hem olumlu hem olumsuz yanları kabul edilebilir hâle gelir. Öncelikli olarak olumlu bir kendini değerlendirmenin olması, kendi hatalarını ve yetersizliklerini kabul etmek için önemli bir önkoşuldur. Yalnızca yetersizliklerini kabul edebilen insanlar kendilerini geliştirebilirler.

8.1 Terapötik İlişki

Terapist, terapi ilişkisi içerisinde aniden beliren işlevsel olmayan ebeveyn modlarına sınır koyar. Olumlu ve dengeli bir kendini değerlendirme modeli önerir. Dahası, sınırlı yeniden ebeveynliğin kendisi cezalandırıcı ebeveyn modlarına karşı bir panzehirdir. Cezalandırıcı ebeveyn moduna sahip hastalar tarafsız yorumları (ya da bir yorum olmayışını) bile cezalandırıcı ebeveyn bakış açısından yorumlama eğilimindedir: "Saçlarımı yeni kestirdiğim zamanlarda güzel birşey söylenmezse, kimsenin saç kesimimden hiç hoşlanmadığını hissediyorum." Ve terapistin yaptığı herhangi bir yorum da bu bakış açısıyla yorumlanabilir. Terapist bu riske dikkat etmeli ve cezalandırıcı moda sınır koyarak görüşme içinde bu riske tekrar tekrar atıfta bulunmalıdır. Görüşme içerisinde cezalandırıcı ebeveyn moduyla ilişkili

> **Vaka örneği: terapide cezalandırıcı ebeveyn moduna sınır koyma**
>
> Jane (Konu 2.1.3'e bakınız) bir iş başvurusu için hazırlanmasını gerektiren son terapi ödevini yapmayı başaramamıştır: "Bunu yapamamış olmam büyük aptallık! O kadar başarısızım ki!" Jane'in iş başvurusundan kaçınması açık bir şekilde sorun olsa da terapist, aşırı olumsuz kendini değerlendirmesini sorgulayarak işlevsel olmayan ebeveyn moduna sınır koyar. "Ne yazık ki bunu yapamamışsın ve bunla daha iyi başa çıkman icin bir yol bulmamız gerekiyor. Ancak, tamamen başarısız olduğun doğru değil- bu konuşan senin cezalandırıcı ebeveyn modun. Birçok şeyi çok iyi bir biçimde idare ediyorsun. Eğer her hata yaptığında cezalandırıcı ebeveyn modun sana böyle yüklenirse, cesaretin çok kırılacaktır. En sonunda da zorlayıcı hiçbir şeyi denemek istemeyeceksin artık, değil mi?"

olarak ortaya çıkan her yanlış yorumlama, bu modla ilişkili bilişsel çarpıtmaları bilişsel tekniklerle düzeltmek için uygun bir durum oluşturur.

Şema Terapide, sınırlı yeniden ebeveynlik ve empatik yüzleştirme bir arada kullanılır. Bir yandan hastalara bakım verilerek desteklenir. Diğer yandan, hastalar işlevsel olmayan başa çıkma modları ya da sınırsız olmaları gibi ele alınması gerekli örüntüleriyle empatik bir biçimde yüzleştirilir. Bu hassas ve eleştirel nitelikteki değerlendirmelerin gündeme gelmesi genellikle cezalandırıcı ebeveyn modlarını tetikler: "Benden hoşlanmıyorsunuz, kimse hoşlanmıyor, çünkü ben çok çekingen ve sıkıcı biriyim!". Bu nedenle terapistler, bu eleştirel değerlendirmelerin* ele alındığı durumlarda mutlaka cezalandırıcı ebeveyn moduna sınır koymalıdırlar. Terapistler, hastayı bu eleştirel değerlendirmeler ile yüzleştirirken bunu ona yardım etmek amacıyla yaptıklarını açıklayabilirler.

> Terapistler genellikle zor yüzleştirmelerden kaçınırlar çünkü onlar da cezalandırıcı ebeveyn modunu tetiklemekten korkarlar. Oysa bu eleştirel değerlendirmeler empatik yüzleştirme ve sınırlı yeniden ebeveynlik kullanılarak, yani yüzleştirme ve bakım dengelenerek ele alınabilir.

**Çeviri Editörünün Notu:* Özgün eserde "critical issues" olarak geçen ifade "eleştirel değerlendirmeler" olarak çevrilmiştir. Burada kastedilen, terapistin, işlevsel olmayan modlara yönelik gerçekçi eleştirel değerlendirmelerini, hasta ile empatik yüzleştirme çerçevesinde paylaşmasıdır.

> ### Vaka örneği: sınırlı yeniden ebeveynlik ile empatik yüzleştirmeyi dengeleme
>
> Lucie (Konu 6.1.4'e bakınız) dersleri de dahil olmak üzere günlük hayatı için sorumluluk almama eğilimindedir. Resmi olarak derslere devam ediyor gibi görünmekle birlikte, bir sorunla karşılaştığında kaçıngan başa çıkma moduna geçmektedir. Bundan dolayı da son yıllarda derslere zar zor katılmıştır. Şimdiden, normal ders döneminin 5 yıl gerisinde kalmıştır ve büyük olasılıkla bu yıl da derslerini geçemeyecektir. Buna karşın, kendi yaklaşımının gerçekçi bir biçimde ele alınması konusunda gönülsüzdür (büyük olasılıkla başka ne yapacağını bilmediğinden dolayı), bunun yerine farklı doktor ve terapistlere gitmekte, depresif ve tükenmişlik belirtilerinden yakınmakta; yeni antidepresanlar ve ayaktan tedaviler hakkında bilgi istemektedir. Bu örüntü teslimci/kaçıngan başa çıkma modu olarak değerlendirilmektedir. Böyle zorlu bir başa çıkma modu ile yüzleştirme büyük olasılıkla Lucie'nin cezalandırıcı ebeveyn modunu tetikleyecektir.
>
> Terapist: (Lucie'ye dersleriyle ilgili gerçekçi bir bakıştan kaçınmak için bağımlı davranışlarda bulunuyor olabileceğini açıklar.)
>
> Lucie: (Cezalandırıcı ebeveyn modu tetiklenir.) Şu anda yine tamamen hatalıymışım gibi hissediyorum! Başarısız olduğum konusunda haklısınız ve depresif belirtilerim için doktora gitmem tamamen bağımlı ve çocukça yanımdan kaynaklanıyor. Sınavları veremeyecek kadar aptalım!
>
> T: (Konuyu değiştirmez ama cezalandırıcı ebeveyn moduna dikkat çekerek gerçekçi bir noktaya taşımaya çalışır.) Lucie, seni bir biçimde eleştiriyor olduğum konusunda haklısın– sana az önce derslerinle ilgili gerçeklerle yüzleşmekten kaçınıyor olma ihtimalini sordum, örneğin sorumluluk almak yerine bağımlı bir biçimde davranıyor olabileceğin gibi, ve evet bu gerçekten eleştirel bir soru. Ama senin tamamen başarısız ya da aptal olduğunu söylemedim!
>
> Sana çok önem veriyorum ve gerçekten yardım etmek istiyorum. Bağımlı olmayla ilgili bu hassas konuyu belirtmemin temel nedeni bu. Ancak senin cezalandırıcı ebeveyn modunun harekete geçtiğini hissediyorum. Doğru mu?

L:	Evet, çünkü eleştireldiniz. Ne zaman biri bana karşı eleştirel olsa, kendimi tamamen başarısız ve aptalmışım gibi hissetmeye başlıyorum...
T:	Evet, haklı olabilirsin. Peki, özellikle eleştirel sinyallerle daha iyi başa çıkabilmeyi öğrenmen, onlardan ve gerçeklerle yüzleşmekten daha az kaçınman için, cezalandırıcı ebeveyn modunu ele almaya başlamamız önemli. Derslerin senin için çok hassas bir konu olduğunu bilmeme karşın bunu gündemimize almayı önermeye devam edeceğim, çünkü bunun senin için en önemli konu olduğunu biliyorum. Sana yardım etmek istiyorum, seni değersizleştirmiyorum!
L:	Bunu görebiliyorum ama hissedemiyorum...
T:	Anlıyorum, cezalandırıcı ebeveyn modun harekete geçiyor. Sağlıklı yanın derslerine ve sorunlarla başa çıkmadaki bağımlı tarzına odaklanmamız gerektiğini anlıyor ama sen cezalandırıcı ebeveyn yanından o kadar korkmuş görünüyorsun ki ondan kaçmayı tercih ediyorsun. Bunun kısa erimde hoş olmadığını bilsem de, artık bu konulardan kaçınmayıp bunlar üzerinde çalışmalıyız. Çünkü kaçarak bunları çözemeyiz. Ve bence şimdi cezalandırıcı yanla başa çıkmaya öncelik vermeliyiz, böylece sen ondan daha az korkarsın. Bunu başardığımızda, derslerin gibi seni zorlayan konulardan daha az korkarsın. Ne demek istediğimi anlıyor musun?

8.2. Bilişsel Teknikler

Bilişsel müdahaleler cezalandırıcı ebeveyn modunun ben ve diğerleri hakkındaki siyah beyaz düşünme biçimini değiştirmeyi ve özgüveni arttırmayı hedefler- "Tamamen kötüyüm, diğerleri mükemmel." Bunun için BDT'de kullanılan tüm "klasik" bilişsel teknikler uygundur. Aşağıdaki liste işlevsel olmayan ebeveyn modlarına uygun olabilecek bilişsel tekniklere genel bir bakış sunmaktadır. Ancak bu liste eksiksiz ve çok kapsamlı bir liste değildir.

(1) Hastayı yüksek ya da düşük özgüven gelişimi hakkında eğitin.
(2) İşlevsel olmayan ebeveyn modunun yaşam öyküsel arka planını analiz edin.

(3) Aşırı olumsuz kendini değerlendirmeleri yeniden yapılandırın: Siyah-beyaz düşünme biçimini azaltın ve farklı yorumlar üretin.
(4) Hastayı olumlu bir günlük tutması için cesaretlendirin: Günde en az bir olumlu madde listeleyin.
(5) Hastanın olumlu kişilik özelliklerini listelemesini isteyin.
(6) Hastadan diğerlerinin kendisinde nelerden hoşlandığını gözlemesini isteyin.
(7) Cezalandırıcı ebeveyn modu ile ilişkilenen her bir günlük durum için şema başa çıkma kartlarını (Tablo 6.2) kullanın.

Hastalar genellikle, işlevsel olmayan ebeveyn modlarının mesajlarını benliğe uyumlu olarak deneyimlerler. Psikoeğitimin bir parçası olarak hastaların, özgüven ve öz değerlendirmenin büyük bir bölümünün sosyal geri bildirimlerle geliştiğini öğrenmeleri gerekir. Hiçbir çocuk bir hata olduğu ya da iyi bir şeyi hakketmediği gibi bir öz değerlendirmeyle doğmaz. Sağlıklı ve dengeli öz değerlendirmeler ebeveynin çocuklarına temel olarak değerli ve sevilebilir olduklarını öğretmeleriyle gelişir. Herkesin bazı yetersizlikleri vardır ama bu her insanın temel olarak değerli olduğunu değiştirmez. Bununla birlikte, reddedilme, yoksunluk ya da istismara maruz kalan çocuklar düşük özgüven ve cezalandırıcı ebeveyn modu geliştirme riski taşırlar.

8.2.1 İşlevsel olmayan ebeveyn modlarının yaşam öyküsel gelişimi

Sosyal değerlendirmeler yalnızca ebeveynler tarafından gerçekleştirilmez. Akranlar, öğretmenler, eğitimciler, arkadaşlar ve diğerleri de insanların çocukluk ve ergenliklerinde geliştirdikleri kendilik kavramına katkıda bulunurlar. İşlevsel olmayan ebeveyn modları çocuğa kimin tarafından olduğu fark etmeksizin olumsuz ve değersizleştirici bir sosyal geri bildirim verildiğinde ya da böyle bir yolla davranıldığında gelişir. Tedavinin bilişsel aşamasında hasta ile çocukluklarındaki cezalandırıcı ebeveyn modu gelişiminin koşullarını ele alırız. Özellikle ağır biçimde rahatsızlık hisseden hastalar, sıklıkla birçok farklı kişiden olumsuz geri bildirim ya da tedavi almış olduklarından yakınırlar. Örneğin Jane, annesini soğuk ve kendisinden çok şey talep eden biri olarak tanımlamaktadır. Jane'den diyet yapmasını istemiştir, ancak buzdolabına diyet listelerini asmaktan başka hiçbir destek vermemiştir. "Kimse seni sevmiyor", "Kimse seninle ilgilenmiyor", "Senin gereksinimlerin kimse için önemli değil" gibi cümleler Jane'in cezalandırıcı ebeveyn modunun "anne yanı" ile ilişkilidir. Öte yandan, babası alkollüyken dürtüsel ve sözel olarak istismarcıdır. Jane'in erkeklere karşı çekingen olması ile ilgili cinsel içerikli şakalar yapıp alay ederdi. Jane'in cezalandırıcı ebeveyn modunun "baba yanı", "Yalnızca seksi kadınlar çekicidir.", "Bakire olmak utanç vericidir" gibi mesajlar içermektedir. Dahası, Jane sınıf arkadaşları tarafından da fazla kilolu bir yabancı olması nedeniyle zorbalığa uğramıştır. Jane'in cezalandırıcı ebeveyn modunun "sınıf arkadaşları yanı"nın mesajları: "Şişman ve çirkinsin", " İnsanlar arkandan gülerler", "Tamamıyla saçmalıksın".

8.2.2 Suçluluk duygularıyla başa çıkma

Cezalandırıcı ebeveyn modu sorgulandığında hastalar genellikle suçluluk duymaktadırlar. Ebeveynleriyle ilgili kötü konuşmaktan korkmakta ve terapistin ebeveynleri hakkında çok olumsuz bir izlenim edineceğinden endişelenmektedirler. Pek çok vakada hasta henüz çocukken ebeveynleri hakkında kötü konuşması yasaklanmış olabilir. Bu durum ebeveyn modunun ele alınması ile uyanan suçluluk duygularını artırmaktadır.

Suçluluk duygusu söz konusu olduğunda terapist öncelikle hastaya cezalandırıcı ebeveyn modu ile savaşmanın, hastanın ebeveynlerinin tamamıyla kötü insanlar olduğu anlamına gelmediğini açıklamalıdır. Bazı vakalarda ebeveynler gerçekten kötü olabilirken (örneğin sadizm), bazı vakalarda ebeveynler ellerinden gelenin en iyisini yapmış ancak ebeveynlik için yeterli donanımdan yoksun kalmış veya çocuklarını istismara karşı koruyamamış olabilirler. Ebeveynlerin kendileri de çocuklarını sağlıklı bir biçimde büyütmeleri için gereken becerileri azaltan/becerileri kazanmalarını güçleştiren ve güvenli bağlanma oluşturmalarını engelleyen psikolojik sorunlar yaşamış olabilirler. Cezalandırıcı ebeveyn modu ile savaşım, temel olarak ebeveyn figürlerinin belirli davranışları nedeniyle gelişen olumsuz içe yansıtmalarla savaşıp bu yansıtmaları geri püskürtmek olarak düşünülebilir. Cezalandırıcı ebeveyn modu geri püskürtülebildiğinde hastanın özgüveni yükselebilir ve hasta kendi gereksinimlerini daha fazla ciddiye almaya başlayabilir. Bu, hastanın iyilik hâlinin artmasını sağlar. Cezalandırıcı ebeveyn modu ile savaşım, ebeveynleri değersizleştirmek anlamına gelmez. Ancak açıkça yapılan kötü muameleler de iyi niyetle, psikiyatrik bozukluklarla, ebeveynin kendi çocukluğuyla ve benzerleriyle haklı gösterilemez ve tartışma dışı bırakılamaz.

Hastalar genellikle terapinin ilerleyen aşamalarında – sağlıklı yetişkin bakış açılarıyla – çocukluklarında belli kişilerin neden belli davranışlar sergilediklerini anlamaya başlarlar. Örneğin bir yetişkin olarak Jane, İkinci Dünya Savaşı'nda ciddi bir biçimde travmaya uğramış bir çocuk olan babasının niye her zaman duygusal anlamda tutarsız davranışlar sergilediğini anlamaktadır. Alkol, Jane'in babası için hem bir başa çıkma mekanizması hem de duygusal anlamdaki tutarsızlığına katkı yapan bir unsur olmuştur. Jane'in annesi de sevgiden yoksun bir çocuk olarak yetişmiş ve dolayısıyla da kendi kızına güvenli bağlanma ortamı sağlayamamış veya kocasına iyi bir bakım verememiştir.

Ebeveynlerin gerekçelerini anlamak kesinlikle faydalıdır. Bununla birlikte, anlamak, asla haklı bulmak ile karıştırılmamalıdır. Ayrıca pek çok hastada, özellikle C-küme hastalarda çok erken ve çok kolay anlayış geliştirmenin, kötü muamele ile canlanan doğal öfkenin ardından suçluluk duygusunu arttıran bir etki yaptığı göz ardı edilmemelidir. Yani anlamak sonraya bırakılmalıdır, önce öfkeye izin verilmeli ve hastanın ebeveyn modunda içselleştirdiği "beyin yıkama"dan kendini kurtarması sağlanmalıdır. Daha sonra anlama ve hastaya bağlı olmakla birlikte affetme gündeme gelebilir. Ebeveynler kendi sorunlarıyla işlevsel olmayan bir biçimde başa çıkmaya çalıştıkları için çocuklarına kötü davranmış olsalar da, çocuk yine de bundan zarar görmüştür ve temel gereksinimleri gerektiği gibi karşılanamamıştır. Ebeveynleri anlamak, bu gerçeği değiştirmemektedir.

Bu sorunlarla ilgili psikoeğitim, bilişsel müdahalelerle yapılabilir veya sandalye diyalogları ya da imgeleme çalışmaları gibi duygu odaklı çalışmalar içerisinde gerçekleştirilebilir. Örneğin çocuk modundaki bir hasta (bir sandalye diyaloğunda veya imgeleme alıştırmasında) depresif annesini eleştirdiği için suçluluk duyduğundan söz ediyorsa terapist psikoeğitime başvurarak çocuk moduna "Annenin depresif olduğu için seninle ilgilenemediğini anlamak önemli, ancak bir çocuk olarak senin için bu korkunç bir şey: korkuyorsun, gereksinim duyduğun ilgiyi göremiyorsun ve daha da önemlisi; annenin seni reddedişi ve eleştirmesiyle; daha da önemlisi ona yardımcı olamadığın için depresyonuna sen neden oluyormuşsun gibi bir his vermesiyle suçluluk duygusu ediniyorsun" diyebilir.

8.3 Duygu Odaklı Teknikler

Duygu odaklı müdahaleler, hastanın duyguları üzerindeki cezalandırıcı ebeveyn modu etkisini ve "hissedilen anlamı" azaltmaya; özgüveni artırma ve hastanın kendi gereksinimleri ve duygularını kabul etmesi de dahil olmak üzere sağlıklı yetişkin modunu güçlendirmeye yardımcı olmaktadır. Ana müdahale teknikleri imgeleme alıştırmaları ve sandalye diyaloglarıdır.

İmgeleme ile yeniden senaryolaştırma alıştırmalarında, cezalandırıcı veya talepkâr ebeveyn modları alıştırmanın yeniden senaryolaştırma aşamasında sınırlandırılır. Hastanın sağlıklı yetişkin modu veya sağlıklı yetişkine model olan yardımcı kişi (terapist veya üçüncü şahıs bir yardımcı) saldırgan ile savaşarak veya talepkâr ebeveyn figürü ile tartışarak, işlevsel olmayan ebeveyn moduna sınır koymaktadır. İmgeleme ile yeniden senaryolaştırma tekniği, Bölüm 6'da ayrıntılı bir biçimde ele alınmıştır. Bu bölümde ise daha çok sandalye teknikleri ile duygu odaklı çalışma yöntemi ele alınacaktır.

8.3.1 Sandalye diyalogları

Temel Konular Sandalye diyalogları, temelde psikodrama ve geştalt terapistleri tarafından geliştirilmiştir (Kellogg, 2004 genel bilgi için). Sandalye alıştırmalarının ana fikri hastanın farklı (genel olarak birbiriyle çatışan) yanlarını ayırmaktır. Her yana ayrı bir sandalye atanır ve sandalyeler bir çember oluşturacak biçimde (veya sadece iki taneyse karşılıklı olarak) yerleştirilir. Hasta sırayla sandalyelere oturarak o sandalyenin temsil ettiği bakış açısını ve duyguları benimseyerek ilgili duyguları dile getirir. Hasta bir sandalyede otururken başka bir mod ortaya çıktığında, o yeni modun bağlı olduğu sandalyeye geçer (veya ilgili mod için hâlihazırda bir sandalye yoksa sandalyelere bir yenisi eklenir). Bu teknik, ilk olarak iç çatışmaları ve çelişkili duygu veya davranışları netleştirmeye, ikincil olarak ise bilişsel, duygusal ve "hissedilen anlam" bakımından artması gereken modları güçlendirmeye, azaltılması gereken modları ise zayıflatmaya yardımcı olmaktadır. Sandalye diyaloglarının temel şema terapi hedefleri, genel şema terapi ile de (Bölüm 4'e bakınız) uyumlu olmak üzere, aşağıdaki gibidir:

1) Modlar arasındaki çelişkili duyguları ve çatışmaları netleştirmek.
2) Kırılgan çocuk modunu onaylamak ve rahatlatmak.
3) Öfkeli veya hiddetli çocuk modlarını ortaya çıkartmak ve onaylamak.
4) Dürtüsel veya disiplinsiz çocuk modlarını ortaya çıkartmak ve bu modları sınırlandırmak.
5) Talepkâr ebeveyn modunu sorgulamak ve sınırlandırmak.
6) Cezalandırıcı ebeveyn modu ile savaşmak.
7) Başa çıkma modlarının artı ve eksilerini yansıtarak etkilerini azaltmak.

Uygulama Çeşitlemeleri
Çift sandalye diyalogları

Sandalye diyalogları çok esnektir. En basit biçiminde, hastanın iki farklı yanını simgeleyen iki sandalye kullanılır. Terapistin sandalye diyalogları tekniği ile daha önceden bir deneyimi yoksa, bu biçimi ile bir başlangıç iyi olur. Çelişkili duygular veya iç çatışmalara ışık tutmak için uygun bir yöntemdir. Bu düzenleme herhangi bir modelde kullanılabilir; şema terapide çift sandalye diyalogları genellikle bir "şema sandalyesi" ve bir "sağlıklı sandalye" içerirken, mod modelinde ise bir sandalye sağlıklı yetişkini temsil ederken diğer sandalye ise işlevsel olmayan modu temsil etmektedir. Alıştırmanın başında hangi modları alıştırmaya dâhil edeceğinizden emin değilseniz, çift sandalye ile başlayarak hastanın bu sandalyelere oturduğunda hangi modları ortaya çıkartacağını görebilir ve alıştırmayı buna göre biçimlendirebilirsiniz.

Genel uygulama alanları; sosyal ilişkiler konusundaki çelişkili duygular, iş yerindeki sorunlar ve benzerleridir (aşağıdaki çift-sandalye diyaloğunda yaygın olan başlangıç noktaları listesine bakınız). Dile getirilen her bakış açısı çift sandalyeden biri tarafından temsil edilir. Örneğin aşağıdaki listede ilk cümle için sandalyelerden birisi terk etme planını temsil ederken diğer sandalye ise kalma motivasyonunu temsil etmektedir.

- "Yaklaşık bir yıldır erkek arkadaşımdan ayrılmayı düşünüyorum ama nedense bir türlü yapamıyorum... "
- "Bu seminere katılmayı gerçekten çok isterdim. Ama her zamanki gibi, kayıt yaptırmak için çok geç kaldım... "
- "2 yıldır satın almak için ev arıyorum. Çok güzel bazı evler gördüm ama bir türlü karar veremiyorum... "
- "Patronum bana sürekli can sıkıcı işler veriyor. Hakkını daha çok savunan biri olmayı çok isterdim ama nedense beceremiyorum... "
- "Yeniden egzersiz yapmak benim için çok iyi olurdu. Kendimi sadece biraz daha zorlamam lazım... Önümüzdeki yıl kesin bir maratona katılacağım!"

Üç ya da daha fazla sandalye ile sandalye diyalogları
Şema mod modeli, sandalye diyaloglarında tüm olası mod birleşimlerine olanak tanımaktadır. Genellikle alıştırma işlevsel olmayan bir ebeveyn modu ile sağlıklı bir yetişkin modu arasındaki "tartışma" ile başlamaktadır. Bu değişik bakış açıları ele alındığında, yoğun duygular da (kırılganlık veya öfke gibi) ortaya çıkabilir ve bu duygular ilgili çocuk modları ile ilişkilendirilir ve etkinleşen her bir mod için çembere yeni bir sandalye eklenir. Sağlıklı yetişkin ve cezalandırıcı ebeveyn modu arasındaki sandalye diyaloğunun bir çeşidi olarak, bazı hastalar cezalandırıcı sandalyede gerçekten de çocukluğunda cezalandırıcı ebeveyn modunu uygulayan kişinin oturduğunu imgelerler. Bu durumda alıştırma hasta ile bu kişi arasındaki bir tartışmaya dönüşür. Diyaloğun içeriği ve etkisi genellikle hastanın cezalandırıcı ebeveyn modu ile yaptığı gerçek bir tartışma ile aynıdır.

Şema terapide yaygın olan başka bir başlangıç ise ikiden fazla sandalyeli bir sandalye diyaloğu ile gerçekleşen sağlıklı yetişkin modu ile başa çıkma modu arasındaki diyalogdur. Burada amaç başa çıkma modunu anlamaktır (ve sonrasında azaltmaktır). Bu bağlamda, çembere kırılgan çocuk modunu temsil eden bir sandalye eklenerek etkin hâle gelen iki yetişkin modu (sağlıklı yetişkin modu ve başa çıkma modu) arasındaki diyalogdan kırılgan çocuk modunun nasıl etkilendiği gösterilebilir.

Sandalye çalışmasında kullanılan tüm sandalyeler o anda hastanın etkinleşen yanlarını temsil eder. Ancak hastanın mutlaka bu sandalyelerin her birine oturması gerekli veya mutlaka önerilen bir durum değildir. Hasta bir sandalyede daha uzun süre oturdukça o sandalyenin temsil ettiği mod daha fazla etkinleştirilmektedir. Buna karşın, hasta bir sandalyeden uzak durduğunda ilgili mod daha az etkinleşmekte ve hasta kendisi ile bu mod arasına mesafe koyabilmektedir. Bu özellikle, hasta sandalye alıştırmalarına yeni başladığında, terapide daha fazla güvene gereksinim duyduğunda, duygularından kolaylıkla bunaldığında veya yoğun bir cezalandırıcı ebeveyn modu mağduriyeti yaşadığında önerilmektedir. Bu tip vakalarda, hastanın sandalye değiştirmesi yerine terapide genellikle oturduğu sandalyede kalarak sadece diğer sandalyelerdeki modların neler söylediğini size aktarmasına izin verebilirsiniz. Bir sonraki adım olarak hasta sadece kırılgan çocuk modu ve sağlıklı yetişkin modu sandalyelerine oturup cezalandırıcı ebeveyn sandalyesine oturmayarak, bu sandalyenin temsil ettiği modun yoğun bir biçimde etkinleştirilmesine maruz kalmamış olur. Yani sandalye çalışması küçük adımlarla başlayarak daha sonra hastanın duygusal sorunları ve kapasitesine göre uyarlanabilmektedir.

Terapist, şema-terapi sandalye diyaloglarında son derece etkin bir rol üstlenmektedir. Terapistlerin kendileri de çoğunlukla sağlıklı yetişkin modu için bir model oluşturmakla birlikte değişik modları üstlenerek ve farklı modlarla tartışarak oyuna etkin bir katılım sağlamaktadırlar. Örneğin terapist cezalandırıcı ebeveyn modunu sınırlandırabilir ve hatta sandalyesini odanın dışına çıkartabilir ki bu cezalandırıcı ebeveyn modunun hastanın sisteminden çıkartılması gerektiğini simgeleyen son derece güçlü bir eylemdir. Benzer bir biçimde, terapist – hastanın sağlıklı yetişkin sandalyesinde otururken – kırılgan çocuk modunu onaylayıp rahatlatabilir.

Yaygın olan şema-terapi sandalye-diyaloğu alıştırmaları şunları barındırmaktadır:

(1) Herhangi bir iç çatışma ve duygu karmaşası için sandalyelerin her birinin bakış açısının simgelediği çift-sandalye diyalogları.
(2) İşlevsel olmayan bir ebeveyn modu ile sağlıklı yetişkin modu arasındaki çift-sandalye diyalogu. Sağlıklı yetişkin modu talepkâr ebeveyn modunu sınırlandırmakta veya cezalandırıcı ebeveyn modu ile savaşmaktadır. Hastanın duygusal sürecine göre kırılgan/öfkeli çocuk modları için sandalyeler eklemek yardımcı olabilir.
(3) Talepkar ebeveyn modu, öfkeli çocuk modu ve sağlıklı yetişkin modunu içeren üç-sandalyeli bir biçim. Bu alıştırma, özellikle güçlü talepkâr ebeveyn modu olan ve talepkâr ebeveyn moduna teslim olmak ile öfke dışa vurumu arasında iç çatışmalar yaşayan hastalarda yardımcı olmaktadır.
(4) Sağlıklı yetişkin modu ve kırılgan çocuk modunu temsil eden çift sandalyeli diyalog. Sağlıklı yetişkin modu, kırılgan çocuk modunu rahat hissetmesini sağlar. Bu biçimde terapist sıklıkla ilk alıştırmada sağlıklı yetişkin modu için model oluşturur. Bir çeşitleme olarak, sadece kırılgan çocuk modu için boş

bir sandalye kullanılabilir. Terapist normal koltuğundan bu boş sandalye ile konuşarak kırılgan çocuk modunu sakinleştirmekte ve rahatlatmaktadır.

(5) Başa çıkma modu ile sağlıklı yetişkin modunu temsil eden çift sandalyeli bir diyalog. Bu alıştırma özellikle terapi ortamında başa çıkma modunun çok baskın olduğu veya hastanın yaşamındaki değişimleri engellediği durumlarda yararlıdır.

Sandalye çalışmasını terapiye dâhil etmek: Pek çok hasta için (ve pek çok terapist için) değişik sandalyelerle çalışmak başta kulağa oldukça garip gelmektedir. Aynı biçimde hastalar (ve terapistler) bu alıştırmayı denemek konusunda çok istekli olmayabilirler. Bu tedavi yönteminin taşıdığı önemli potansiyel ve etki çoğunlukla hastalar (ve terapistler) tarafından ancak ilk girişimin ardından fark edilebilmektedir. Bu yüzden terapist sandalye çalışması alıştırmalarını son derece etkin ve tekniğin içine dahil olmuş bir biçimde ele almalıdır. Terapistler sandalye-diyaloğu alıştırmasının her adımına model olmalı, alıştırmayı başlatmak için esnek ve dinamik olarak rol üstlenmeli, sandalyeleri ayarlamalı, modları modellemeli, sandalyeleri değiştirmeli ve farklı modların duygusal özelliklerini incelemelidirler. Terapist, sandalye çalışmasını çekingen olmayan bir biçimde modellediğinde hasta da çok daha az içine kapanık hissedecektir. Buna karşın terapist her zamanki koltuğunda oturup hastayı sandalye çemberinde oradan oraya yönlendirdiğinde hasta da hak verilebilir bir biçimde kendisini garip hissedecektir. Tıpkı yeniden senaryolaştırma alıştırmalarında olduğu gibi, sandalye çalışması da kısa alıştırmalar ile başlamalı ve hastadan sürekli olarak geri bildirim istenmelidir.

Vaka örneği: terapi görüşmesinde sandalye diyalogunu tanıtmak

Lucie'nin terapisti, Lucie'nin bağımlı başa çıkmasıyla tetiklenen cezalandırıcı ebeveyn moduyla savaşmak için bir sandalye-diyaloğu alıştırması yapmak istemektedir. Cezalandırıcı ebeveyn modu, Lucie'yi tam bir başarısızlık olmakla suçlamaktadır. Bu modun etkisinin azaltılması gerekmektedir, öyle ki bu mod sürekli araya girmeye devam ederse Lucie'nin bağımlılık konusunu terapi ile çözümlemeye çalışmak mümkün olmayacaktır.

Terapist "Lucie, bağımlılık örüntüne değindiğimde cezalandırıcı ebeveyn modun tetiklendi ve sana aptal ve başarısız olduğunu söyledi. Sanırım bunu duyduğunda Küçük Lucie oldukça çaresiz ve yalnız hissetmiş olmalı değil mi?

> Aynı zamanda neden söz ettiğimi biliyorsun: bu sorunu yansıtabiliyorsun ve bunun ne denli önemli olduğunu biliyorsun – bu senin sağlıklı yetişkin modun. Sağlıklı yetişkin modunu güçlendirmek ve cezalandırıcı ebeveyn modunun etkisini azaltmak için seninle bir sandalye-çalışması yapmak istiyorum. Sandalye-çalışması alıştırmasını şöyle gerçekleştiriyoruz: Her üç mod için de, yani Küçük Lucie, cezalandırıcı ebeveyn ve sağlıklı yetişkin modları için birer sandalye kullanıyoruz". Ardından terapist ayağa kalkarak üç sandalye ile bir çember oluşturur. "Şimdi senden her bir sandalyeye sırayla oturmanı ve o sandalyedeki modun bakış açısını ve duygularını dışa vurmanı istiyorum. Hangi sandalyede oturarak başlamak istersin?"

Sandalye diyaloğunun işleyişi: Vakaların büyük çoğunluğunda sandalye diyaloğu, talepkâr veya cezalandırıcı ebeveyn modlarının etkisini azaltmayı hedeflemektedir. Tıpkı yeniden senaryolaştırma alıştırmalarında olduğu gibi (Konu 6.3.2'ye bakınız) sandalye-çalışması alıştırmalarının da işlevsel olmayan ebeveyn modunun doğasına göre uyarlanması gerekmektedir. Başarıya odaklı bir talepkâr ebeveyn modu ile gerçekleştirilen bir sandalye diyaloğu genellikle bir savaştan çok bir tartışma özelliği taşımaktadır. Bu tartışmada, sağlıklı yetişkin modu ile talepkâr ebeveyn modu hastanın yaşamı üzerinde başarının önemi konusunda ve hastanın başarı olarak görülmeyen hedefleri ve gereksinimlerini kovalama hakkı arasında bir uzlaşı aramaktadır. Suçlayıcı ebeveyn modu ile yapılan sandalye diyaloglarında ise temel sorumluluk yükleme, hastanın diğer kişilere sınır koyma hakkı ve suçluluk duygusunun orantılılığı üzerinedir. Sağlıklı yetişkin modu, hastanın her zaman çevresindeki herkesin sağlığından sorumlu olamayacağı pozisyonunu alır. Temelde, yetişkinler sağlıklarından ve iyilik hâllerinden kendileri sorumludur. Buna karşın açıkça cezalandırıcı ebeveyn moduyla yapılan sandalye diyaloglarında bu moda çok daha net bir biçimde seslenmek, sözünü kısa tutmak, küçümsemek, bu modla savaşmak ve sonunda bu modun sandalyesini odadan çıkartmak gerekebilmektedir. Bunların genel öneriler olduğu ve her vakada uyarlamalar yapılması gerektiği göz önüne alınmalıdır. Örneğin bazı çok katı ve diyaloğa yanıt vermeyen talepkâr ebeveyn modları da savaşmayı gerektirebilirken (sözlü tartışmalara alışık olan) bazı cezalandırıcı ebeveyn modları ise sakin, dostça ama kesin bir dille hitap edildiğinde "hazırlıksız yakalanabilmektedirler".

Bir sandalye diyaloğunun işleyiş süreci hastanın alıştırma boyunca verdiği duygusal tepkilere bağlıdır. Cezalandırıcı ebeveyn modu daha güçlü bir biçimde baskın çıkmaya çalıştıkça, terapist hastayı daha fazla korumak ve bu modla daha etkin bir biçimde savaşmak zorundadır. Dolayısıyla hastayla bu mod arasına bir mesafe koyabilmek için hasta bu sandalyede çok kısa bir süre kalmalıdır. Şiddetin yoğun olduğu vakalarda, hastanın hiç cezalandırıcı ebeveyn sandalyesine oturtulmaması ve sadece sağlıklı yetişkin veya kırılgan çocuk sandalyelerinde oturarak cezalandırıcı ebeveyn modunun yanıtlarını bu sandalyeden uzak bir biçimde dile getirmesi de sağlanabilir.

Terapistin vereceği desteğin ölçüsünü de yine modların doğası belirlemektedir. Yoğun bir cezalandırıcı ebeveyn moduna sahip hastalar genellikle bu modla savaşabilmek için daha fazla desteğe gereksinim duymaktadırlar. Terapist bu desteği, sağlıklı yetişkin sandalyesine oturarak, hastayı kırılgan çocuk sandalyesinde tutarak ve cezalandırıcı ebeveyn modunu kısıtlayarak verebilir. Terapist, duygusal destek vermek için cezalandırıcı ebeveyn moduna öfke gösterebilir ve tartışmayı kazanamayacağı durumlarda bu sandalyeyi odanın dışına çıkartabilir. Cezalandırıcı ebeveyn sandalyesi dışarı çıkartıldıktan sonra kırılgan çocuk modu daha fazla duygusal destek alabilir.

Hastanın sağlıklı yetişkin modu zaten güçlü ise, sandalye diyaloglarında ölçütlerden taviz vermeme de sıklıkla bir konu hâline gelebilmektedir. Böyle sandalye diyaloglarında hasta talepkâr ebeveyn modu ile tartışmaktadır. Sağlıklı yetişkin modu, hastanın gereksinimlerinin karşılanma hakkını, duygularının onaylanması gerektiğini ve aşırı yüksek taleplere bir sınır getirilmesi gerektiğini savunur. Burada da işlevsel olmayan ebeveyn modunun tartışmadaki ve hasta üzerindeki etkisi dikkate alınmalıdır. Güçlü bir sağlıklı yetişkin modu olan hastalarda talepkâr ebeveyn modu, şiddetli bir cezalandırıcı ebeveyn moduna kıyasla daha az bağışlamaz ve kendinden ödün vermez durumdadır. Bu modun sandalyesini odadan dışarı çıkartmak orantısız bir yaklaşım olacaktır. Bunun yerine kendinden emin bir ses tonuyla konuşmak yeterlidir.

Sandalye diyaloğunda rol dağılımı ile ilgili olarak, terapist, güçlü bir sağlıklı yetişkin modu olan hastalarda, zayıf bir sağlıklı yetişkin modu olan hastalarda yaptığının tam tersini yapabilir ve sağlıklı yetişkin sandalyesine oturmak yerine talepkâr ebeveyn modu sandalyesine oturarak sağlıklı yetişkin sandalyesindeki hastayı talepleri ile kışkırtabilir. Bu durum hastanın, talepkâr ebeveyn moduna sağlıklı yetişkin bakış açısından bile daha kuvvetli bir biçimde direnmesini tetikleyecektir.

İşlevsel olmayan ebeveyn modunun "ana mesajını" (Konu 2.1.2'ye bakınız) her zaman ortaya koymaya çalışın. Modun özelliklerine göre, talepler veya değersizleştirmeler hastanın bütünlüğüne yönelik olabildiği gibi belli bazı özelliklerine (kadın olması, çok duygusal olması, aptal olması vs. gibi) yönelik olabilir. Talepkâr ebeveyn modları yüksek başarı talep edebilir veya cezalandırıcı ebeveyn modları suçluluk duygusu oluşturup başkalarının gereksinimlerinin hastanın gereksinimlerinden daha önemli olduğu vurgusu yapabilirler.

İç içe geçme şeması olan hastaların talepkâr ebeveyn modlarına göre farklılık gösterecekleri unutulmamalıdır. Bu hastaların ebeveynleri bağımsızlıklarını kazanmalarına yardımcı olmamış ve hatta bağımsız olmalarını engellemişlerdir. Dolayısıyla talepkâr ebeveyn modu bu hastalara hayatta kendi yollarını çizmeleri durumunda diğer kişilerin mutsuz olacağını söyleyebilmektedir. İşlevsel olmayan ebeveyn modu sandalye diyaloğu ile genellikle açıklık kazanmaktadır ancak hasta ile birlikte de düşünülmesi gerekmektedir. Aşağıdaki üç örnek, sorgulanan işlevsel olmayan ebeveyn modu özelliklerine nasıl uyum sağlanması gerektiğini göstermektedir.

> ### Vaka örneği: başarı odaklı bir talepkâr ebeveyn modu ile sandalye diyaloğu
>
> Eva kendisine keyif ve dinlenme zamanı ayıramamaktadır. Yüksek standartları, sürekli olarak tükenmişlik sorunlarına yol açmaktadır. Eva'nın ebeveynleri çok çalışan ve kendilerine zaman ayırmayan üstün başarı sahibi kişilerdir. Dolayısıyla bu mod için Eva'ya model oluşturmuşlardır. Eva okulda ve üniversitede her zaman en iyi öğrenci olmuş ancak bu gurur duyulacak bir şey olarak değil yalnızca normal olarak görülmüştür. Eva şu anda tezi üzerinde çalışmaktadır ve mantıklı sınırlar içinde kalıyor gibi görünmemektedir (örneğin diğer öğrencilerin yalnızca makale özetlerini okuduğunu bilmesine rağmen, tezinde atıfta bulunduğu tüm makalelerin asıllarını okur). Terapist, talepkâr ebeveyn modu ile sağlıklı yetişkin modu arasında bir sandalye diyaloğu geliştirme önerisinde bulunur.
>
> Terapist: Tezinle ilgili aşırı ölçütlerini tartışmak için hangi sandalyede başlamak istersin?
>
> Eva: Sanırım talepkâr ebeveyn sandalyesinde. O her zaman etkin. [Talepkâr ebeveyn modunun sandalyesine oturur.] Tezinin kusursuz olması gerektiği son derece açık! Konuyla ilgili tüm alanyazını okuman çok önemli – hem hocanın sana verdiği makaleler hem de senin bu konuda bulabildiğin tüm makaleleri! Eğer bunu yapmazsan, herkes tez hazırlığının ne kadar yetersiz olduğunu görecektir.
>
> T: Güzel! Peki diğer sandalye ne söylüyor?
>
> E: [Sağlıklı yetişkin sandalyesine geçer] Hadi oradan! Diğer öğrencilerin hiçbiri tüm alanyazın okumuyor. Tez danışmanım bile sadece özetleri okuyarak diğer makaleler hakkında bilgi sahibi olmanın yeterli olduğunu söyledi. Şimdi 1000 sayfa daha fazladan okuyup okumamam, üniversiteden

> sonra profesyonel kariyerimde hiçbir şeyi değiştirmeyecek. Zaten tüm ayrıntıları unutacağım. Şimdi teze başlayabilmek çok daha önemli, bu hazırlıklarla hem zaman kaybediyorum hem de [talepkâr ebeveyn sandalyesine dönerek] senin taleplerine uyacağım diye ayrıntılarda boğulmak üzereyim! Sonunda tamamen bunalacak, sinirsel bir çöküş yaşayacak ve her şeyi ertelemek zorunda kalacağım. Bu da özgeçmişimde %100 kusursuz bir tezim olmamasına kıyasla çok daha kötü bir etki yaratacak.
>
> T: Muhteşem! Talepkâr ebeveyn sandalyesinin buna cevabı ne?
>
> E: [Tekrar sandalye değiştirir ve talepkâr ebeveyn sandalyesinden konuşmaya başlar.] Eğer akademik kariyer yapmak istiyorsan hocalarına her ayrıntıyı anladığını ve alan yazın araştırması yapmayı sevdiğini göstermek zorundasın! [Terapistin yönlendirmesinden bağımsız olarak sandalyesini değiştirerek sağlıklı yetişkin sandalyesine geçer ve konuşmaya devam eder.] Ama ben akademik kariyer istemiyorum ki! Staj yerimdeki patronumla çoktan bir anlaşma yaptım ve kliniklerindeki ilk personel alımında zaten o işe gireceğim. Açıkçası tezimi zaten önemsemiyorlar ve şimdiye dek gördükleri en iyi stajyerin ben olduğumu söylediler!
>
> T: Mükemmel! Ebeveyn sandalyesi şimdi ne söylüyor?
>
> E: [Sağlıklı yetişkin sandalyesinden konuşmaya devam eder.] Artık pek bir şey söylemiyor. İkna olmuş görünüyor.

Alan yetersizse, sandalyeler yerine başka materyaller kullanın: Sandalye-çalışması alıştırması için gerçek sandalyeler kullanılması önerilmektedir çünkü en güçlü duygusal etki bu sayede açığa çıkmaktadır. Küçük odalar ve yetersiz alan gibi pratik sorunlar gerçek sandalye kullanmamak için bir gerekçe olmamalıdır. Terapistin odası çok küçükse bile hayali sandalyeler yerine, katlanabilir tabureleri tercih etmelidir.

Terapist farklı sandalyeler ile mod çalışması yapılmasını önerdiğinde SKB olan hastaların panik tepkisi verebilecekleri göz ardı edilmemelidir. Böyle hastalar alıştırma ile ortaya çıkan duygularla baş edemeyeceklerini veya cezalandırıcı ebeveyn modu baskısı ile bunalabilecekleri korkusunu yaşayabilirler.

> ### Vaka örneği: suçlayıcı cezalandırıcı ebeveyn modu ile sandalye diyaloğu
>
> Vivian, psikiyatri polikliniğinde çalışan bir sosyal çalışmacıdır. İşinde kendisini, hastalara mantıklı sınırların ötesinde adamaktadır. Hastaların alabileceği (ve almaları gereken) sorumlulukları bile Vivian üstlenmektedir. Profesyonel/sağlıklı yetişkin bakış açısından baktığında aslında daha fazla sınır koyması ve hastaları bağımsız olmaya yönlendirmesi gerektiğini bilmektedir. Ancak ne zaman daha katı bir sınır koysa vicdan azabı duymaya başlamakta, suçluluk duymakta ve fazlasıyla sorumluluk hissetmektedir. Bu duygular, Vivian'ın suçlayıcı ebeveyn modu ile ilişkilidir. Aşağıdaki sandalye diyaloğu, Vivian'ın yaşadığı şu anki bir durumla ilgilidir: Vivian son derece bağımlı bir hastaya sınır koyamamakta ve hastanın günlük sorunları ile kendisinin başa çıkmasını isteyememektedir. Vivian'ın ekip arkadaşları bu yüzden Vivian'a kızmış ve onun aşırı sorumluluk duygusunu hastanın bağımlılığını sürdürme ihtiyacı olarak yorumlamışlardır. Vivian sandalye diyaloğuna suçlayıcı ebeveyn modu sandalyesinden başlar.
>
> Vivian: Bu zavallı kadınla ilgilenmelisin. Çok zor durumda kalmış. Hayatı alt üst olmuş durumda. Onu önemseyen tek kişi sensin. Evden çıkıp bakkala gitmekten aciz olduğunda ondan bunu istemek insanlık dışı!
>
> Terapist: [Gülümseyerek] Sağlıklı yetişkin bu konuda ne düşünüyor?
>
> V: [Sağlıklı yetişkin sandalyesine geçer.] Bu tam olarak doğru sayılmaz. Bu hasta diğer insanlara işini yaptırmakta oldukça becerikli. Ben sınırlar koyarsam olasılıkla sorumluluklarını üstlenecek başka birini bulacaktır ve ben de kendisinin yapması gereken işleri onun için yaparak aslında ona iyilik etmiyorum. Dürüst olmak gerekirse, onu biraz daha zorlamak ve kendi sorumluluğunu alması için cesaretlendirmek çok daha iyi olacaktır. Gündelik yaşamda özerklik kazanmak bu hasta için temel hedeflerden biri olmalı.
>
> T: Çok iyi! Cezalandırıcı ebeveyn modunun buna cevabı ne?
>
> V: [Cezalandırıcı ebeveyn modu sandalyesine geçer.] Zavallı hastanın kendisini kötü hissetmesi çok korkunç. Senin sorumluluğunda olan birinin kendisini kötü hissetmesine yol açmak hem insani değil hem de taş kalplilik!

T:	Bu sana anneni mi hatırlatıyor? Annenin sıklıkla kendisine bakmanı istediğini söylemiştin. Çocuk olarak annen kendisini mutsuz hissettiğinde suçluluk hissediyordun.
V:	Evet, bence aynı sınıftalar.
T:	Bunu sağlıklı yetişkin sandalyesinden söylemeyi dene!
V:	[Sağlıklı yetişkin sandalyesine geçerek doğrudan cezalandırıcı ebeveyn sandalyesine konuşur.] Diğerleri kötü hissettiğinde kendimi kötü hissetmeyi bana sen öğrettin. Temelde insanları önemsiyor olmak güzel bir davranış. Ancak bazı durumlarda diğer insanların bana duygusal şantaj yapmasına olanak veriyorum. Kişilerin ellerinden geldiğince kendi hayat sorumluluklarını üstlenmeye çalışmaları son derece önemli. Bu hasta bunu yapmak istemiyor ama benim işim onun bunu denemesini sağlamaya çalışmak. Onun bağımlılığını güçlendirmeyi mutlaka bırakmam gerekiyor!
T:	Belki de şunu eklemek istersin: "Sınırlar koymaya hakkım var! Bu hastadan daha fazlasını istediğimde daha iyi bir sosyal çalışmacı oluyorum!"
V:	Evet bu kesinlikle doğru. Her şeyi üstlenmek benim işimin bir parçası değil. Bu hastaya yardımcı olmadığı gibi benim için de çok ağır bir yük. Üstelik bunun için ücret bile almıyorum! Ve evet, ona "hayır" deme hakkım var. Ve bu konuda kendini kötü hissetmeyi de reddediyorum!
T:	O zaman nasıl hissetmelisin? Söyle ona!
V:	Hayır demeyi başardığımda kendimle gurur duyacağım!

Bu gibi vakalarda sandalyelere kıyasla duygulara daha fazla mesafe koyan araç gereçlerle başlanabilir. Örneğin oyuncaklar, oyuncak arabalar, kukla eldivenleri, gazoz kapakları ve benzeri gibi. Bu eşyalar masaya dizilir ve hasta her bir eşyaya bağlı duygu ve kavramları anlatır. Bir miktar mesafe bırakmanın başka bir yolu ise gerçek sandalyelerle bir çember oluşturmak ancak hastanın her zamanki oturduğu koltukta oturmasına izin vermektir. Böylece hasta değişik sandalyelerde

Vaka örneği: güçlü bir cezalandırıcı ebeveyn modu ile sandalye diyaloğu

Michelle 20 yaşında SKB tanısı alan ve ağır yeme bozukluğu olan bir hastadır. Çocukluğunda sadist üvey ebeveynleri tarafından aç bırakılma cezasına ve fiziksel ve cinsel istismara maruz bırakılmıştır. Bu zamanlarda birkaç gün boyunca yemek yiyemediği olmuştur. Böyle zamanlarda yemek yemeyi hak etmediğine inanmakta, kendisine yemek yeme olanağı tanınması ise suçluluk duygusuna, utanca ve kendinden nefret etmesine yol açmaktadır. Terapist, Michelle'in kendi kendisiyle ilgilenme hakkı olduğunu hissetmesine yardımcı olmak için cezalandırıcı ebeveyn modu ile sandalye diyaloğu alıştırması yapmayı önermektedir.

Terapist: [Sandalyeleri bir çember biçiminde dizer.] Bu sandalyeler senden güzel yiyecekleri esirgeyen cezalandırıcı ebeveyn moduna, çaresiz Küçük Michelle'e ve senin sağlıklı yetişkin moduna ait. Lütfen öncelikle her zamanki terapi sandalyende kal ve bu üçünün neler söylediklerini bana anlat.

Michelle: [Cezalandırıcı ebeveyn modu sandalyesini işaret ederek.] En çok sesi çıkan o. Benim süprüntünün biri olduğumu ve yemek yeme hakkım olduğunu düşünmenin bile saçma olduğunu söylüyor. Açlıktan ölmeyi hak ediyormuşum.

T: [Küçük Michelle'in sandalyesini işaret ederek.] Peki ya küçük Michelle nasıl?

M: Berbat hissediyor.

T: [Sağlıklı yetişkin sandalyesine işaret ederek.] Peki ya sağlıklı yetişkin modun ne söylüyor?

M: Hiçbir fikrim yok! Bu modu neredeyse hiç hissetmiyorum.

T: Evet, anlayabiliyorum. Bu sandalyeye ben oturup bazı önerilerde bulunabilir miyim?

M: [Başıyla onaylar.]

T: [Sağlıklı yetişkin sandalyesine oturarak ve cezalandırıcı ebeveyn sandalyesine konuşarak:] Ne diyorsun sen? Michelle'in yemek yemeye hakkı yok mu?! Elbette herkes gibi onun da kendini önemseme hakkı var! Elbette istediği yemeği yeme hakkı var! Bu saçmalığı daha fazla dinlemek istemiyorum! [Hastaya dönerek] Şimdi nasıl hissediyorsun?

M: Nedense iyi hissediyorum. Ama yine de oradaki sandalyeden çok korkuyorum. [Cezalandırıcı ebeveyn sandalyesini işaret ederek]

T:	Evet, tahmin edebiliyorum. Onu odanın dışına çıkarmak istiyorum. Ne dersin?
M:	Evet, bu çok iyi olur!
T:	[Sağlıklı yetişkin sandalyesinde oturmaya devam ederken ebeveyn sandalyesi ile konuşarak.] Michelle için çok yıkıcı olduğun için seni şimdi dışarı alıyoruz! [Ayağa kalkar, cezalandırıcı ebeveyn modu sandalyesini alarak odanın dışına çıkartır ve kapıyı kapatır Hastaya dönerek] Şimdi nasıl hissediyorsun?
M:	Ah, bu çok daha iyi!
T:	Evet, katılıyorum. Şimdi Küçük Michelle'in sandalyesine geçmek ister misin? Eğer senin için de sakıncası yoksa biraz onunla konuşmak istiyorum.
M:	[Kırılgan çocuk modu sandalyesine oturur.]
T:	[Sağlıklı yetişkin sandalyesinde oturarak, kırılgan çocuk sandalyesindeki hasta ile konuşur:] Küçük Michelle, çok tatlı ve değerli bir kızsın. Tıpkı diğer herkes gibi, senin de gereksinimlerinin ciddiye alınması ve gereksinimlerinin giderilmesine hakkın var. Tıpkı diğer tüm çocuklar ve herkes gibi lezzetli yemekler yemeği hak ediyorsun! Şimdi kendini nasıl hissediyorsun?
M:	[Küçük Michelle'in sandalyesinden konuşur.] Bunu duyduğuma sevindim ama aynı zamanda bu biraz tuhaf. İnanmakta güçlük çekiyorum.
T:	Evet bu biraz tuhaf geliyor çünkü senin için yeni bir şey. Ama bunu bir biçimde güzel bulduğuna sevindim. Bunun gibi pek çok alıştırma yaparak senin gereksinimlerinin önemli olduğunu hissetmene yardımcı olmalıyız.
M:	Evet, bu çok güzel olur. Bir taraftan bunu umut etmeye bile zor cesaret edebiliyorum ama diğer taraftan, işlerin biraz da olsa değişebileceğini ve sonunda, yakın gelecekte, cezalandırmayı hak etmeden yemek yiyebileceğimi düşünüyorum...
T:	Bunu duymak harika. Bu ilk küçük adımdı. Bir önerim var: Az önce Küçük Michelle'e söylediklerimi tekrarlayacağım ve sen de cep telefonuna bunu kaydet. Ne zaman yemek yemek istersen, önce bu ses kaydını dinlemeye çalış. Belki yemek yemeyi hak ettiğini hissetmene yardımcı olur ama yine de önce çaba göstermen gerekecek.
M:	Evet, bunu denemek isterim.

> Terapist, hastanın cep telefonuna kırılgan çocuk modu için çok sıcak ve içten bir sesle bir mesaj kaydeder.

oturmak yerine, değişik modlardaki deneyimi belirli bir mesafeden dile getirmiş olur. Hasta, sandalye-çalışması alıştırmasına bu farklı düzenlemeler ile birlikte alışmaya başladıktan sonra terapist çalışmaya daha fazla sandalye ekleyerek adım adım ilerleyebilir.

Hastayı cezalandırıcı ebeveyn modundan korumak: Cezalandırıcı ebeveyn modundan korkan hastaların, özellikle sandalye-çalışmasının başlarında cezalandırıcı ebeveyn sandalyesinde uzun süre oturmasına izin verilmemektedir. Çoğunlukla hastanın bu sandalyeye hiç oturtulmaması en iyisidir. Bunun yerine, hastalar belirli bir mesafeden, sadece cezalandırıcı ebeveyn modunun söylediklerini dile getirmelidirler. Eğer terapist bunu yaparak hastaları cezalandırıcı ebeveyn modundan korumazsa, yoğun cezalandırıcı ebeveyn moduna sahip hastalar bu sandalyeye oturduklarında bu moda kendilerini fazlasıyla kaptırabilmektedirler. Bu hastaların cezalandırıcı ebeveyn moduna son derece aşina olduklarına ve "doğal" duygusal süreçlerini takip ederlerse alıştırmanın çoğunu bu sandalyede geçirme eğiliminde olduklarına dikkat edilmelidir. Hastaları etkin bir biçimde durdurmak ve alıştırma sırasında bu moda niye çok yaklaşmamaları gerektiğini açıklamak gerekebilmektedir.

Benzer bir biçimde, cezalandırıcı ebeveyn moduna verilen konuşma süresi de (hastalar her ne kadar kendiliğinden bu modda diğer modlara göre çok daha fazla kalabilseler de) kısa kesilmelidir. Hasta, cezalandırıcı ebeveyn bakış açısından iki veya üç cümle kurduktan sonra terapist araya girmeli, cümleleri özetlemeli ve diğer modlara, özellikle de kırılgan çocuk moduna ve sağlıklı yetişkin moduna odaklanmalıdır. Terapist, cezalandırıcı ebeveyn modu ile konuşurken hasta hiçbir zaman bu sandalyede oturmamalıdır. Alıştırmalarda cezalandırıcı ebeveyn modu sandalyesini odanın dışına çıkarmaksa, hastanın bu moddan korunmasına yardımcı olmaktadır.

Sağlıklı yetişkin modunu modellemek: Özellikle tedavinin ilk aşamasında, terapist genellikle sağlıklı yetişkin modunu modellemek zorundadır. Modelleme için, terapist sağlıklı yetişkin sandalyesinde otururken hastanın yanında ayakta durabilir veya tam tersi uygulanabilir. Seçenek olarak, terapist sağlıklı yetişkin sandalyesinden mesajlar verirken hasta ise kırılgan çocuk modu sandalyesinde veya her zamanki terapi koltuğunda oturabilir. Ancak hiçbir zaman, terapist cezalandırıcı ebeveyn moduyla savaşıp onu sınırlandırmaya çalışırken hastanın o sandalyede oturmasına izin verilmemelidir! Bunun yerine terapist cezalandırıcı ebeveyn modu ile savaşırken ve kırılgan çocuk modunu rahatlatırken hastanın kırılgan çocuk modu sandalyesine oturmasına izin verilmelidir. Hastanın terapist tarafından oluşturulan sağlıklı yetişkin modelini içselleştirmesi beklenmelidir. Bu içselleştirmeyi desteklemek için terapist, sağlıklı yetişkin modunun mesajlarını tekrarlaması için hastayı cesaretlendirebilir (örneğin terapist bir sandalye-çalışmasında kırılgan çocuk modunu rahatlatırken veya cezalandırıcı ebeveyn moduyla savaşırken söylediği ve iki tarafça da onaylanan bir cümleyi hastanın tekrar etmesini isteyebilir). Hastanın, sandalye-çalışması alıştırmalarının ses kayıtlarını bir ev ödevi olarak dinlemesi de yardımcı olabilmektedir.

Tedavi süresi boyunca hasta, giderek artan bir biçimde sağlıklı yetişkin rolünü üstlenmeye yönlendirir. Bu yönlendirme, şiddetli bozukluklara sahip hastalardaki yeniden senaryolaştırma alıştırmaları ile de uyumludur. Terapist başlangıçta sağlıklı yetişkin modu rolünü üstlenmiş ancak terapi süreci boyunca bu rol adım adım hastaya devredilmiştir. Sandalye diyaloglarında da benzeri bir durum vardır: İlk diyaloglarda hasta, kırılgan çocuk modu sandalyesinde tutulabilir. Ancak alıştırmalar ilerledikçe, hastalar sağlıklı yetişkin rolünde daha etkin zaman geçirmeye başlarlar. Bir ara geçiş adımı olarak terapist sağlıklı yetişkin sandalyesinde otururken hasta terapistin bir adım gerisinde durabilir. Bir sonraki adımda, hasta bu sandalyeye otururken terapist hastanın bir adım yanında durur ve alıştırmalar bu biçimde adım adım ilerler.

Öfkeyi uyandırmak ve modellemek: Cezalandırıcı ebeveyn moduyla savaş söz konusu olduğunda öfke oldukça önemlidir. Ancak öfkesi baskılanmış olan hastalar önce bu duyguya erişmelidirler. Öfke, sandalye diyaloglarında güçlendirilebilir ve modellenebilir. Terapist, öfkeli çocuk modu için (veya sağlıklı öfke modu için) çembere bir sandalye ilave ederek ve hastanın bu sandalyeye oturmasını sağlayarak bu yanlarını araştırmalarını sağlamaktadır. Bu tip hastalar genellikle sonrasında bir cezalandırma beklentisinde oldukları için öfkelerini dışa vurmaktan korkmaktadırlar. Bu noktada terapistin oluşturduğu model son derece faydalı olabilmektedir. Öfke ve hiddet ifadesi için oyuna dayalı terapi alıştırmaları da (halat çekme oyunu, yastık savaşı ve boks gibi) hastanın kontrollü bir ortamda öfkesini yaşamasına yardımcı olabilmektedir (Bölüm 7'ye bakınız).

Bazen hastalar için kendileri yerine bir başkasına ait cezalandırıcı ebeveyn modu ile savaşmak daha kolay gelebilmektedir. Terapist "Bunu söyleyen senin cezalandırıcı ebeveyn modun değil de en iyi arkadaşının cezalandırıcı ebeveyn modu olsaydı ne düşünürdün?" ve "bu cezalandırıcı ebeveyn modu senin çocuklarını cezalandırmaya kalksaydı nasıl hissederdin?" gibi sorular sorarak bunu kullanabilir.

Cezalandırıcı ebeveyn modunun "intikamını" sezmek ve buna hazırlanmak: Hastalar, bu türden alıştırmalarda cezalandırıcı ebeveyn modu ile savaştıklarında genellikle bu modun da kendilerine "karşı savaşacaklarından" korkmaktadırlar.

Terapistin bunu sezinlemesi, anlaması ve hasta ile olası çözümleri tartışması gerekmektedir.

Hastanın, cezalandırıcı ebeveyn modu ile savaşım içeren bir alıştırma sonrasında, özellikle de bu bir ilkse, bir süre terapistin bekleme odasında kalmaya devam etmesi iyi olabilmektedir. Hasta bu bekleme süresinde güvenli bir ortamda sakinleşebilir ve hatta terapistin diğer randevuları arasında terapist ile kısa bir temas kurabilir. Seçenek olarak veya buna ek olarak, hasta alıştırmadan birkaç saat sonra terapiste bir e-posta yazması için cesaretlendirilebilir. Yine hasta ilk defa böyle bir alıştırma tamamlıyorsa, terapist ile kısa bir telefon görüşmesi de ayarlanabilir. Terapist ayrıca cezalandırıcı ebeveyn modu ile yapılan savaşım alıştırmasının bir kaydını hastaya verebilir. Hasta, cezalandırıcı ebeveyn moduna karşı destek gereksinimi hissettiğinde bu ses kaydını dinleyebilir (bir sonraki alıştırma örneğine bakınız). Ayrıca, sorunu terapistin dolabına kilitlemek gibi travma-terapisi alıştırmaları da bu noktada faydalı olabilmektedir.

Vaka örneği: cezalandırıcı ebeveyn modu ile savaş içeren bir sandalye-çalışması sonrası sağlıklı yetişkin modunu desteklemek için ses kaydı kullanmak

Terapist: Eğer bu seans sonrasında cezalandırıcı ebeveyn modu daha yoğun hâle gelirse bu ses kaydını dinlemeni istiyorum. Seni gerçekten desteklemek istiyorum – cezalandırıcı ebeveyn moduyla savaşmaya başlamamız inanılmaz! Tıpkı diğer herkes gibi, senin de gereksinimlerini ciddiye alma ve içindeki cezalandırıcı yanınla savaşma hakkın var. Bu konuda benimle işbirliği yaptığın için çok mutluyum ve elimden gelen her biçimde seni destekleyeceğim. İlk olarak, cezalandırıcı ebeveyn moduna bir şey söylemek istiyorum [Cezalandırıcı ebeveyn sandalyesine dönerek:] Kes sesini! Onu yalnız bırak ve artık ona karışma! Onu sadece incitiyorsun, hatalısın ve onu cezalandırmaya hakkın yok! [Hastaya dönerek:] İkinci olarak seansımızda kendini kötü hissedersen ve cezalandırıcı ebeveyn modu tarafından tehdit altında olduğunu düşünürsen neler yapabileceğini konuştuk. Sana sadece görüşlerimizi hatırlatmak ve bu önerilerimizin en azından birini hayata geçireceğini umduğumu söylemek istiyorum. Örneğin yumuşak bir battaniyenin içine girip eğlenceli filmler

> izleyebilirsin, arkadaşın Carol'ı veya Susan Teyze'ni arayabilirsin, kendini çok rahatlamış ve sakin hissettiğin İspanya tatilinde dinlediğin müzikleri dinleyebilirsin; gün içindeyse sakinleşmene yardımcı olduğu için dilersen koşu yapmaya çıkabilirsin. Lütfen bana neler yaptığını ve nasıl hissettiğini anlatan bir e-posta yaz.

Farklı modlara hitap biçimleri: Farklı modlardan söz ederken genellikle çocuk modları, başa çıkma modları ve sağlıklı modları "hastanın yanları" olarak ele alırız. Buna bağlı olarak, sandalye alıştırmalarında bu modların sandalyelerinde konuşurken hastadan birinci tekil kişiyi kullanmasını istenir. Bununla birlikte, işlevsel olmayan ebeveyn modlarında durum farklılaşmaktadır. Cezalandırıcı ebeveyn modları savaşılan modlar olduğu için hasta bu yanlarıyla çok fazla tanımlanmamalıdır. İnsanlardan kendilerinin bir yanı ile çatışmalarını istemek, onlarla ilgili bir sorunun olduğunu otomatik olarak kabul etmek anlamına gelmektedir. Bu yine cezalandırıcı ebeveyn modunu tetikleyebilmektedir. Ayrıca terapist, hastanın cezalandırıcı ebeveyn modundan uzak tutulması için elinden gelen her şeyi yapar. Buna, cezalandırıcı ebeveyni üçüncü taraf gibi tedavi etmek dahildir.

Bu yüzden, cezalandırıcı ebeveyn modunun adı her zaman hastanın adından farklıdır. Onu "kötü eş", "sorgulayıcı", "cezalandırıcı baba" ya da buna benzer bir biçimde adlandırabilirsiniz. Bir sandalye diyaloğunda, hasta cezalandırıcı ebeveyn modu sandalyesinde otururken ikinci kişi olarak konuşmalıdır ("Ben bir hatayım" yerine "Sen bir hatasın" gibi). Bu, hastanın aynı zamanda bu modun mesajlarından uzak durmasına da yardımcı olmaktadır. Hasta talepkâr ya da cezalandırıcı ebeveyn moduyla konuşurken, moda aynı zamanda "sen" demelidir.

Gelişmiş sandalye-diyalog teknikleri: Sandalye diyalogları, şema terapi dışında çeşitli terapi modellerinde de kullanılabilmektedir. Aynı biçimde, şema-terapi modeli pek çok farklı sandalye-çalışma biçimiyle bütünleştirilebilmektedir. Örneğin, sandalye-çalışmasında bir rüyanın farklı bölümlerinde hastanın modlarıyla rüyanın bölümleri arasında birebir çakışmalar bulunabilir. Sıradaki liste gelişmiş sandalye-diyalogları tekniklerinden bazılarını vermektedir (bk. Kellogg, 2004).

(1) **"Tamamlanmamış iş"** Hastanın biriyle "tamamlanmamış bir işi" olursa (bir arkadaş aile üyesi, eski sevgili) genellikle ikircikli duygular ön plana

gelmeye başlamaktadır. Bu sandalye-çalışma alıştırmasında, diğer insan için bir (boş) sandalye ayrılmakta ve hasta bunun tam karşısında bir sandalyeye oturmaktadır. Bu insan hakkında sahip olunan karmaşık duygular dile getirilmektedir. Terapist duygu ikileminin işaret ettiği iki tarafı da dikkate alır. Bu alıştırma bir biçimde bir sonuçla tamamlanmalıdır.

(2) **"Hoşçakal demek"** "Tamamlanmamış iş'e benzer biçimde- geçmişte kalan kişiye işaret eden duygu karmaşası dile getirilmektedir ve hasta "hoşçakal" der.

(3) **Çift terapisi** Çiftlerin fikir ayrılıkları şema mod modelinde kavramsallaştırılır. Bir sandalye-çalışması alıştırması ile fikir ayrılığını gidermek için çiftin modları farklı sandalyelere yerleştirilir. Kişilerin sorunlarını eşlerinin modlarının bakış açısından görmeleri çoğunlukla hem eğlenceli hem de aydınlatıcıdır.

(4) **Rüyalarla çalışmak** Bu geleneksel sandalye-çalışma biçimi Fritz Perls tarafından geliştirilmiştir (bk. Kellogg, 2004). Rüyanın farklı unsurları (insanlar, nesneler, durumun yorumu) farklı sandalyelere atanmıştır. Hasta, rüyaya ve rüyayı görene ilişkin her rüya unsurunun bakış açısını ele alır.

8.4 Davranışsal Teknikler

Mükemmeliyetçiliği azaltmak ve olumlu etkinlikleri artırmak, cezalandırıcı ya da talepkâr ebeveyn modlarıyla davranışsal düzeyde savaşmak için çok uygundur. Hastalar daha fazla eğlenmeli; keyifli ve olumlu etkinliklerle kendilerini keşfetmelidirler (dinlenme zamanı, spor, sosyal etkinlikler, vb.). Sosyal beceriler yeni ilişkiler kurmak için faydalı olabilmektedir. Dahası, iş arasında ufak molalar vermek, kendi noksanlarını görmek ve her zaman mükemmel olmaya çalışmaktansa kendi başarılarını ödüllendirmek hasta için önemli olabilmektedir.

8.5 SSS

(1) Sandalye diyalogları oyuncak bebekler ve benzeri malzemelerle gerçekleştirilebilir mi?

Sandalye dışında başka malzemeler kullanmak mümkündür. Bununla birlikte, diğer malzemelere göre daha güçlü duyguların ortaya çıkmasına yol açtığı için kesinlikle sandalye kullanmayı önermekteyiz. Hasta sandalye ile çalışmaktan çok korkarsa oyuncak figürler ve benzer malzemeler kullanılabilir.

(2) Hastalar bazen cezalandırıcı ebeveyn modunun asla yok olmayacağını söyler. Bu durumda terapist nasıl tepki vermelidir?

Bir taraftan psikoeğitime gereksinim vardır. Psikoterapide her aşamayla birlikte, cezalandırıcı ebeveyn modu adım adım gerileyecektir. Diğer taraftan ise, hastanın kızgınlığı dile getirmekten korkup korkmadığının öğrenmek önemlidir. Temel olarak, ebeveyn modu ile çatışma ancak hasta onu başlatmaya cesaret edebilirse kazanılacaktır. Yine de bu çatışmayı başlatmak için hastanın kaygı tarafından engellenmiş olabilen kızgınlığı kabul etmeye ve yaşantılamaya gereksinimi vardır. Kızgınlığın kabul edilmesi bir sorunsa, bu yavaş yavaş ortaya çıkarılmalıdır. (bk. Bölüm 7)

(3) Sandalyedeki hasta, annesi (ya da cezalandırıcı ebeveyn modundan sorumlu olan kişi) ile empati kurar ve çatışmayı reddederse ne yaparsınız?

Bu yine psikoeğitim gerektiren bir vakadır: Sandalye diyaloğunun amacı anne ile çatışmak değildir. Bunun yerine, annenin yol açmış olabileceği zarar veren iç yansımayla savaşmak amaçlanır. Annenin elinden gelenin en iyisini yaptığı ancak bunun ne yazık ki yeterli olmadığı kabul edilmektedir.

Hasta, çocukken ilgiye gereksinim duymuştur, kötü davranışlara değil. Annenin davranışının anlaşılabilir olması ya da olmaması, çocuğun gereksinimleriyle ilgili değildir. Daha önce belirtildiği gibi, terapistler "anlamanın" kızgınlık ve özerkliğin bastırılmasına; ebeveyn davranışlarının meşrulaştırılmasına ve içe yansıtmanın pekişmesine ve onunla bütünleşen düşüncelerin doğru olduğu inancına yol açma riskine karşı dikkatli olmalıdırlar.

(4) Cezalandırıcı ebeveynin ortaya çıkmasıyla hastalar zaman zaman kendilerini çok yalnız hissedebilmekteler. Bu durumda ne yapabilirsiniz?

Hastalar, cezalandırıcı ebeveyn modu ortadan kalktıktan sonra yalnız ve tükenmiş hissedebilmektedirler. Hiçbir koşulda cezalandırıcı ebeveyn modu geri getirilmemelidir! Bunun yerine, hastanın başka duygularıyla ve cezalandırıcı ebeveyn modu dışında farklı modlarda olan insanlarla yakın temas kurmayı kabul etmesi için yardımcı olunmalıdır. Sandalye alıştırması, hastanın cezalandırıcı ebeveyn modu olmadan gerçekten yalnız olup olmadığını derinlemesine düşünmesi için kullanılabilmektedir. Bu, olumlu kişiler arası deneyim gereksinimini düşünmeye yöneltir. Yalnızlık genellikle kırılgan çocuk modu ile bağlantılıdır; hasta (ya da terapist) kırılgan çocuk modunu sağlıklı yetişkin sandalyesinden rahatlatmalıdır. Bu bağlamda, hastanın karşısında arkadaşlar, diğer grup-terapi hastaları gibi olumlu yaklaşımlı insanları konumlandırmak çoğunlukla faydalı olacaktır ve şöyle mesaj vermek uygun olacaktır: "Hey, Küçük Cathy—yalnız hissedebilirsin, fakat değilsin! X'i düşün! Bir başkasıyla iletişime geçmek için cezalandırıcı ebeveyne ihtiyacın yok. Aslında seni her anlaşmazlık ya da sorunda suçlayan cezalandırıcı ebeveyn modu olmadan başkalarıyla daha da çok yakınlaşabilirsin!"

(5) Hasta sağlıklı yetişkin moduna girmeyi başaramazsa ne yapabilirsiniz?

SKB hastaları, terapi başında genellikle sandalyesinde otursalar da sağlıklı yetişkin modunu yaşantılayabilmektedirler. Bu nedenle terapist ya da hasta grubu sağlıklı yetişkine model olurlar. Terapist sağlıklı yetişkini modellerken hasta ya kırılgan çocuk olarak terapi sandalyesinde oturmaktadır ya da terapistin arkasında durmaktadır. Terapi süresince, sağlıklı yetişkin modu adım adım geliştirilecektir.

(6) Hasta sağlıklı yetişkin sandalyesinde kendini zayıf ve yardıma muhtaç hissederse ne yapabilirsiniz?

Bu duygular kırılgan çocuk moduna geçişi işaret etmektedir. Bu nedenle kırılgan çocuk için ayrı bir sandalye eklenmiştir. Hasta orada bir sandalyeye oturur ve müdahale kırılgan çocuk modunu rahat hissettirmeye odaklanır. Kırılgan çocuk rahatlatıldıktan sonra hastanın sağlıklı yetişkin sandalyesine dönmesini istemek tabii ki olanaklıdır.

(7) Hasta öfkeli çocuk modu sandalyesindeyken öfke açığa çıkaramaz ve korkarsa ne yapabilirsiniz?

Hastalar çocukluklarında öfkelerini belli ettikleri için çoğunlukla cezalandırılmışlardır. Bu vakalarda öfke onaylanmalı, modellenmeli ve cesaretlendirilmelidir. Üstelik öfke eğlenceli ve komik bir biçimde de deneyimlenebilmektedir (örneğin, hasta ve terapist cezalandırıcı ebeveyn moduna karşı şarkılar söyleyebilir ve bunu kaydedebilir).

(8) Hasta cezalandırıcı ebeveyn modunda çatışma yaşadıktan sonra kendini suçlu hissederse ne yapabilirsiniz?

Cezalandırıcı ebeveyn moduyla çatışılan sandalye diyalogları ardından gelen suçluluk duygusu, genellikle bu modun tetiklendiğine işaret etmektedir. Hastayla (eğer mümkünse) nasıl sakinleşecekleri ve suçluluk duygusunu nasıl giderebilecekleri üzerine fikir alışverişinde bulunmak önemlidir. Zaman içinde hastayla çalışma sonrası cezalandırıcı ebeveyn modunu azaltacak alıştırmalar geliştirebilirsiniz (örneğin, ses dosyaları, komik etkinlikler gibi).

(9) Sandalye diyalogları günlük hayatla nasıl ilişkilendirilebilir?

Duygu odaklı müdahalelerle davranışsal değişimleri ilişkilendirmek önemlidir. Genellikle davranışsal sonuçlar açıktır ve daha fazla tartışmaya gereksinim duyulmaz (örneğin, Eva tezi için daha az saplantılı bir biçimde çalışmalı). Özellikle daha şiddetli biçimde bozukluk görülen ya da çok çekingen olan hastalara ev ödevi verilmesi önemli olabilmektedir. Duygu odaklı müdahaleler, cezalandırıcı ebeveyn moduna karşı davranışsal tekniklerle ilişkilendirilmelidir. En önemlileri; olumlu etkinlikler geliştirmek, mükemmeliyetçiliği azaltmak ve kendine bakımı arttırmaktır.

(10) Peki ya ebeveyn modlarıyla çatıştıktan sonra ahlaki anlayışlarını ve değerlerini kaybetmekten korkan hastalar?

Bazı hastalar cezalandırıcı ya da talepkâr ebeveynler yenildiği zaman, ahlaki pusulasını kaybetmekten, değerlerinin ne olduğunu artık bilememekten ve hiçbir şey yapamamak gibi kaygılarından söz etmektedirler. Bu tür bir dirençle karşılaşıldığında terapistlere, empatik yüzleştirme kullanarak konuya eğilmeleri önerilmektedir. Ahlak kuralları ve değerleri ortadan kaldırmak gerçekten geçici karışıklıklara neden olabilir. Fakat bu durum onların kendi inançlarını geliştirmelerine neden olacaktır ki bu daha sağlıklı olacaktır. Bu, zarar veren ve dayatılan ahlaki kural ve değerlere takılı kalmaktan daha iyidir. Burada rahatlatıcı ve tutarlı tutumlar göstermek önemlidir, yoksa hasta daha fazla kaygılanacaktır.

9
Sağlıklı Yetişkin Modunu Güçlendirmek

Sağlıklı yetişkin modu gerçekçidir, kendisi ve başkaları için sorumluluk alabilir. Kendisi ve başkalarının gereksinimleri arasında denge kurar. Uyumlu davranışlara yönelir; gereksinimler ile duygulara ilişkin işlevsel tutumları vardır. Şema terapinin temel amacı sağlıklı yetişkin modunun güçlendirilmesidir. Bu amaç, kısmen, işlevsel olmayan modların zayıflaması dolayımıyla gerçekleşitirilir. Örneğin, cezalandırıcı ebeveyn modunun etkisi hafiflediğinde, hastalar kendilerine yönelik cezalandırıcı davranışlarını da azaltırlar ki bu da başlı başına bir düzelmedir. Bununla birlikte, bu davranışlardan vazgeçilmesi yeni öğrenmeler olabileceği anlamına gelmez. Dolayısıyla, uyum bozucu modların etkisinin azaltılması sağlıklı yetişkin moduna daha fazla olanak tanısa da, bu durum sağlıklı tutum ve davranışların işlevsel olmayanlarla yer değiştirmesi anlamına gelmez. Özelikle sağlıklı yetişkin yan çok az gelişmiş ise, terapide sağlıklı tutum ve davranışların öğretilmesine odaklanılmalıdır.

Elbette sağlıklı seçeneklerin öğrenilmesi süreci, işlevsel olmayan modlara yönelik geliştirilmiş birçok teknik ile birlikte gider. Örneğin cezalandırıcı ebeveyn ile savaş sırasında, terapist cezalandırıcı modun yanlış olduğunu belirtmekle kalmaz, aynı zamanda sorunlara daha sağlıklı bir biçimde bakmaya yönelik görüşler sunar. Bu, cezalandırıcı tarafı ikna etmek değil (bu görüşleri dinlemek istemeyecek kadar gerçekçilikten uzaktır) kırılgan çocuk modunu iyileştirmek ve sağlıklı yetişkin modu inşa etmektir. Benzer biçimde, hastalar öfkelerini yeterli düzeyde ifade etmeyi öğrendiklerinde (bk. Bölüm 7) sağlıklı yetişkin mod adım adım öfkeli modun yerine geçer. Hastalar kırılgan çocuk modunu yatıştırmayı öğrendiklerinde, regresif duygular ve gereksinimler azalır ve daha yetişkin olmaya başlarlar.

Bu dolaylı teknikler dışında, bazı müdahale taktikleri sağlıklı yetişkin modunu doğrudan güçlendirmeyi amaçlar. Bu taktikler çoğu hasta için yaşamsaldır.

9.1 Terapötik İlişki

Terapist terapötik ilişkide her zaman hastanın sağlıklı yetişkin yanı ile ilişkide olmaya çalışır. Aşağıdaki müdahale taktikleri terapötik ilişki içerisinde sağlıklı yetişkin modunu güçlendirmek amacıyla kullanılır. Bunlar, hastayla yapıcı bir işbirliğinin ve terapinin süreciyle ilgili sorumluluğu birlikte üstlenmenin ortak hedefleridir.

1. Tüm müdahalelerde şema mod modeli ile bağlantı kurun ve modlara yönelme hedefinizi açıklayın. Böylelikle, sağlıklı yetişkin moda terapi sürecine dahil olmasına yönelik çağrıda bulunun.
2. Hastayla duygu odaklı müdahaleleri ele alın; ortak karar alma süreciyle, bu tür müdahalelere katılımı konusunda hastayı yüreklendirin.
3. Hastayı aşamalı bir biçimde, sağlıklı yetişkin olarak duygu odaklı müdahalelere dahil edin.
4. Görüşmeleri kaydedin ve hastanın bunları evde dinlemesini isteyin.
5. Terapötik ilişkideki sorunları ele alın ve bunlara hastayla ortak çözümler üretin.
6. Terapinin tıkandığı durumlarda hastadan sağlıklı yetişkin moda geçmesini isteyin ve sorunu birlikte çözümleyin.

9.1.1 Mod modeli ile bağlantı kurma

Her görüşmede şu anki sorunlar ve terapötik taktikleri şema mod modeli ile bağlantılandırırız. Terapist duygu odaklı müdahaleler konusunda önerilerde bulunur ve bu önerilerin gerekçelerini açıklar. Bunula birlikte, terapistler farklı uygulamalar da önerebilirler (özellikle eğer hasta hâlihazırda başka bir terapi tekniğine alışmış ise) ve hastanın tercihini sorabilirler. Dolayısıyla, terapideki her adım ortak karar alınarak atılır ve hasta bu açıdan bazı sorumluluklar alır. Bu durum kırılgan çocuk modunun rahatlatılmaya ve yatıştırılmaya çalışıldığı duygu odaklı müdahaleler için özellikle geçerlidir. Terapist hastaya sorumluluk vererek ve terapötik süreci birlikte yürüterek, sürekli olarak hastadan sağlıklı yetişkin modunu harekete geçirmesini ister. Kırılgan çocuk moduna yönelik bakım verme süreci, sağlıklı yetişkin modunun belirli bir düzeyde harekete geçirilmesi ile dengelenir. Bu durum, terapist ve hastanın sağlıklı yetişkin modunun planları dahilinde, birlikte çözümlemelerinin gerektiği öfkeli/dürtüsel çocuk modları ve davranış değişimi için de önemlidir.

9.1.2 Duygu odaklı müdahalelerin ele alınması

Psikodinamik bakış açısına göre, duygu odaklı müdahaleler, özellikle imgeleme ile yeniden senaryolaştırma alıştırmaları, ileri düzeyde regresyon gerektirir (ve tetikler). Bu durumu dengelemek için sağlıklı yetişkin modu her zaman sürece dâhildir: terapist ve hasta imgeleme ile yeniden senaryolaştırma alıştırmalarına birlikte karar verirler, süreci takip ederler; ve duygusal sürecin ilerlemesi gerekirse "kaseti geri sararlar". Ayrıca, seanslar kaydedilir ve hasta günlük hayatına aktarabilmek için ev ödevi olarak seansları dinler. Böylelikle, gerileme (→ kırılgan çocuk modu), gerçeklikle güçlü bir bağlantı kurulması ve regresif duygusal süreçlerin (→ sağlıklı yetişkin modu) bir yansıması ile birleşir. Gerçeklikle kurulan bu bağlantı hastalar için bazen acı vericidir. Çünkü terapötik ilişkinin sınırlılığına vurgu yapar (terapist imgelemede hastanın çocuk moduna en iyi biçimde bakım verir; ancak gerçeklikte hastayı evlat edinmez).

Bu yaklaşım için uygulama örneklerinden biri hastanın duygusal süreçlerinin yoğun biçimde izlenmesidir. Terapist sıklıkla hastanın nasıl hissettiğini ve neye gereksinim duyduğunu sorar; imgeleme ile yeniden senaryolaştırma süreci buna göre uyarlanır. Duygusal süreç istenildiği gibi gitmez ise, terapist ve hasta bu durumu düzeltmenin yollarını birlikte ararlar. Hasta müdahale konusunda işbirliği yapmıyorsa terapist bu müdahaleyi neden önerdiğini açıklar ve hangi modun engelleyici olduğunu bulmaya çalışır.

9.1.3 Hastayı aşamalı bir biçimde sağlıklı yetişkin olarak duygu odaklı müdahalelere dahil etmek

Konu 6.3.2 (imgeleme yoluyla yeniden senaryolaştırma alıştırmaları) ve 8.3.1'de (sandalye diyalogları) aktarıldığı gibi hasta duygu odaklı müdahalelerde aşamalı olarak sağlıklı yetişkin moduna girmeye başlar. İmgeleyerek yeniden senaryolaştırmayla kırılgan çocuğa bakım verme ve sandalye-çalışmalarıyla cezalandırıcı ebeveyn modu ile savaşmak üzere iki ana çalışma hattı vardır.

> ### Vaka örneği: duygu odaklı müdahalelerin gösterimi
>
> Jane 28 yaşında SKB ve kaçıngan kişilik bozukluğu tanısı olan bir hastadır (bk. Konu 2.1.3). Başkaları tarafından tehdit edildiğini hissettiğinde kendini-uyuşturan korungan baş etme moduna girmektedir. Dışsal tehditleri uzaklaştırmak için hayal kurmayı güçlü bir içsel uyarılma olarak kullanırdı. Hayallerinde, bir sürü harika insan, içsel dünyasına inerek ona bakım verirdi. İmgeleyerek yeniden senaryolaştırma onun diğer insanlara ilişkin güvenlik duygusunu artırmaya yönelik kullanıldı.
>
> Yeniden yaşantılama sahnesinin bir bölümünde, terapist imgeye girerek Küçük Jane'e ne istediğini sorar. Küçük Jane oradan kaçarak içsel dünyasındaki hayallerine girmek ister. Terapist, kaçınma moduna geçiş yapmanın bir çözüm olmadığını ve müdahaleyi etkisiz hâle getireceğini söyler. Terapist bunun yerine imgelemede birlikte hoş bir şeyler yapmayı önerir. Jane sinirlenerek tepki verir.
>
> Bu, alıştırmayı kesintiye uğratır. Terapist Jane'den kısa bir süreliğine gözlerini açmasını ister. İmgeleme ile yeniden senaryolaştırmanın yeni duygusal yaşantılara kapı aralamak amacını taşıdığını; bu nedenle başa çıkma modlarının bu duyguların önünde engel oluşturduğunu açıklar. Terapist iç dünyadaki hayallere kaçmanın bir başa çıkma modu olduğunu ve değişimin önünde engel oluşturduğunu; bu durumun kendisinin kişisel olarak hoşlanmadığı bir durum olmadığı yorumunda bulunur. Bu açıklamadan sonra Jane gözlerini tekrar kapatmayı kabul eder ve yeniden senaryolaştırmaya içsel dünyasından farklı bir biçimde devam eder.

9.1.4 Görüşmelerin kaydedilmesi

Özellikle ağır düzeyde kişilik bozukluğu olan hastaların, görüşmeleri evde tekrar dinlemeleri önerilir. MP3 çalar ya da cep telefonunun kayıt sistemi gibi yollarla hastanın bu kayıtları yapması teknik olarak kolaydır. Bu taktik terapötik süreci pekiştirmeyi hedefler; ayrıca, sağlıklı yetişkin modunun iki önemli özelliği olarak, hastanın denetimli ve bağımsız olmasını gerekli kılar (ya da onları bu yönde eğitir). Bununla birlikte, ağır düzeyde kişilik bozukluğu olan hastaların, bunu yapabilecek kadar sağlıklı yetişkin modu olmayabileceğini aklınızda tutun. Terapistler bu durumu görmeli ve hastaları henüz yapamayacakları şeyler konusunda zorlamamalıdırlar. Diğer taraftan, hastaları bunları yapabilmeleri konusunda özendirmeye devam etmelidirler.

9.1.5 Terapötik ilişkideki sorunların ele alınması

Hastalar sıklıkla terapistlerle işlevsel olmayan biçimlerde; örneğin işlevsel olmayan başa çıkma modları ya da çocuk modlarıyla (örn. öfkeli çocuk, bağımlı çocuk) ilişki kurarlar. Bu örüntülerden dolayı hasta terapide ilerleyemez ise bu durum açıkça ele alınır. Ayrıca, bu müdahale taktikleri sağlıklı yetişkin modunun terapide daha fazla harekete geçirilmesini yüreklendirmek için de kullanılır (örneğin, terapötik ilişkiyle bağlantılı sandalye alıştırmaları).

> Sağlıklı yetişkin modu, hem dolaylı (işlevsel olmayan modların azaltılması ve sağlıklı yetişkin tutumları ve davranışları hakkında bilgilendirme) hem de doğrudan (hastadan sağlıklı bir biçimde sorumluluk alması ve duyguları ile gereksinimlerini ifade edebilmesi istendiğinde) tüm şema terapi müdahale teknikleri ile geliştirilir.

Vaka örneği: terapötik ilişkide bir sorunun ve sağlıklı yetişkin modunun yüreklendirilmesine ilişkin bir gösterim

52 yaşında OKB'li bir sekreter olan Evelyn (bk. Konu 2.1.3) terapistiyle oldukça bağımlı bir ilişki kurmuştu. Çünkü sadece uzman kişiler bakım veren konumunda olduğunda kendini güvende hissediyordu. Örneğin, OKB belirtileriyle ilgili yüzleştirme alıştırmalarını terapistiyle birlikte çok iyi bir biçimde yapabiliyordu; kendi kendine kaldığında en basit alıştırmayı bile yapamıyordu.

> Terapist empatik yüzleştirme yoluyla işlevsel bağımlılık konusunu ele alır ve sandalye diyaloğu önerir: Bir sandalye bağımlı örüntüler için (=söz dinleyen teslimci mod) ve diğer bir sandalye bağımsız olan ve sorumluluk alan yan için (=sağlıklı yetişkin mod). Hasta her zaman olduğu gibi uyumla kabul eder. Bununla birlikte, sağlıklı yetişkin modunda hasta olduğu gibi kalır ve bir şey söyleyemez. Çaresizce terapiste bakar, destek ister. Terapist sağlıklı yetişkin rolünü üstlenmez ama empatik bir biçimde bu durumun asıl sorun olduğuna dikkat çeker. Evelyn, daha başarılı ve bağımsız bir yaşama ulaşabilmek için bağımlı/edilgen modunu zayıflatmak zorundadır. Eveleyn, "terapist desteğinin olmaması"na biraz kızar. Ancak sağlıklı yetişkin sandalyesinde, gereksinimleri için kendisinin ayakta durmayı öğrenmek zorunda olduğunu fark eder. İzleyen görüşmelerde, sandalye diyalogları Evelyn'nin duygularını, gereksinimlerini ve sınırlarını ifade etmesini öğretmek için kullanılır.

9.2 Bilişsel Teknikler

Sağlıklı yetişkin modu güçlendirmeyi amaçlayan bilişsel çalışmanın önemli bir parçası mod modeli ile çalışmaktır. Mod modeli hasta ile birlikte geliştirildikçe, hastalar terapinin en erken dönemlerinden itibaren psikolojik örüntülerini sağlıklı yetişkin modu düzeyinde yansıtmaya başlarlar. Daha sonra, müdahalelerin ortak bir biçimde planlanması ve değerlendirilmesi (duygu odaklı) de aynı etkiye sahiptir. Psikoeğitim sürecinde hasta psikolojik işlevselliğin sağlıklı yollarını öğrenir. Sokratik sorgulama, hastayı yansıtıcı ve yetişkin bir bakış açısında konumlandırdığından, sağlıklı yetişkini güçlendirmek için de kullanılabilir.

Hasta, sağlıklı yetişkin bakış açısına geçişte sorunlar yaşadığında, şu sorular yardımcı olabilir: "Ben ya da sağlıklı büyükannen (=terapist ya da büyükanne sağlıklı yetişkin modu için bir modeldir; burada, hastaya özgü, gerçekten sağlıklı bir kişiyi adlandırmaya dikkat edin) ne söylesin?" "eğer şu anda senin hakkında değil de arkadaşınla ya da çocukların hakkında konuşuyor olsaydık, o zaman sen ne derdin?" "Sağlıklı yetişkin modu bakış açısına geçebilseydin, ne derdin?"

Sağlıklı yetişkin ile ilgili bilişsel çalışmalar çoğunlukla istekli olmayla ilgili meselelerle uğraşır. İşlevsel olmayan örüntüleri fazla pekişen hastalar (örneğin, narsisistik telafi edici, kendini uyaran mod, denetimsiz ve şımarık çocuk modu) değişim için çok az düzeyde sahici bir isteklililiğe sahip olabilir. Sağlıklı yetişkin modu ile yapılan istekliliğe yönelik alıştırmalarda, işlevsel olmayan mod ve sağlıklı yetişkin modu bakış açıları karşı karşıya getirilir (olanaklı ise sandalye diyaloğu ile). Her iki yan dengelenir; en azından belirli bir noktada, bazen işlevsel olmayan modun artıları, sağlıklı yetişkin modun artılarına üstün gelir. Bu dikkate alınmalı ve açıkça tartışılmalıdır- bazen hastaların işlevsel olmayan modun değişimine yönelik öznel itirazları olabilir (en azından geçici olarak; hatta terapist bunun gerekli olduğunu görse de). Hasta o anda işlevsel olmayan örüntülerin değiştirmemeye karar verse de, sağlıklı yetişkin modu bu karar sürecine dahil edilir ve terapi için olası diğer amaçlar değerlendirilir (örn. terapiye değişim için istekliliği artırmak

---

Vaka örneği: tedavi istekliliğinin netleştirilmesi

Colette, narsistik özellikleri olan (hafif düzey büyüklenmeci ve güçlü bir kendini- uyuşturma modu) 38 yaşında oldukça çekici bir işkadınıdır. İlişkisinin bitmesinden sonra yalnızlık ve üzüntü biçiminde depresif tepkiler göstermekteydi (kırılgan çocuk modu). Özel ilişkileri ele alınmaya başladığında, Colett'in, kendini-uyuşturma moduyla ilişkili olarak, sıklıkla cinselliğin ön planda olduğu kısa süreli beraberliklerini heyecanlı; buna karşın uzun sureli beraberliklerini ise sıkıcı bulduğu hızlıca anlaşıldı. Terapist ilişkilere yönelik bu örüntüdeki siyah-beyaz bakış açısını, heyecanlı beraberlikler ve günlük yaşamın sıkıcı ilişkileri ayrıştırması üzerinden ele alır. Amacı hastasıyla birlikte sağlıklı bir bağlanma modeli geliştirmektir. Colette temelde aynı fikirdedir ancak bir kaç görüşme sonrasında yeni bir heyecanlı ilişkiye başlar ve depresif belirtileri ortadan kaybolur. Terapist sağlıklı yetişkin ve ilişkiye yönelik aşırı telafi moduna odaklı bir sandalye uygulaması yapmayı önerir. Hastanın artık depresif belirtilerden sıkıntı duymadığı çok açık hâle gelir. Terapist şu andaki olumlu duygularının durağan bir iyilik hâli göstermeyebileceğini; kendini-uyuşturma moduna bağlı olabileceğini açıklar. Ancak, hasta terapiyi bitirmeyi, belirtiler geri geldiği koşulda tekrar başlamayı tercih eder.

yönünde ilerletmek ya da istekliliğe ilişkin durum düzelince tekrar başlamak üzere terapiyi şimdilik durdurmak).

9.3. Duygusal Teknikler

Sağlıklı yetişkin modunu güçlendirme amacıyla kullanılan duygu odaklı teknikler sandalye diyalogları ve imgelemeyle yeniden senaryolaştırma alıştırmalarını içerir. Daha ayrıntılı açıklamalar Konu 6.3.2 ve 8.3.1'de bulunabilir. Hastanın ilerlemesi gerçekçi beklentilerin gerisinde kaldığında, terapist ve hasta birlikte hangi modun engelleyici olduğunu anlamaya çalışır. Gerekirse müdahaleler açıklanır ve hastaya sağlıklı yetişkin modu bakışı açısı kazanması konusunda yardımcı olunur. Bu aşamadaki en önemli imgeleme tekniği, anıların ya da gelecekteki felaket senaryolarının yeniden yaşantılanmasıdır. Hastadan gözlerini kapatması ve olumsuz sahneyi, sağlıklı yetişkin bakış açısıyla, yeni baş etme yollarıyla imgelemesi istenir. Terapist yardım eder (örn. imgeye dâhil olarak hastaya destek verir) ama aşamalı olarak sağlıklı yetişkin modu başa geçecektir/yönetimi ele alacaktır.

9.4. Davranışsal Teknikler

Terapi süreci boyunca, duygusal ve bilişsel değişimlerin hastanın günlük yaşamına aktarımı gittikçe önem kazanır. Yani, hastalar sağlıklı yetişkin modunun bakış açısını ve davranışlarını olağan sosyal çevrelerine giderek uyarlamaya çalışırlar. Ayrıca, sağlıklı yetişkin etkinlikleri geliştirmek terapinin son aşamalarının hedefidir. En son ulaşılacak yer -dar bir anlayışla belirtilerin azaltılmasından çok- gereksinimlerini yeterince karşılandığı bir biçimde yaşamını düzenleyebilmesi için hastayı desteklemektir. Bu, güvenli bağlanmalar kurmak ve sürdürmek, kapasitelerin geliştirilmesi, öğrenim, çalışma ya da hobi gibi ilgilerin gelişmesi alanlarını içerir. Ayrıca, zorunluluklar ve eğlence ile kendilerinin ve diğerlerinin gereksinimlerinin karşılanması durumlarında iyi bir denge kurulmalıdır. Tedavinin bu son aşamasında, hasta ve terapist ileride sağlıklı yetişkinin gelişiminin beklenebileceği düzeylere gelebilmesi için birlikle planlama yaparlar. Bu plan somut adımlar içerir. Gerektiğinde rol oynamalar hazırlanma amacıyla uygulanabilir (örn. girişkenlikle ilgili alıştırma yapılması, öfke ifadesi ya da derin, özel sohbetler). Buradaki zorlayıcı noktalara bakacak olursak, bu çoğunlukla beklendik bir biçimde işlevsel olmayan modların tekrardan tetiklenmesi olacaktır.

Terapistin, hastanın sağlıklı yetişkin yanı ile bunları, bir geri dönüş olarak değil de öğrenmeleri derinleştirme fırsatı olarak ele alması önemlidir. Belirli modlara yönelik teknikler tekrar kullanılabilir ve de sıklıkla kullanılmalıdır. Dolayısıyla ilerleme çoğunlukla doğrusal değil döngüseldir. Bununla birlikte, genel eğilim sağlıklı yetişkin modunun giderek daha fazla dâhil olması ve daha fazla sorumluluk almasıdır.

9.5. Terapiyi Sonlandırmak

Duygu odaklı müdahaleler terapinin başlangıç döneminde kırılgan çocuk ve işlevsel olmayan ebeveyn modlarına yöneliktir. Böylece hasta duygusal olarak güçlenir ve davranış değişimine hazır hâle gelir. Terapinin ileriki döneminde, bu adımların aşamalı olarak hastanın günlük yaşamına aktarılmasına ve eski örüntülerin yaşantılarla değiştirilmesine odaklanılır. Böylelikle, sağlıklı yetişkin mod ön plana çıkar. Her ne kadar ebeveyn ve çocuk modları duygu odaklı müdahalelerin ana hedefi olsa da, terapide ele alınan durumların günlük yaşama (davranışsal) aktarımı daha çok sağlıklı yetişkin moduyla ilişkilidir. Bununla birlikte, davranış değişimi duygu odaklı ve bilişsel teknikler ile desteklenir.

9.5.1. Terapinin süresi

Terapi süresi hastanın belirti ve sorunlarına ve de sağlıklı yetişkinin gücüne bağlı olarak çok değişkenlik gösterir. Şema terapi bir birinden farklılık gösteren hastalara uygulandığından, terapi süresi de buna bağlı olarak çok farklıdır. SKB ve ciddi düzeyde kişilik bozukluğu gösteren hastalarda, ideal olarak başlangıçta haftada 2 kez olmak üzere, toplamda 2-3 yıllık bir süre önerilir. Daha az ciddi bozukluklarda şema terapi daha kısa olabilir ve seyrek aralıklarla gidebilir. Bazı danışanlar belirli bir sorunun çözümüne yönelik başvurabilir; bu durumda bir kaç görüşme yeterli olabilir.

Terapinin sonlandırılmasının yavaş (sıklığın aşamalı olarak sıklığın azaltılması: bir süre ayda bir kontrol görüşmeleri düzenlenmesi) ve terapi sonlandıktan sonra bile çok sınırlı da olsa ulaşılabilir olmaya devam edilmesini öneririz. Örneğin bazı hastalar önceki terapistlerine yılda iki kez e-posta atmak (ve en azından kısa bir yanıt almak) isteyebilirler. Terapistler gerçek bir şema terapide yoğun bir bağlanma yaşantısına olanak sağladıklarından, uygun ve gerçekçi oldukları sürece bu tür isteklerin karşılanmasını öneririz.

9.6. SSS

(1) Sağlıklı yetişkin modu duygusal müdahalelere her zaman dâhil olur mu?

Evet! Sağlıklı yetişkin modun güçlendirilmesi terapinin en son hedefidir ve sağlıklı yetişkin mod tüm müdahalelere dâhil edilir. Bununla birlikte, sağlıklı yetişkin modunun o andaki durumuna göre, hastalar terapinin başında bu konuda tek başlarına rol alamayabilirler. Bu durumda, terapist ya da başka bir sağlıklı kişi sağlıklı yetişkin moduna model olur.

(2) Eğer bir hastanın sağlıklı yetişkin modu nerdeyse hiç yoksa ne yapabilirsiniz?

Terapinin başlangıcında hastanın sağlıklı yetişkin modu çok zayıf ise, terapist ya da yardımcı olabilecek başka biri ile model olunur. Terapi boyunca, hasta farklı yardımcı kişiler kullanabilir. Örneğin, bir sandalye diyaloğunda, en yakın arkadaşının sağlıklı yetişkin modu sandalyesinde oturduğunu imgeleyebilir ve sinemadaki "Terminatör" figürünü aynı isimle imgeleme ile yaşantılama alıştırmasında kullanabilir. Zaman geçtikçe, hastalar sağlıklı yetişkin modunun sorumluluklarını kendileri üstlenebilirler.

(3) Hastalar görüşmelerde epeyce sağlıklı görünüp de bu değişimleri günlük yaşamalarına yansıtamazlarsa ne yapabilirsiniz?

Zaten, hastanın ciddi düzeyde psikopatolojik sorunları olmasının şema terapiyi gerekli kılan bir durum olduğu göz önünde bulundurulacak olursa, terapist hastanın, görünürdeki sağlıklı davranışı, cezalandırıcı ebeveyn modu ya da kırılgan çocuk modunun harekete geçmesini önlemek için kullanmasını göz önünde bulundurmalıdır. Terapist hastayla birlikte durumun böyle olup olmadığını olup olmadığını keşfetmelidir. Çoğunlukla sağlıklı görünüm yapaydır ve bir başa çıkma modunun (örn. kopuk korungan, büyüklenmeci) parçasıdır. Bu durumda, terapist hastanın sahici olmayan sağlıklılığına kapılıp gitmemeli ve kırılgan çocuğu görmeye çalışmalıdır. Empatik yüzleştirme ve çocuk modlarıya doğrudan bağlantı kurma burada kullanılabilecek olası yaklaşımlardır.

Kaynakça

Arntz, A. (2008). Schema therapy. Keynote delivered at the International Conference on Eating Disorders (ICED), Academy for Eating Disorders, Seattle, May 14-17, 2008.

Arntz, A. & van Genderen, H. (2009). *Schema Therapy for Borderline Personality Disorder.* Sussex: John Wiley & Sons.

Arntz, A. & Weertman, A. (1999). Treatment of childhood memories: theory and practice. *Behavior Research and Therapy,* **37**: 715–740.

Arntz, A., Tiesema, M., & Kindt, M. (2007). Treatment of PTSD: a comparison of imaginal exposure with and without imagery rescripting. *Journal of Behavior Therapy and Experimental Psychiatry,* **38**: 345–370.

Bamelis, L.L.M., Renner, F., Heidkamp, D., & Arntz, A. (2011). Extended schema mode conceptualizations for specific personality disorders: an empirical study. *Journal of Personality Disorders,* **25**: 41–58.

Bernstein, D.P., Arntz, A., & de Vos, M. (2007). Schema focused therapy in forensic settings: theoretical model and recommendations for best clinical practice. *International Journal of Forensic Mental Health,* **6**: 169–183.

Costa, P.T. & McCrae, R.R. (1992). *Revised NEO Personality Inventory (NEO-PI-R) and NEO Five-Factor Inventory (NEO-FFI) Professional Manual.* Odessa, FL: Psychological Assessment Resources.

Farrell, J. & Shaw, I. (2012). *Group Schema Therapy for Borderline Personality Disorder: A Step-by-Step Treatment Manual with Patient Workbook.* Sussex: John Wiley & Sons.

Farrell, J., Shaw, I., & Webber, M. (2009). A schema-focused approach to group psychotherapy for outpatients with borderline personality disorder: a randomized controlled trial. *Journal of Behavior Therapy and Experiential Psychology,* **40**: 317–328.

Giesen-Bloo, J., van Dyck, R., Spinhoven, P., van Tilburg, W., Dirksen, C., van Asselt, T., Kremer, I., Nadort, M., & Arntz, A. (2006). Outpatient psychotherapy for borderline personality disorder. Randomized trial of schema-focused therapy versus transference-focused psychotherapy. *Archives of General Psychiatry*, **63**: 649–658.

Grawe, K. (2006). *Neuropsychotherapy*. Oxford: Routledge.

Gross, E.N., Stelzer, N., & Jacob, G.A. (2012). Treating obsessive–compulsive disorder with the schema mode model. In M. van Vreeswijk, J. Broersen, & M. Nadort (eds.), *Handbook of Schema Therapy: Theory, Research and Practice*. Sussex: John Wiley & Sons. pp. 173–184.

Hackmann, A., Bennett-Levy, J., & Holmes, E.A. (2011). *The Oxford Guide to Imagery in Cognitive Therapy*. Oxford: Oxford University Press.

Hawke, L.D., Provencer, M.D., & Arntz, A. (2011). Early maladaptive schemas in the risk for bipolar spectrum disorders. *Journal of Affective Disorders*, **133**: 428–436.

Hayes, A.M., Beevers, C., Feldman, G., Laurenceau, J.-P., & Perlman, C.A. (2005). Avoidance and emotional processing as predictors of symptom change and positive growth in an integrative therapy for depression. In G. Ironson, U. Lundberg, & L.H. Powell (eds.) *International Journal of Behavioral Medicine*, special issue: Positive Psychology: 111–122.

Kellogg, S.H. (2004). Dialogical encounters: contemporary perspectives on "chairwork" in psychotherapy. *Psychotherapy: Research, Theory, Practice, Training*, **41**: 310–320.

Linehan, M.M. (1993). *Cognitive-behavioral Treatment of Borderline Personality Disorder*. New York: Guildford.

Lobbestael, J., van Vreeswijk, M., & Arntz, A. (2007). Shedding light on schema modes: a clarification of the mode concept and its current research status. *Netherlands Journal of Psychology*, **63**: 76–85.

Lobbestael, J., van Vreeswijk, M., & Arntz, A. (2008). An empirical test of schema mode conceptualizations in personality disorders. *Behavior Research and Therapy*, **46**: 854–860.

Lobbestael, J., van Vreeswijk, M., Spinhoven, P., Schouten, E., & Arntz, A. (2010). Reliability and validity of the short Schema Mode Inventory (SMI). *Behavioral and Cognitive Psychotherapy*, **38**: 437–458.

Nadort, M., Arntz, A., Smit, J.H., Giesen-Bloo, J., Eikelenboom, M., Spinhoven, P., van Asselt, T., Wensing, M., & van Dyck, R. (2009). Implementation of outpatient schema therapy for borderline personality disorder with versus without crisis support by the therapist outside office hours: a randomized trial. *Behavior Research and Therapy*, **47**: 961–973.

Norris, M.L., Boydell, K.M., Pinhas, L., & Katzman, D.K. (2006). Ana and the internet: a review of pro-anorexia websites. *The International Journal of Eating Disorders*, **39**(6): 443–447. doi:10.1002/eat.20305, PMID 16721839.

Oei, T.P.S. & Baranoff, J. (2007). Young schema questionnaire: review of psychometric and measurement issues. *Australian Journal of Psychology*, **59**: 78–86.

Reddemann, L. (2001). *Imagination als heilsame Kraft/Zur Behandlung von Traumafolgen mit ressourcenorientierten Verfahren*. Stuttgart: Pfeiffer bei Klett-Cotta.

Renner, F., Arntz, A., Leeuw, I., & Huibers, M. (2012). Treatment for chronic depression using schema focused therapy. *Clinical Psychology: Science and Practice*. Accepted pending revision.

Rogers, C. (1961). *On Becoming a Person: A Therapist's View of Psychotherapy*. London: Constable.

Schmidt, N.B., Joiner, T.E., Young, J.E., & Telch, M.J. (1995) The schema questionnaire: investigation of psychometric properties and the hierarchical structure of a measure of maladaptive schemas. *Cognitive Therapy and Research*, **19**: 295–321.

Smucker, M.P., Dancu, C., Foa, E.B., & Niederee, J.L. (1995). Imagery resctipting: a new treatment for survivors of childhood sexual abuse suffering from post-traumatic stress. *Journal of Cognitive Psychotherapy: An International Quarterly*, **9**: 3–17.

Taylor, C.T., Laposa, J.M., & Alden, L.E. (2004). Is avoidant personality disorder more than just social avoidance? *Journal of Personality Disorders*, **18**: 571–594.

Young, J.E. (1990). *Cognitive Therapy for Personality Disorders: A Schema-focused Approach*. Sarasota, FL: Professional Resource Exchange.

Young, J.E., Klosko, S., & Weishaar, M.E. (2003). *Schema Therapy: A Practitioner's Guide*. New York: Guilford.

Dizin

açığa vurulmuş öfke, 196, 202, 224
adli vaka, 53, 74
ağrı, 52
akran süpervizyonu, 155
aktivasyon (davranışsal), 134
alkol bağımlılığı/kötüye kullanımı/bağımlılığı, 32, 73, 81, 171, 187, 199, 201
anı (çocukluk), 141, 143, 160, 162-166, 172, 174-175, 183-186, 191
anoreksiya nevroza, 76
antisosyal kişilik bozukluğu (treytler), 33, 75, 169
artılar ve eksiler tekniği, 120-124, 209-210, 214, 224
aşırı denetimci mod, 45
aşırı konuşma (hasta tarafından), 187
aşırı koruma, 153, 191
aşırı telafi, 32, 94, 114, 118-119, 137
aşırı telafi mod(ları), 53, 54, 59, 92, 118-119, 128, 129, 132, 134, 138

bağımlı çocuk (modu), 43, 69, 152, 214
bağımlı davranışlar bk. "bağımlılık"
bağımlı kişilik bozukluğu, 15, 69, 79, 151, 169, 170, 205 cezalandırıcı ebeveyn (modu)- suçlayıcı tip, 169, 181, 197, 203, 232-233
bağımlılık- işlevsel ve duygusal bağımlılık arasındaki fark, 152-153

bağımlılık, 15, 66, 75, 134, 149-150, 151-153, 190, 214, 219, 227, 249
bağlanma, 10, 143, 146, 148, 150, 156, 160-161, 163, 168-169, 177, 179-181, 191, 222
bakım vermek (terapist tarafından hastaya verilen), 103, 114, 118, 135, 143–147, 150, 153, 157, 168–169, 200, 218–219
başa çıkma kartları (flaş kartlar), 158-159, 221
başa çıkma mod(ları), 94, 99, 105, 114, 117-140, 141, 173, 182, 186, 218, 224-225, 239
başa çıkma modlarını devre dışı bırakmak, 132-133
başa çıkma modunun doğrudan devre dışı bırakılması, 132
başarısızlık, 18, 48, 66
BDT, 158, 178
beceri eğitimi (sosyal beceri eğitimi), 109, 134, 135, 177-178, 198, 213, 240
belirti değişimi, 86
belirtiler, 39, 55, 109
benzodiyazepinler, 185
bilişsel çarpıtmalar, 218
bilişsel teknikler, 105, 115, 119–124, 142, 156–159, 207–210, 214, 218, 220–223, 250
bilişsel yeniden yapılandırma, 156, 221
boyun eğme, 8, 21
büyüklenmeci mod, 45, 65, 71, 128, 129

C kümesi kişilik bozuklukları, 214, 223
cezalandırıcı ebeveyn (modu), 44, 47, 54, 56, 58, 62-63, 69, 73, 93, 97, 114, 131, 133, 151, 169, 173, 176, 183, 187, 189, 195-197, 203, 206, 211, 217-229, 233-243
cezalandırıcılık, 27
cinsel ilişkiler, 82
cinsel istismar, 11, 31, 33, 166, 170, 172, 174, 180, 208, 214, 234
cinsel sorunlar, 81-83
çaresizlik, 8, 15, 43, 160, 166, 195, 198, 205, 214, 242
çekingen kişilik bozukluğu (treytler), 34, 68, 79, 169, 170, 173, 205, 243, 248
çift sandalye diyaloğu, 125-132
çift sandalye tekniği, 125-132
çocuğa kötü davranım *bk. "kötü davranım"*
çocuğun sorumlulukları, 169-171, 186, 200, 228
çocuk modu(ları), 146, 225, 239
çocukluk çağı gereksinimleri *bk. "gereksinimler"*
çocukluk çağı travmaları, 154, 160, 167

dağılma, 184
davranışsal teknikler (müdahaleler), 109, 133-138, 143, 177, 198, 213-214, 240, 243, 252
DDT (Diyalektik Davranış Terapisi), 177
denetim (denetim eksikliği dahil), 9, 19-20, 29, 104, 138, 193-195, 200-202, 204, 209-210, 212-215, 218, 248
denetimin yokluğu *bk. "denetim"*
denetimsiz çocuk modu, 44, 67, 97, 193, 200-202, 208-213, 224
depresif belirtiler, 55, 81, 251
dissosiyasyon, 55-56, 112, 125, 130, 164, 184
dissosiyatif belirtiler, 122, 137
dolaylı öğrenme, 120
drama teknikleri, 183
duygulanım köprüsü (imgeleme yeniden sahnelenmesinde), 162, 165, 174, 185
duygu odaklı yöntemler/teknikler, 5, 107, 124-133, 143, 157, 159-177, 211-215, 223-240, 243, 247, 252
duygusal bağımlılık, 152-153
duygusal ketlenme, 25
duygusal kötüye kullanım, 11
duygusal teknikler, *bk. "duygu odaklı yöntemler/teknikler"*
duygusal yoksunluk, 12
dürtüsel çocuk modu, 43, 104, 193-194, 200-202, 208-211, 224
dürtüsellik, 194, 215
düşünce hataları, 106
düzeltici deneyim, 143

ebeveynleşme, 49, 70
eksen I bozuklukları, 76, 80
empati, empatik, 117-118, 157
empatik yüzleştirme, 37, 103, 110, 114, 117-118, 137, 151, 195, 200, 218-219, 243
engellenmeye tolerans, 136
entrikacı ve manipülatif mod, 42, 46, 75
ergenlik, 15, 117, 191, 203, 221
erken dönem uyumsuz şemalar, 6-7, 9
ev ödevi, 18, 29, 109, 134-135, 142, 177, 202, 205, 209-210, 212, 213, 217-218, 237, 243, 247

fiziksel kötüye kullanım, 11, 13, 33, 197, 208, 234
flaşbekler *bk. "intrüzyon"*

geçiş nesneleri, 142, 176
genellenmiş kaygı bozukluğu, 16
gereksinimler – sağlıklı denge, 28
gereksinimler (hastanın/çocuğun), 21, 27-28, 61, 103, 106, 112, 135, 141-142, 146, 149, 151, 156, 162, 165, 173, 177, 180, 189, 193-194, 200-201, 204, 206, 207-209, 215, 223, 229, 235, 238, 245
gereksinimlerin ifadesi *bk. "gereksinimler"*
gerileme, 247
geştalt terapi, 184, 224
gevşeme, 161

grup terapi, 143
güçlenme, 161
güvenli bağlanma, 146, 148, 156, 160-161, 163, 168, 177, 222, 252
güvenli yer imgeleme, 162-164, 181-182
güvenlik, 143, 150, 154, 160-164, 168-169, 175, 177, 181, 186, 191, 226
güvenmeme bk. "güvensizlik"
güvensiz bağlanma, 148
güvensizlik- hastada, 163, 168, 183, 188
güvensizlik/kötüye kullanılma, 11, 36, 73

haklılık, 19, 29
hastalık ve zarar karşısında dayanıksızlık, 16
hastanın sorumlulukları (eksik olması dahil), 16, 46, 49, 97, 193-194, 211, 219, 228
hastayı suçlamak, 155
hayal kurma, 173-174
hiddet, 193-197, 207
hiddetli çocuk modu, 43, 65, 73, 76, 193-199, 207-208, 224
hipokondriya, 16
histriyonik kişilik bozukluğu, 67
hümanistik terapiler, 28

iç içe geçme, 57, 229
iç içe geçme/ gelişmemiş kendilik, 17
içe yansıtma, 36, 71
içselleştirme, 149-150, 177, 223, 237
ihmal bk. "yoksunluk"
iki uçlu duygudurum bozukluğu, 77
ikircikli duygu/duygular, 109, 167, 175, 224-226, 239-240
ilaç, 185
ilgi bekleyen mod, 23, 45, 67, 138
ilişki (kişiler arası, terapötik ilişki dışında), 141, 143, 150, 152, 177, 204, 207, 209, 212, 225, 240-241
imgeleme – tanısal bk. "tanısal imgeleme"
imgeleme ile (yeniden senaryolaştırma) – gelecekteki durumlar ile, 175
imgeleme ile (yeniden senaryolaştırma) – geriye sarma, 173-174, 190
imgeleme ile (yeniden senaryolaştırma) – gözlerin kapalı olmasıyla ilgili sorunlar 161, 163-164, 178, 182-184
imgeleme ile (yeniden senaryolaştırma) – hastanın reddetmesi, 183-184
imgeleme ile (yeniden senaryolaştırma) – saldırganlık ve intikam, 172, 178-179
imgeleme ile (yeniden senaryolaştırma) – şimdiki durumlar ile, 175
imgeleme ile (yeniden senaryolaştırma) – yardım eden kişi, 166-169, 223
imgeleme sırasında gözlerin kapanması, 161, 163-164, 178, 182-184
inatçılık/inatçı çocuk modu, 43, 194, 200, 202-204, 208-209, 213
intrüzyon/intrüzif anılar, 174, 214
isyankarlık, 19, 43, 194, 200, 214-215
işlevsel bağımlılık, 152-153, 249
işlevsel başa çıkma, 95
işlevsel olmayan baş çıkma, 50, 97, 134
işlevsel olmayan ebeveyn mod(ları), 47, 94, 104, 217-243, 239 ayrıca bk. "talepkar", "suçlayıcı", "cezalandırıcı" ebeveyn modları
işlevsel olmayan mod(lar), 133, 134, 217-243, 239

kaçıngan korungan mod (ayrıca: kaçıngan başa çıkma modu), 45, 51, 54, 69-70, 73, 134, 138, 139, 190, 204, 214, 219, 243
kaçınma, 18, 23, 54, 114, 137, 184
karamsarlık/kötümserlik, 24
karşı aktarım, 61, 89, 151, 155, 181, 204
kaygı, 11, 16, 55, 69, 122, 125, 139, 143, 160-161, 166, 169, 183, 186, 241, 243
kaynaklar, 88
kendini açma (terapist tarafından), 198
kendini feda, 22-23, 49, 60, 186
kendini uyaran (mod), 51, 65
kendini yaralama, 55-56, 133, 134, 137
kendini yatıştırıcı bk. "kopuk kendini yatıştırıcı mod"
kırılgan (çocuk) mod, 54, 56, 67, 69-70, 72, 76, 92-93, 97, 103, 131, 133, 136-137, 141-191, 195, 198, 225-227, 229, 234-237, 242
kırılgan hasta, 183

kırılganlık, 42
kişiler arası bağımlılık, 69, 110
kompülsiyon(lar), 79, 134, 136
kontrol, 95
kopuk kendini-yatıştırıcı (mod), 45, 136, 173-174, 187, 248
kopuk korungan (mod), 44, 51, 63, 75-76, 120, 122, 130, 131, 133, 134, 136-139, 183, 184
kopukluk ve reddedilme, 10, 21
kötü davranım –çocukluğunda, 200, 203, 215, 222-223, 241
kötümserlik, 190
kötüye kullanım (çocukluk çağındaki), 9-11, 13, 20-21, 31-33, 52, 68, 73, 142, 143, 156-157, 160, 166, 169-170, 172, 189, 197, 208, 214, 221-222, 234
kötüye kullanım, 50
kötüye kullanımı/kötü davranımı affetmek, 223
kriz, 142
krize destek, 142, 238
kurnaz avcı mod, 46, 75
kusurluluk/utanç, 13
küçümsenmiş/aşağılanmış çocuk modu, 43
madde kötüye kullanımı, 51, 55, 137
maruz bırakma (gerçek yaşamda/imgeleme ile), 134, 136, 137, 165, 172, 179
mazoşistik tercih, 83
mod değişimleri, 35
mod modeli *bk.* "şema mod modeli"
mod modelinin ele alınması, 91
mod modeliyle ilgili anlaşmazlıklar, 94
model alma, 120-121, 201, 212, 215, 236, 237, 242
model(ler), 120–121, 201, 207–208, 212, 215
mutlu çocuk (modu), 46, 88, 105, 178
mutluluk, 201
mükemmeliyetçilik, 26, 48, 71, 240, 243
mükemmelliyetçi aşırı kontrolcü (mod), 46, 71-72, 137

narsisizm, 19, 29, 32, 54, 59, 65, 71, 87, 125, 251
narsistik, 128, 129, 132
narsistik kişilik bozukluğu, 65
neşe, 37, 88, 160, 161, 169, 240
nöroleptikler, 185
nüks etme, 253
obsesif kompülsif bozukluk, 14, 33, 50-51, 71, 77-78, 133, 136, 137, 205, 249
obsesif özerklik, 167
obsesyonlar, 79, 137
olumlu duygulanım/his(ler)/duygu(lar), 134, 141, 143, 160-161, 164, 169, 175, 178, 182, 190, 193, 195, 201
olumlu modlar, 88
olumlu olaylar/etkinlikler, 158, 178, 201, 240, 241, 243
olumlu olaylar için günlük tutma, 158, 221
olumlu şemalar, 40
olumsuz duygu(lar), 134, 141
onaylama/onaylamak, 93, 103, 111, 125, 128, 141, 143-146, 148, 151, 153, 161, 176, 183, 193, 195-196, 200, 202, 208, 224, 229, 242
ortak karar verme, 246
oyun, 170, 143
oyuncak figürler, 130, 141, 240-241
oyuncaklar, 130, 142, 176, 215, 233

öfke (kontrol, ifade), 60, 88, 148, 179, 193-199, 202-208, 213-215, 223, 225-226, 229, 237, 241-242
öfkeli çocuk modu, 43, 54, 61, 63, 97, 104, 148, 193-215, 224, 226, 237, 242
öfkeli korungan mod, 45, 52, 61, 206, 214
örüntü kırma, 109
öz denetim *bk.* "denetim"
özerklik (eksikliği dahil), 9, 14-15, 17, 19, 28, 43, 69, 110, 137, 148, 152-152, 167, 191, 202-204, 208-209, 232, 241, 250
özgüven, 158, 217, 220-223

paranoid aşırı kontrolcü mod, 46, 73
paranoid kişilik bozukluğu, 73
pasif – agresif, 205

patolojik kumar, 55, 65
pekiştirme(k), 97, 135, 139, 177-178, 206, 210, 214-215, 240, 241, 250
pornografi, 65, 82
psikodrama, 224
psikoeğitim, 29, 106, 156-157, 220-221, 223, 241

rahatlatma (terapist tarafından/teknikler), 149, 168-171, 176-177, 184, 224, 227, 236, 242
rastgele cinsel ilişki, 45
reddetme, 198, 221
rol model(ler), 120
rüyalar, 240

sadakat, 94
sağlıklı mod(lar)/bakış açıları, 133, 134, 166-168, 201, 204, 208, 215, 217, 239
sağlıklı yetişkin (mod), 46, 88, 93, 97, 105, 110, 131, 148, 149, 157, 169, 170, 174, 177, 188, 199, 201, 204, 210-212, 223-226, 228-239, 242, 245, 247, 254
saldırganlık, 31-33, 43, 53, 73, 172-173, 178-179, 193, 198-199
sandalye çalışması bk. *"sandalye diyaloğu"*
sandalye diyaloğu, 6, 88, 107, 125-132, 131, 147, 152, 156-157, 210-213, 223, 224-240
seans kaydı, 246, 248
seks işçiliği, 75, 83
sessizlik, 139-140
sevmek, 12, 13, 31, 147, 156-157, 167, 179, 197, 201, 208, 221-222
sınır koyma (hasta tarafından), 49, 79, 148, 178, 228, 232-233
sınır koyma (terapist tarafından), 103, 108, 113-114, 118, 152-155, 195, 197-201, 209, 212, 217-218, 224, 226
sınır koyma, 118
sınırda kişilik bozukluğu (SKB) (treytleri), 5, 32-34, 35, 55, 61-62, 75, 130, 150, 152, 153, 164, 169, 170, 179-180, 182, 187, 196, 214-215, 231, 234, 242, 248
sınırlı yeniden ebeveynlik, 6, 38, 112, 141-155, 200, 217-219
SKB bk. *"sınırda kişilik bozukluğu"*
sokratik diyalog, 156, 214
sosyal fobi, 170
sosyal izolasyon/yabancılaşma, 13, 57, 74
sosyal öğrenme, 120
söz dinleyen teslimci (mod), 44, 50, 60, 69-70, 147, 190, 199, 214, 219
suç işleme davranışı, 74
suçlayıcı ebeveyn (modu), 169, 181, 197, 203, 228, 232-233
suçluluk, 22, 48, 68, 71, 106, 142, 156, 160-161, 166, 169-171, 173, 189, 197, 222-223, 228-229, 232-233, 242-243
süperego, 47
süpervizyon, 155
süregiden depresyon, 71, 77

şema (mod) flaşkartları, 158-159
şema mod modeli, 156
şema mod ölçeği, 54
şema terapinin tarihi, 5
şımarık (çocuk), 29, 113, 193, 195, 200-201, 208-210
şımartılma, 195, 201, 208-209
şiddet (hasta tarafından) bk. *"saldırganlık"*

tabu konular, 83-84, 86
talepkar ebeveyn (modu), 44, 48, 66, 70, 93, 138, 148, 169, 203-204, 211, 223-224, 226, 228-233, 240, 243
tamamlanmamış işler, 239-240
tanısal imgeleme, 57-58, 160, 182, 205,
tedavi hedefleri, 103
tedavi teknikleri, 105
tehdit, 161
tepki önleme, 134, 136, 137
terapi hedefleri, 115
terapi motivasyonu, 87, 250-251
terapi süreci, 246
terapide e-posta kullanımı, 142, 238
terapide fiziksel temas, 150, 154-155
terapide ses kaydı, 142, 177, 191, 235-239, 242

terapide telefon kullanımı, 142, 150, 238
terapinin gidişi 252
terapinin sonlandırılması, 253
terapinin süresi, 253
terapist tarafından yatıştırılması (hastanın), 115, 246
terapist tarafından *rahatlatma* bk. *"rahatlatma (terapist tarafından/teknikler)"*
terapistin kaçınması, 184
terapistin kişisel sınırları, 155
terapistin modları, 138, 181, 184
terapötik ilişki, 6, 32, 58, 61, 110, 117–119, 133, 141, 143–155, 164, 177, 181, 182, 195–207, 217–220, 246, 249, 253
terapötik ilişkinin sınırları, 150, 153-155, 173, 179
terk edilme/değişkenlik, 10, 112, 141, 143, 177, 204, 207
terk edilmiş/kötüye kullanılmış çocuk (mod), 43, 63, 69, 73, 141, 160, 198
tıkanırcasına yeme, 51, 56, 136
tiksinme, 143, 160-161, 174
transaksiyonel analiz, 36
travma sonrası stres bozukluğu (TSSB), 166, 172, 174, 179
travmatik anılar, 141, 154, 160, 165-166, 174-175, 183-186
travmatize olmuş hasta, 108, 142, 160, 164, 167, 174-175, 184
tükenmişlik, 49

umutsuzluk, 142, 156, 195
utanç, 14, 24, 34, 67, 83, 86, 92, 143, 160-161, 163-164, 166, 169, 183, 234
uyumsal değer (mod'un), 117, 120, 139
üzüntü, 148, 160-161, 171, 203

vaka kavramsallaştırması, 53
video geri bildirimi, 96

yakınlık, 81, 180, 201
yakınma (hasta tarafından), 190
yalnız çocuk (modu), 65, 71, 157, 227
yalnızlık, 7, 12, 14, 36, 122, 128-130, 137, 147, 156, 159, 162-164, 180, 207, 227-228, 241
yanlı yorumlar, 156
yanlış yorumlama, 155, 217
yas tutma, 160-161
yaşam öyküsü, 6, 56, 96, 120, 160
yaşantısal kaçınma, 77
yeme bozuklukları, 76, 187, 234
yeniden ebeveynlik bk. *"sınırlı yeniden ebeveynlik"*
yoksunluk, 154, 197, 200, 208, 221, 223, 234
yüksek standartlar, 26, 229-230
yüzleştirme, 108, 117-118, 128, 133, 151, 153, 193, 195-196, 200, 202, 218

zor çocuklar, 156
zorba akranlar, 92, 160, 163, 206
zorba ve saldırgan mod, 46, 61, 75-76, 114, 118-119, 123-124, 128, 214